2024 성정혜 고퀄 모의고사 시즌 Ⅰ

실전 동형 1회

공무원 9급 공개경쟁채용 필기시험

난이도 퍼센트
120%

성적 체크

JN395855

응시자 주의사항

1. **시험시작 전 시험문제를 열람하는 행위나 시험종료 후 답안을 작성하는 행위를 한 사람**은 「공무원임용시험령」 제51조에 의거 **부정행위자**로 처리됩니다.
2. **답안지 책형 표기**는 시험시작 전 감독관의 지시에 따라 문제책 앞면에 인쇄된 문제책형을 확인한 후, 답안지 책형란에 해당 책형(1개)을 '●'로 표기하여야 합니다.
3. 답안은 문제책 표지의 과목 순서에 따라 답안지에 인쇄된 순서(제1·2·3·4·5과목)에 맞추어 표기해야 하며, 과목 순서를 바꾸어 표기한 경우에도 문제책 표지의 과목 순서대로 채점되므로 유의하시기 바랍니다.
4. 시험이 시작되면 문제를 주의 깊게 읽은 후, **문항의 취지에 가장 적합한 하나의 정답만을 고르며**, 문제내용에 관한 질문은 할 수 없습니다.
5. 답안지의 모든 기재 및 표기 사항은 **컴퓨터용 흑색 싸인펜을 사용**하며, 반드시 <보기>의 **올바른 표기 방식**으로 답안을 작성해야 합니다.

   <보기> 올바른 표기: ●   잘못된 표기: ⊘ ⊗ ◐ ⦿ ◎ ◔ ⊙ ❷ ❸ 등

6. 답안을 잘못 표기하였을 경우에는 답안지를 교체하여 작성하거나 수정할 수 있으며, 표기한 답안을 수정할 때는 **응시자 본인이 가져온 수정테이프만을 사용**하여 해당 부분을 완전히 지우고 부착된 수정테이프가 떨어지지 않도록 손으로 눌러주어야 합니다. (수정액 또는 수정스티커 등은 사용 불가)
   - 불량한 수정테이프의 사용과 불완전한 수정처리로 발생하는 모든 문제는 응시자 본인에게 책임이 있습니다.
7. **시험시간 관리의 책임은 응시자 본인에게 있습니다.**
   ※ 문제책은 시험종료 후 가지고 갈 수 있습니다.

성정혜 고퀄 모의고사 안내

1. 성정혜 영어 고퀄 모의고사는 **100% Original 기출 DATA에 Alpha를 더한 모의고사**입니다. 입실 전 실제 상황에 기반해 **난도별 고퀄리티 문항**을 풀이하실 수 있도록 설계되었습니다.
2. **시험 시간은 마킹 포함 30분**입니다. 영어 시험 특성상 어휘 문항이 전면에 배치되고 이를 먼저 확인하게 되면 실제 상황과 다른 시험 시간이 배정되게 됩니다. 어휘 문항에 대한 '앎 또는 모름'으로 시험의 전반적 이미지가 형성될 수 있으므로, **표지를 제작하여 시험 시작과 동시에 페이지를 펼쳐 시험에 임하실 수 있도록 준비**하였습니다.
3. 시험 직후 실시간 **투표를 통해 오답 통계와 성적 분포**를 확인하실 수 있도록 준비하였습니다. 객관적 DATA를 기반으로 보완이 필요한 부분을 파악하시어 더욱 효과적인 복습을 진행하시기 바랍니다.

영 어

[1 ~ 4] 밑줄 친 부분의 의미와 가장 가까운 것을 고르시오.

1. The art collector was thrilled to discover that the painting he purchased was an <u>authentic</u> masterpiece by the renowned artist.
   ① brief
   ② severe
   ③ genuine
   ④ principal

2. The nonprofit organization works tirelessly to improve the living conditions of <u>impoverished</u> communities.
   ① pleasant
   ② destitute
   ③ awkward
   ④ offensive

3. After a thorough review, the university had to <u>turn down</u> the application of the student who did not meet the minimum admission requirements.
   ① reject
   ② flatter
   ③ isolate
   ④ discard

4. Living in a dormitory requires the ability to <u>put up with</u> the different habits and preferences of your roommates.
   ① endure
   ② predict
   ③ facilitate
   ④ complain

5. 밑줄 친 부분 중 어법상 옳지 않은 것은?

   In the context of contemporary education, ① <u>which</u> digital technologies play a pivotal role, fostering 'digital literacy' is crucial. ② <u>As</u> students navigate an increasingly connected world, understanding how to critically assess online information ③ <u>becomes</u> a fundamental skill. In a society shaped by rapid technological advancements, educators must incorporate strategies ④ <u>that</u> empower learners to discern reliable sources and navigate the digital landscape responsibly.

6. 어법상 옳지 않은 것은?
   ① The team is skilled enough to handle complex tasks efficiently.
   ② The new policy will be implemented when everyone reaches a consensus.
   ③ The man was so an eloquent speaker that the audience applauded enthusiastically.
   ④ The committee composed of experts made the decision because of thorough analysis.

7. 우리말을 영어로 잘못 옮긴 것은?
   ① 그녀는 코미디언의 재미있는 농담에 웃지 않을 수 없다.
      → She cannot help but laugh at the comedian's funny jokes.
   ② 새로운 차의 속도는 오래된 차의 것보다 훨씬 빠르다.
      → The speed of the new car is much faster than that of the old one.
   ③ 손님이 환대에 대한 감사를 표현하지 않는 것은 무례하다.
      → It is rude for the guest not to express gratitude for the hospitality.
   ④ 과제를 완료한 채로, 그녀는 성취감을 느꼈다.
      → With the assignment completed, she felt a sense of accomplishment.

8. 다음 글의 내용과 일치하지 않는 것은?

   Leaving the nest is tough, but it's also an opportunity for exciting discovery. If you're having trouble breaking away to become your own person, here is some advice on making the transition easier. First, get a measure of financial freedom from your parents. Experts recommend putting aside 10% of your paycheck right away. Second, move out. Whether you live with a roommate or not, moving out of your parent's house will teach you a lot about paying bills, tidying up, and even buying groceries. Third, spend time alone. This sort of practice is important when you're developing your independence. Finally, build your emotional resilience. The more aware you are of the world and your place, the more independent you'll feel. Remember that building independence is an repetitive process.

   ① Keep in mind that independence is a continuous process of growth and development.
   ② Begin your breakaway by securing financial freedom, like saving 10% of your income.
   ③ Moving out, which only means living by yourself, will teach you about responsibilities.
   ④ Leaving the nest presents challenges but offers exciting opportunities for self-discovery.

9. 다음 글의 내용과 일치하는 것은?

   "White nights" is the name of the long twilight that lasts all night. In other words, during a "white night," the Sun does not set below the horizon, resulting in a night that is not completely dark. Since the tilt of the Earth's central line is considerable, at high latitudes, the Sun does not set in summer; rather, it remains continuously visible for one day during the longest day of the year in summer(approximately June 21 in the Northern Hemisphere and December 21 in the Southern Hemisphere) at the polar circle, for several weeks closer to the pole, and for six months at the pole. In general, the period of "white nights" depends on the specific area and might start as early as May 25 to 26 and end as late as July 16 to 17. The opposite phenomenon "polar night" occurs in winter when the Sun stays below the horizon throughout the day.

   ① Closer to the pole, "white nights" last shorter.
   ② "White nights" are related to the summer, while "polar nights" to the winter.
   ③ The duration of "white nights" varies depending on the speed of the Earth's spin.
   ④ The occurrence of "white nights" is influenced by the climate of a specific region.

[10~11] 밑줄 친 부분에 들어갈 말로 알맞은 것을 고르시오.

10.
A: How about trying the new Italian place downtown for dinner tonight?
B: Yes. Check if they have available tables, and make sure it's not expensive.
A: Sure thing. I'll make a reservation and ensure it's within our budget.
B: Oh, I just found a table for us at the Italian place. What do you think?
A: Great! It's okay as long as _____.
B: The menu is reasonable. We're good to go!

① I just couldn't help it
② I absolutely don't buy it
③ you will definitely hit the roof
④ it doesn't cost me an arm and a leg

11.
A: How's the job search?
B: It's not good because there are so many options. I am not sure where to start.
A: Do you try narrowing preferences, like job type or industry?
B: I did that, but still feels like a lot. I'm worried about interviews.
A: Don't stress. You have great skills. Be yourself, and you'll do fine.
B: Thanks, but it's hard to live with the pressure.
A: I get it. Take it one step at a time, and _____ throughout the process.

① stay cool
② be my guest
③ act your age
④ serve you right

12. 두 사람의 대화 중 자연스럽지 않은 것은?

① A: How's everything going with the new project?
   B: Pretty good. It couldn't be worse.
② A: How are you feeling before your big presentation?
   B: I have butterflies in my stomach.
③ A: Did you get the results of your exam?
   B: Not yet. I'm waiting for the result, keeping my fingers crossed.
④ A: Did the new marketing strategy work?
   B: Absolutely! The creative campaign really carried the day.

13. 다음 글의 제목으로 알맞은 것은?

Contemporary theater productions and performance art increasingly provoke their recipients to engage with their presence and position within performances. The performances of Yugoslav artist Marina Abramović involve a high degree of audience participation, in which the audience is inevitably confronted with carrying an ethical responsibility for what is happening in front of its eyes while becoming part of the performance itself. Her performance 'The Artist is Present' was performed during a retrospective of her works in the Museum of Modern Art in 2010, which seemingly establishes an entirely different relationship between artist and viewer than in any other of her performances. Abramović sat motionless and completely silent on a chair in the middle of the MoMA's hall for more than seven hours a day. Visitors were free to sit on a chair in front of her for as long as they desired.

① The Artist is Present: A New Era of Audience Participation
② Audience Participation: Something of the Past in Modern Art
③ Ethical Responsibility of Audience: Combination of Art and Ethics
④ Abramović: A New Perspective of an Artist's Ethical Responsibility

14. 다음 글의 주제로 알맞은 것은?

Fast fashion is the term used to describe clothing designs that move quickly from the catwalk to stores to take advantage of trends. Fast fashion became common because of cheaper, speedier manufacturing and shipping methods, increased consumers' appetite for the latest styles, and increased consumer purchasing power — especially among young people — to indulge their instant-gratification desires. Because of all this, fast fashion is challenging the established clothing labels' tradition of introducing new collections and lines on an orderly, seasonal basis. It's not uncommon for fast-fashion retailers to introduce new products multiple times in one week to stay on trend. Fast fashion's benefits are affordable prices and instant gratification for consumers, more profits for companies, and the democratization of stylish clothing. On the downside, fast fashion is associated with pollution, waste, spreading a "disposable" mentality, low wages, and unsafe workplaces.

① Innovation of fast fashion
② Disadvantages of fast fashion
③ Background and implications of fast fashion
④ Changes in fashion triggered by fast fashion

15. 다음 글의 요지로 알맞은 것은?

The World Meteorological Organization (WMO) and the European Commission's Copernicus Earth Observation Program confirmed that July 2023 will be the hottest month ever recorded. On hearing news of the data, the UN secretary-general Antonio Guterres gave a decisive speech in which he called for immediate climate action and referred to the present situation as "the era of global boiling." On top of the high temperatures, we have seen the effects of global warming in the news over the recent months: droughts becoming more intense, large forest fires occurring earlier and out of season. Soon, we will experience the first summer without ice in the Arctic Ocean. The WMO also warns of a 66% chance that, in one of the next five years, global temperature will temporarily exceed the 1.5°C threshold, an important limit established in the Paris Agreement. We cannot sit back anymore.

* meteorological 기상의, 기상학상의

① July 2023 will be recorded as the hottest month in history.
② The scientists are exaggerating the current climate situation.
③ The current climate situation is too urgent to delay taking action.
④ We need to change the temperature threshold to fit the current situation.

16. 밑줄 친 부분에 들어갈 말로 알맞은 것은?

In a study published in Nature Neuroscience, scientists from Imperial's Data Science Institute and the University of Cambridge used evidence from different species and multiple neuroscience disciplines to track how the brain processes information. _____ processing, one of the key methods of the brain's information processing, is related to patterns distributed between different brain regions where their informative power together is greater than the sum of their parts. This combination may explain why the human brain is smarter than our primate ancestors. Their findings suggest that the human brain puts together different types of information to enable more complex cognitive functions that are distinctive to humans. In comparison to monkeys, the human brain exhibits significantly higher levels of this combined processing. In this study, they speculate that the advantages of greater combined processing may partly explain our species' additional cognitive capabilities.

① Focused
② Synergistic
③ Independent
④ Multi-tasking

17. 다음 글의 흐름상 어색한 문장은?

How did steel production impact society? Steel supply was crucial for the rapid expansion of cities and urban infrastructure. ① Cheap steel allowed for larger bridges, railroads, skyscrapers, and ships. ② Other essential steel products were steel cable, steel frame, and sheet steel, which enabled large, high-pressure boilers and high-strength steel for machinery. ③ Rapid advances in the creation of steel, chemicals, and electricity helped fuel production, including mass-produced consumer goods and weapons. ④ Although steel will continue to dominate the realm of structural building materials for the foreseeable future, some attractive alternative offers superior corrosion resistance and higher strength-to-weight ratios. Getting around on trains, automobiles, and bicycles became far more accessible. Steel is a base material used to produce countless other products, so it has a wide-sweeping effect on many industries.

18. 주어진 문장이 들어갈 위치로 알맞은 것은?

This diversity means the GBR is of enormous scientific and intrinsic importance and contains many threatened species.

As the world's most extensive coral reef ecosystem, the Great Barrier Reef(GBR) is a globally outstanding and significant entity. (①) The entire ecosystem was inscribed as World Heritage in 1981, covering an area of 348,000 square kilometers. (②) In this areas, there are over 1,500 species of fish, about 400 species of coral, and some 240 species of birds, plus various sponges, marine worms, and other species. (③) The 2009 Outlook Report identified the threats for these species of the GBR. (④) The extent and persistence of damage to the GBR ecosystem will depend on climate change and the resilience of the GBR ecosystem to such change. This report also identified continued declining water quality, loss of coastal habitats, and impacts from illegal fishing and illegal hunting as the priority issues requiring management attention to protect the GBR.

19. 주어진 글 다음에 이어질 글의 순서로 알맞은 것은?

Why is nuclear waste so dangerous? Above all, there is no long-term storage solution.

(A) It is extremely difficult to measure the impacts of radiation on the human body because of the "hidden" way it changes our body cells. One thing that remains clear is that apart from acute radiation symptoms like hair loss, radioactive substances cause serious long-term health problems.

(B) Even though nuclear power plants supply 11 percent of the world's electricity from 449 operating nuclear reactors, there are no safe long-term waste storage places. Our primary way of dealing with radioactive waste is to store it somewhere and figure out what to do with it later.

(C) Furthermore, it contaminates the environment. If improperly sealed, radioactive contamination can easily spread throughout the environment and into various ecosystems. Moreover, it has persistent health effects.

① (A) - (C) - (B)
② (B) - (C) - (A)
③ (B) - (A) - (C)
④ (C) - (A) - (B)

20. 밑줄 친 부분에 들어갈 말로 알맞은 것은?

Mountain climbers risk developing altitude sickness, which may be harmful or fatal if its onset is ignored. It is caused by _____, which doesn't allow the body enough time to adjust to reduced oxygen and changes in air pressure. It causes a lack of oxygen reaching the body's tissues. At intermediate altitudes (1,500 to 2,500 meters above sea level), altitude illness is unlikely, though possible. Acute altitude sickness arises after at least four hours spent above 2,000m. Ascending to heights greater than 2,500m can trigger symptoms, including headache and vomiting. It is important to remember that being young and fit doesn't reduce your risk, and just because you haven't experienced altitude sickness in the past doesn't mean you are immune to the condition during future climbs. The only sure prevention method is to take plenty of time to ascend.

① underlying diseases
② ascending above sea level
③ gaining altitude too rapidly
④ climbing to the higher altitude

2024 성정혜 고퀄 모의고사 시즌 Ⅰ   **실전 동형 2회**

공무원 9급 공개경쟁채용 필기시험

난이도 퍼센트
110%

성적 체크

응시자 주의사항

1. **시험시작 전 시험문제를 열람하는 행위나 시험종료 후 답안을 작성하는 행위를 한 사람은** 「공무원임용시험령」 제51조에 의거 **부정행위자로** 처리됩니다.

2. **답안지 책형 표기는** 시험시작 전 감독관의 지시에 따라 문제책 앞면에 인쇄된 문제책형을 확인한 후, 답안지 책형란에 해당 책형(1개)을 '●'로 **표기하여야 합니다.**

3. **답안은 문제책 표지의 과목 순서에 따라 답안지에 인쇄된 순서(제1·2·3·4·5과목)에 맞추어 표기해야** 하며, 과목 순서를 바꾸어 표기한 경우에도 **문제책 표지의 과목 순서대로 채점**되므로 유의하시기 바랍니다.

4. 시험이 시작되면 문제를 주의 깊게 읽은 후, **문항의 취지에 가장 적합한 하나의 정답만을 고르며**, 문제내용에 관한 질문은 할 수 없습니다.

5. 답안지의 모든 기재 및 표기 사항은 **컴퓨터용 흑색 싸인펜을 사용**하며, 반드시 <보기>의 **올바른 표기** 방식으로 답안을 작성해야 합니다.

   <보기> 올바른 표기: ●   잘못된 표기: 등

6. 답안을 잘못 표기하였을 경우에는 답안지를 교체하여 작성하거나 수정할 수 있으며, 표기한 답안을 수정할 때는 **응시자 본인이 가져온 수정테이프만을 사용**하여 해당 부분을 완전히 지우고 부착된 수정테이프가 떨어지지 않도록 손으로 눌러주어야 합니다. (수정액 또는 수정스티커 등은 사용 불가)
   - 불량한 수정테이프의 사용과 불완전한 수정처리로 발생하는 모든 문제는 응시자 본인에게 책임이 있습니다.

7. **시험시간 관리의 책임은 응시자 본인에게 있습니다.**
   ※ 문제책은 시험종료 후 가지고 갈 수 있습니다.

성정혜 고퀄 모의고사 안내

1. 성정혜 영어 고퀄 모의고사는 **100% Original 기출 DATA에 Alpha를 더한 모의고사입니다.** 입실 전 실제 상황에 기반해 **난도별 고퀄리티 문항을** 풀이하실 수 있도록 설계되었습니다.

2. **시험 시간은 마킹 포함 30분입니다.** 영어 시험 특성상 어휘 문항이 전면에 배치되고 이를 먼저 확인하게 되면 실제 상황과 다른 시험 시간이 배정되게 됩니다. 어휘 문항에 대한 '앎 또는 모름'으로 시험의 전반적 이미지가 형성될 수 있으므로, **표지를 제작하여 시험 시작과 동시에 페이지를 펼쳐 시험에 임하실 수 있도록** 준비하였습니다.

3. **시험 직후 실시간 투표를 통해 오답 통계와 성적 분포를 확인**하실 수 있도록 준비하였습니다. 객관적 DATA를 기반으로 보완이 필요한 부분을 파악하시어 더욱 효과적인 복습을 진행하시기 바랍니다.

영 어

[1~4] 밑줄 친 부분의 의미와 가장 가까운 것을 고르시오.

1. She spends hours discussing her favorite books with people who are passionate about literature.

   ① hasty
   ② ardent
   ③ sensible
   ④ generous

2. Instead of dwelling on his shortcomings, he focused on enhancing his strengths for personal advancement.

   ① defects
   ② statuses
   ③ controversies
   ④ appointments

3. The team decided to put off the meeting until next week because of unexpected technical issues that needed immediate attention.

   ① ruin
   ② impress
   ③ postpone
   ④ substitute

4. Faced with the challenge of reducing items in the home, she decided to get rid of unnecessary belongings by donating them to charity and arranging the remaining items more efficiently.

   ① block
   ② scatter
   ③ multiply
   ④ eliminate

5. 밑줄 친 부분에 들어갈 말로 가장 적절한 것은?

   The researchers, asserting that they are actually harmless to health and beneficial for the body, challenged the existing _____ that certain foods were unhealthy.

   ① equality
   ② prejudice
   ③ efficiency
   ④ sanitation

6. 밑줄 친 부분 중 어법상 옳지 않은 것은?

   Throughout the annals of human history, individuals, who ① has played pivotal roles in shaping societies, have witnessed a myriad of transformative events. A number of these ② occurrences have been instrumental in molding the very fabric of our civilizations. ③ To gain a comprehensive understanding, it is imperative for us to continuously delve into and ④ critically analyze the multifaceted aspects of our past.

7. 밑줄 친 부분이 어법상 옳지 않은 것은?

   ① The news can make anyone feel anxious and uncertain.
   ② The incredible plot in the novel left her stunned but interesting.
   ③ All the seats have already been reserved for the upcoming event.
   ④ I embarked on a journey to enhance my language skills three years ago.

8. 우리말을 영어로 잘못 옮긴 것은?

   ① 나는 어제 그가 떠나는 것을 본 것을 기억한다.
   → I remember to see him leave yesterday.
   ② 우리는 생산의 연기를 일으킨 것을 이해할 필요가 있다.
   → We need to understand what caused the delay in production.
   ③ 그가 역에 없기 때문에 그는 기차를 놓쳤음에 틀림없다.
   → He must have missed the train because he's not at the station.
   ④ 당신의 지원이 없었다면, 우리는 성공을 거두지 못했을지도 모른다.
   → Had it not been for your support, we might not have achieved success.

[9~10] 밑줄 친 부분에 들어갈 말로 가장 적절한 것을 고르시오.

9. A: I am considering diving into stocks. Do you have any advice?
   B: Markets can be uncertain. Be cautious. I think that _____.
   A: That's worrying. Do you have any safer options?
   B: Diversify your investments. I prefer stable sectors to avoid a sudden plummet.
   A: Good idea. I'll explore that. Thanks!
   B: Stay informed. You should know markets can be unpredictable. Best of luck with your investment journey!

   ① It's nothing serious
   ② I have no preference
   ③ I really enjoyed your company
   ④ they might suddenly take a nosedive

10. A: The flight is at 4:00 pm. Will we make it to the airport on time?
    B: Leaving by 2:30 pm should provide ample time.
    A: But... I have to give a presentation by 2:30 pm here, and then we can leave. Can we make it?
    B: _____. Try to wrap up the presentation a bit earlier.
    A: Should I let the airline know about the possible delay?
    B: Well, it won't change if you tell the airline in advance, but being proactive is the best approach.

    ① That's cutting it close
    ② I can't take it anymore
    ③ I'm a stranger here myself
    ④ I got it at the drop of a hat

11. 두 사람의 대화 중 자연스럽지 않은 것은?

① A: What do you do?
   B: I'm running around.
② A: Is this seat taken?
   B: No, it's all yours.
③ A: Will you do me a favor?
   B: Of course, what do you need help with?
④ A: I heard you know something. Can you spill the beans?
   B: Well, I heard they're promoting you to team leader.

12. 다음 글의 제목으로 가장 적절한 것은?

According to the U.S. Bureau of Justice Statistics, people are much more likely to be victims of violent crimes during the summer months. Almost every available study on the topic comes to the same conclusion: crime rates tend to go up as the weather gets hotter. But how does hot weather lead to crime? The routine activity theory claims that violent crime increases as the temperature increases due to the enhanced interaction among the public in outdoor settings. Warm temperatures allow more people to be outside their homes more often, thus having more chances for social interaction. The temperature aggression hypothesis suggests that higher temperatures make people more irritated and, therefore, more aggressive. This hypothesis claims that uncomfortable temperatures can cause significant increases in aggressive motivation and aggressive behavior under the proper set of conditions.

① Enhanced Interaction Causes More Crime?
② Warmer Weather Means More Aggression?
③ Why Are People Irritated by Warmer Weather?
④ What in Warm Weather Increases Crime Rates?

13. 다음 글의 주제로 가장 적절한 것은?

If you've ever had a friend with whom you could laugh, cry, and share your most intimate secrets, then you know how powerful friendship can be. Having someone in your life can lift you up when you're low and celebrate your victories with you. Friends prevent loneliness and increase your sense of belonging and purpose. They can also enhance your happiness and reduce your stress. Don't discount the simple pleasure of being in the company of others you like. This can often lead to laughter and taking part in activities that raise the spirits and provide a distraction from the more serious side of life. Friends also play a significant role in promoting your overall health. Adults with strong social support are at lower risk of many medical conditions. These include depression, high blood pressure, and obesity.

① How to sustain a life-long friendship
② The power of friendship in reducing your stress
③ Tips for being in the company of others you like
④ Positive impacts of friendship on your overall aspects of life

14. 다음 글의 요지로 가장 적절한 것은?

Dressing like a professional can help you make major strides toward landing partnerships that matter, getting new jobs, or unlocking new opportunities. Here are just a few reasons why dressing professionally still matters. First, it creates a great first impression. Humans are innately judgmental and quick to piece together an assumption solely based on what we see — so looking sharp and professional signals that you are competent and professional. Second, it draws positive attention. A sharp dresser is prone to draw the right attention and stand out from the crowd. This can be referred to as the 'halo effect,' meaning people are much more likely to think positively about a good-looking (or professionally dressed) individual. Third, it promotes self-confidence. When we feel as though we look good on the outside, there is a positive correlation to us also feeling good on the inside. This elevates self-confidence and perception.

① Professional appearance opens new possibilities.
② You need to dress sharply for your self-confidence.
③ Dressing professionally promotes judgment in and out.
④ The 'halo effect' makes you more attractive than you are.

15. 다음 글의 내용과 일치하지 않는 것은?

The Asian Highway Network is a 141,000km network of roads running across 32 countries. It is being built to improve transport facilities throughout these nations and provide road links to Europe. The Asian Highway Network is a part of the Asian Land Transport Infrastructure Development (ALTID) project being supported by the United Nations Economic and Social Commission for Asia and the Pacific (ESCAP). The ALTID program intends to provide a cost-effective domestic and international trade transport link. The Asian Highway project was initiated in 1959 with ups and downs depending on changes in political and economic situations. In recent years, the project's Intergovernmental Agreement (IGA) was adopted at a meeting held in Bangkok in November 2003. As many as 23 countries signed the IGA treaty during the 60th session of the ESCAP Commission in April 2004. The number of participating countries increased to 32 in 2008.

① 참가국의 수는 2004년보다 2008년이 더 많다.
② The Asian Highway 프로젝트는 1959년에 시작되었다.
③ The Asian Highway 프로젝트는 정치적, 경제적 상황에 상관없이 확장되어왔다.
④ The Asian Highway Network는 국제기구의 지원을 받는 더 큰 프로젝트의 일부이다.

16. 밑줄 친 부분 중 글의 흐름상 가장 어색한 것은?

In ancient Rome, a city known for its spectacular and violent entertainment, one sport was even more popular than gladiator fights. ① Chariot racing was staged at the massive Circus Maximus arena. ② It allowed spectators to watch daring chariot drivers and their teams of horses race seven laps around a 2,000-foot-long sand track, where they hit top speeds of close to 40 miles per hour on the straightaways. ③ Thus, the social elites disliked the mob behavior of the fans and found chariot racing unremarkable and childish. ④ When the winning charioteer finally crossed the finish line, his victory was announced with a trumpet blast, and he ascended to the judges' box, where he received a palm branch, a flower crown, and prize money. The contests became not just the most popular sporting event in ancient Rome but a deeply embedded part of Roman culture that lasted for centuries.

17. 주어진 글 다음에 이어질 글의 순서로 가장 적절한 것은?

Dopamine addiction refers to being addicted to substances or activities that boost the release of dopamine nerve messenger.

(A) Symptoms of dopamine addiction vary from one type to another, but in most cases, a person keeps using the substance or engaging in certain behaviors despite the consequences it causes. As it is often associated with risky addiction behaviors such as alcohol addiction, drug addiction, or digital addiction, it is crucial to prevent dopamine addiction.

(B) In addition to journaling, getting enough relaxation is also useful for avoiding dopamine addiction. When a person is well-rested and relaxed, they may be less likely to want to engage in dopamine-boosting activities.

(C) The first and most important prevention strategy is to set rules or boundaries. Besides setting up the boundary, it's practical to consult the therapist. Journaling helps to stick to these rules and describe how a person feels daily.

① (A) - (B) - (C)　　② (A) - (C) - (B)
③ (B) - (A) - (C)　　④ (C) - (B) - (A)

18. 주어진 문장이 들어갈 위치로 가장 적절한 것은?

However, not all insects can do this.

Water striders are small insects that can be seen on the surface of calm or slow-moving water in ponds, pools, and marshes. They adapted to life on top of still water, using surface tension to their advantage so they can "walk on water." (①) They can walk on water because water acts differently at the surface. (②) Water molecules are attracted to each other and like to stay together, especially on the surface with only air above. (③) The attraction between water molecules creates tension and a very delicate sheet, on which water striders walk. (④) The secret that only the water strider can have lies in its legs. The legs have tiny hairs that repel water and capture air. The tiny water striders stand on the water's surface by repelling water, and the captured air allows them to float and move easily.

[19~20] 밑줄 친 부분에 들어갈 말로 가장 적절한 것을 고르시오.

19.
Have you ever given or received flowers as a sign of love? Then, you are not alone. Using the symbolism of flowers or the language of flowers to communicate is a practice of old that we still use today. While some meanings have changed, we can still honor and use this practice. The ability to express love beyond words through the use of beautiful and fragrant flowers adds depth and expression. People would arrange specific flowers to communicate a(n) _____ message. For example, hyacinth represents sport or play; Ivy stands for marriage, loyalty, friendship, and affection. In the 19th century, the interest in the language of flowers soared in Victorian England and the United States. The arrangement of blooms and plants allowed the sender to express their feelings, which could not be spoken aloud in Victorian society.

① fake　　　　　　② secret
③ enthusiastic　　　④ incomprehensible

20.
AI technology creates images based on specific prompts humans give. The results can be anything from frighteningly accurate to slightly disturbing. If you're a professional illustrator, this may seem like a cause for panic, but not so fast. Your artistic value is not solely in your technical skill; it's based on your ability to synthesize human experiences and emotions into images. AI lacks this human element. Your job, then, is to capitalize on the humanity of your work as much as possible. Since we can't prevent technology from advancing, we could learn how to benefit from it. Creative people can use AI as a resource: it's a great way to get inspired and a starting point for your ideas. In short, AI is a threat to those who aren't creative or adaptive and a tool to _____.

① AI itself
② all artists
③ those who are
④ those only with technical skills

2024 성정혜 고퀄 모의고사 시즌 Ⅰ   **실전 동형 3회**

공무원 9급 공개경쟁채용 필기시험

난이도 퍼센트
130%

성적 체크

응시자 주의사항

1. **시험시작 전 시험문제를 열람하는 행위나 시험종료 후 답안을 작성하는 행위를 한 사람은** 「공무원임용시험령」 제51조에 의거 **부정행위자로 처리됩니다.**

2. **답안지 책형 표기는** 시험시작 전 감독관의 지시에 따라 문제책 앞면에 인쇄된 문제책형을 확인한 후, 답안지 책형란에 해당 책형(1개)을 '●'로 표기하여야 합니다.

3. **답안은 문제책 표지의 과목 순서에 따라 답안지에 인쇄된 순서(제1·2·3·4·5과목)에 맞추어 표기**해야 하며, 과목 순서를 바꾸어 표기한 경우에도 **문제책 표지의 과목 순서대로 채점**되므로 유의하시기 바랍니다.

4. 시험이 시작되면 문제를 주의 깊게 읽은 후, **문항의 취지에 가장 적합한 하나의 정답만을 고르며,** 문제내용에 관한 질문은 할 수 없습니다.

5. 답안지의 모든 기재 및 표기 사항은 **컴퓨터용 흑색 싸인펜을 사용**하며, 반드시 <보기>의 **올바른 표기 방식으로 답안을 작성해야 합니다.**

    <보기> 올바른 표기: ●   잘못된 표기: ⊘ ⊗ ◐ ⦿ ◑ ◯ ⦁ ② ③ 등

6. **답안을 잘못 표기하였을 경우에는** 답안지를 교체하여 작성하거나 수정할 수 있으며, 표기한 답안을 수정할 때는 응시자 본인이 가져온 수정테이프만을 사용하여 해당 부분을 완전히 지우고 부착된 수정테이프가 떨어지지 않도록 손으로 눌러주어야 합니다. (**수정액 또는 수정스티커 등은 사용 불가**)
    - **불량한 수정테이프의 사용과 불완전한 수정처리로 발생하는 모든 문제는 응시자 본인에게 책임이 있습니다.**

7. 시험시간 관리의 책임은 응시자 본인에게 있습니다.
    ※ 문제책은 시험종료 후 가지고 갈 수 있습니다.

성정혜
고퀄 모의고사 안내

1. 성정혜 영어 고퀄 모의고사는 **100% Original 기출 DATA에 Alpha를 더한 모의고사입니다.** 입실 전 실제 상황에 기반해 **난도별 고퀄리티 문항을 풀이하실 수 있도록 설계되었습니다.**

2. **시험 시간은 마킹 포함 30분입니다.** 영어 시험 특성상 어휘 문항이 전면에 배치되고 이를 먼저 확인하게 되면 실제 상황과 다른 시험 시간이 배정되게 됩니다. 어휘 문항에 대한 '앎 또는 모름'으로 시험의 전반적 이미지가 형성될 수 있으므로, **표지를 제작하여 시험 시작과 동시에 페이지를 펼쳐 시험에 임하실 수 있도록 준비하였습니다.**

3. **시험 직후 실시간 투표를 통해 오답 통계와 성적 분포를 확인하실 수 있도록 준비하였습니다.** 객관적 DATA를 기반으로 보완이 필요한 부분을 파악하시어 더욱 효과적인 복습을 진행하시기 바랍니다.

영 어

[1 ~ 3] 밑줄 친 부분의 의미와 가장 가까운 것을 고르시오.

1. The economic downturn served to exacerbate the financial problem of small businesses.
   ① aggregate
   ② aggravate
   ③ extinguish
   ④ exaggerate

2. The workers who felt lethargic found it difficult to maintain their productivity during the long summer afternoons.
   ① torpid
   ② prevalent
   ③ disastrous
   ④ affirmative

3. The latest collection of the fashion designer came under fire for cultural bias and led to discussions about the importance of respecting and acknowledging diverse cultures.
   ① was severely criticized
   ② was severely restricted
   ③ became increasingly popular
   ④ became increasingly difficult

[4 ~ 5] 밑줄 친 부분에 들어갈 말로 가장 적절한 것을 고르시오.

4. People who are sensitive to noise prefer the _____ of the countryside to the chaos of the city.
   ① deviation
   ② flexibility
   ③ tranquility
   ④ commotion

5. Due to the sudden deterioration of weather conditions, he should _____ the party sooner than expected.
   ① wind up
   ② break into
   ③ make up for
   ④ come down with

6. 어법상 옳은 것은?
   ① Many people find challenging to adapt to new technologies.
   ② Having completed the project, they celebrated their success.
   ③ This building called the Louvre, a renowned museum in Paris.
   ④ The problem seems to be continuous although our best efforts to solve it.

7. 다음 글의 내용과 일치하는 것은?

   There are multiple reasons why billionaires invest in art, ranging from financial gain to cultural appreciation and social status. In fact, art has become a popular investment among billionaires, offering the potential for high returns and portfolio diversification. However, art collecting among billionaires is driven by more than just financial gains. One key motivation for billionaire art collectors is the belief that art can be a store of value and a safeguard against inflation. In economic uncertainty, many wealthy individuals turn to tangible assets like art to protect their wealth. Unlike stocks or bonds, art has a unique ability to maintain its value even during periods of economic confusion. Furthermore, investing in art serves as a means of legacy planning. By building a collection of valuable, culturally significant works, these individuals can leave a lasting impact on the world long after they are gone.

   ① Diverse motivations drive billionaires to invest in art, including supporting artists.
   ② The art market provides billionaires with opportunities to unify their investment portfolios.
   ③ Art investment can be legacy planning for billionaires, leaving a lasting impact on the world.
   ④ Art's ability to retain value makes it identical to stocks and bonds during economic confusion.

8. 밑줄 친 부분 중 어법상 옳지 않은 것은?

   In tests where people ① are compared, one important thing they look at is how ② well candidates can think critically. Past studies show that those who can solve problems in a smart and organized way ③ tending to do better. However, we're not sure ④ if this is the only thing that decides success, as there might be other factors that also matter.

9. 다음 글의 제목으로 가장 적절한 것은?

   Seismic activities beneath the ocean's surface are called submarine earthquakes. Submarine earthquakes emerge when energy is suddenly released under the ocean's surface. Seismic waves, which are produced when energy is released, can flow through the earth's crust and cause the ground to tremble. Many activities, including geological and volcanic activity, contribute to the formation of such disruptive earthquakes. One of the most dangerous consequences of submarine earthquakes is the potential for a tsunami. When a submarine earthquake occurs, it can create large waves that travel through the ocean. These waves can travel long distances and cause significant damage to coastal communities. Submarine earthquakes can cause damage to underwater infrastructure, such as oil drilling equipment and underwater pipelines. This damage can be costly to repair and can have a significant impact on the local economy.

   ① Why Do Earthquakes Occur?
   ② Where Do Submarine Earthquakes Emerge?
   ③ What You Need to Prepare for a Tsunami?
   ④ Why Are Submarine Earthquakes Dangerous?

10. 다음 글의 흐름상 가장 어색한 문장은?

The resource curse is a paradoxical situation where countries with abundant non-renewable natural resources experience stagnant economic growth or even economic contraction. ① Although there may be multiple reasons to explain the reason a resource curse happens, the phenomenon mainly occurs when a country begins to focus all of its production means on a single industry, such as mining or oil production, and neglects investment in other major sectors. ② Also called a resource trap or paradox of plenty, it may also result from government corruption. ③ If a large share of national wealth is concentrated in just a few industries, the government might abuse its regulatory powers by awarding valuable contracts based on corrupt payments. ④ Many governments have prohibited corrupt trade between private sector commercial entities. An overabundance of labor and capital that flow into just a small handful of sectors may weaken the rest of the economy and harm the country overall.

[11 ~ 12] 밑줄 친 부분에 들어갈 말로 가장 적절한 것을 고르시오.

11.

A: How are you feeling about the job interview tomorrow?
B: I'm a bit anxious, but I've prepared thoroughly.
A: That's good to hear. Remember, not only what you say but also how you express yourself is important.
B: It's true. I plan to dress professionally and maintain a confident posture.
A: It is smart move. It'll surely add to your presentation perfectly. _____ during the interview!
B: Thank you for the advice. I'll do my best to leave a lasting impression.

① Shake a leg
② Make a killing
③ Cut a fine figure
④ Scratch the surface

12.

A: Have you been keeping up with your exercise routine?
B: I used to, but lately I've been slacking off.
A: It's never too late to restart. Regular exercise has numerous benefits.
B: I know, but it's hard to get back into it after a long break.
A: Start slowly. You don't need to go all-in at once. _____.
B: That makes sense. I'll begin with a light workout and gradually increase the intensity.

① Just sleep a wink
② Sell off like hot cakes
③ Just get your feet wet
④ Bite off more than one can chew

[13 ~ 14] 우리말을 영어로 잘못 옮긴 것을 고르시오.

13. ① 극복해야 할 많은 장애물이 있다.
→ There are many obstacles to overcome.
② 가입자들은 독점적인 내용에 접근할 수 있다.
→ Subscribers can have access to exclusive content.
③ 여름 방학 동안, 나의 가족은 캠핑하러 가곤 했었다.
→ During my summer vacations, my family used to go camping.
④ 일몰이 되어서야 그들은 도시 불빛의 아름다움에 주목했다.
→ Not until the sunset they noticed the beauty of the city lights.

14. ① 그 여행 가방은 너무 무거워서 내가 들 수 없다.
→ The suitcase is too heavy for me to lift.
② 그 팀의 성과는 상대의 성과에 비해 열등했다.
→ The team's performance was inferior to that of the opponents.
③ 그들이 어제 교통량을 알고 있었다면, 지금 그들은 늦지 않았을 것이다.
→ If they had known about the traffic yesterday, they wouldn't be late now.
④ 그 고객은 상품이 약속된 날짜까지 배달되어야만 한다고 요구했다.
→ The customer demanded that the product is delivered by the promised date.

15. 밑줄 친 (A), (B)에 들어갈 말로 가장 적절한 것은?

In the 1860s, an Austrian monk named Gregor Mendel introduced a new theory of inheritance based on his experimental work with pea plants. Before Mendel, most people believed inheritance was due to a blending of parental 'essences', like mixing blue and yellow paint will produce a green color. ___(A)___, Mendel believed that heredity is the result of discrete units of inheritance, and every single unit (or gene) was independent in its actions in an individual's genome. According to this Mendelian concept, inheritance of a trait depends on the passing on of these units. For any given trait, an individual inherits one gene from each parent so that the individual has a pairing of two genes. ___(B)___, modern studies have revealed that most traits in humans do not necessarily exhibit this simple Mendelian pattern of inheritance, controlled by multiple genes as well as environmental influences.

	(A)	(B)
①	Furthermore	Therefore
②	Instead	However
③	However	Thus
④	For example	Likewise

16. 밑줄 친 부분에 들어갈 말로 가장 적절한 것은?

The fact-value distinction distinguishes between the case and what people think should be the case based on their beliefs. The line between facts and values is not always clear. One way to consider the difference is through the different claims. People talk about facts using descriptive claims and values using evaluative claims. Descriptive claims make statements about how the world is. For example, "the weather today is sunny" is descriptive because it simply describes what someone observes. Evaluative claims make statements about how the world ought to be. Evaluative claims can be _____ — that is, they state what should be the case or what people ought to do in a given situation. For example, "I should go outside to get some sunshine" is evaluative. It is based on a descriptive claim ("the weather today is sunny"), but it interprets this fact and orders an action ("I should go outside").

① objective
② alternative
③ prescriptive
④ informative

17. 다음 글의 제목으로 가장 적절한 것은?

A noticeable study called the 'hygiene hypothesis' suggested mud is like an old evolutionary friend. It can provide suitable conditions for many friendly bacteria that might not cause illness in humans, but their slight exposure can keep the immune system working at a moderate scale. The hypothesis also states children who lack this exposure might develop immune systems sensitive to stimuli that might not be harmful. Some studies supported this idea by suggesting children who grew up in fields are less likely to have asthma, hay fever, and other similar disorders. According to an international media outlet, children who grow up in rural settings where they were exposed to mud have a muted stress response to social threats that pose no real threat to their well-being. Growing studies have shown the role of healthy stomach bacteria in maintaining the equilibrium of digestive system, which playing in the mud can help.

① Encounter Friendly Bacteria To Keep Healthy!
② Playing in the Mud Can Make Your Children Healthier!
③ Better Immune System Comes from Lessening Stress Responses!
④ Hygiene Is Essential in Boosting Your Children's Immune System!

18. 주어진 문장이 들어갈 위치로 가장 적절한 것은?

However, a variety of theoretically more sustainable death care alternatives are increasingly being offered.

Traditional burying methods harm the planet in various ways. Preserving the body slows the decay of a person's body so that it's presentable at a funeral — but after burial, the chemicals used for preserving the body go into the ground. (①) Funeral boxes require enormous amounts of wood and metal, and cemeteries often build concrete vaults in the ground to protect them. (②) Even burning the body requires a lot of fuel and generates millions of tons of carbon dioxide emissions a year. (③) In 2022, the church leader Desmond Tutu chose to be burned not by flame but by water. (④) In 2019, actor Luke Perry was buried in a "mushroom suit" made of cotton and seeded with mushroom spores. Earlier this year, New York State became the sixth state to legalize human composting. All were part of a push to make the afterlife more eco-friendly.

* vault 지하 납골당

19. 다음 글의 요지로 가장 적절한 것은?

All of us have moments when we lose track of the present, strolling off into another world. Scientists, poets, philosophers, and creative people are most notorious for their absent-minded ways, so-called the 'Absent-minded Professor' syndrome. Einstein once called the university he worked at to ask for his address as he had forgotten it! To a mind focused on the here and now, absent-mindedness may seem like a negative trait that holds you back from worldly success. But wait a minute. Who says that to be absent-minded is to lack focus? The absence of the mind means the mind is strolling through fascinating mazes that are invisible to the open eye. It points to a mindlessness that allows us to soak up experiences and knowledge too much mindfulness of the present reality cannot give us.

① Mindfulness is a sure way to success.
② Absent-mindedness is a way to focus on the present.
③ Absent-mindedness gives us more beyond the present.
④ Mindlessness has its shortcomings but also has its strengths.

20. 주어진 문장 다음에 이어질 글의 순서로 가장 적절한 것은?

Existentialism is the philosophical belief that we are each responsible for creating purpose or meaning in our lives.

(A) While philosophers, including Søren Kierkegaard and Friedrich Nietzsche, questioned essentialism in the 19th century, Jean-Paul Sartre popularized existentialism in the mid-20th century following the horrific events of World War II. As people questioned how something as terrible as the Holocaust could have a predetermined purpose, existentialism provided a possible answer.

(B) Perhaps the answer lies in the fact that the individual determines their essence, not a powerful being. While not necessarily non-believers, existentialists believe there is no divine intervention, fate, or outside forces actively pushing you in particular directions.

(C) Gods, governments, teachers, or other authorities do not give us our purpose and meaning. Before existentialism, essentialism was a prevalent belief for thousands of years that gave considerable weight to religious thought that emphasized a powerful God who created each being with a predetermined plan in mind.

① (A) - (C) - (B)
② (B) - (C) - (A)
③ (C) - (A) - (B)
④ (C) - (B) - (A)

2024 성정혜 고퀄 모의고사 시즌 I 실전 동형 4회

공무원 9급 공개경쟁채용 필기시험

난이도 퍼센트
115%

성적 체크

응시자 주의사항

1. **시험시작 전 시험문제를 열람하는 행위나 시험종료 후 답안을 작성하는 행위를 한 사람**은 「공무원임용시험령」 제51조에 의거 **부정행위자**로 처리됩니다.
2. **답안지 책형 표기**는 시험시작 전 감독관의 지시에 따라 **문제책 앞면에 인쇄된 문제책형**을 확인한 후, **답안지 책형란에 해당 책형(1개)**을 '●'로 **표기하여야 합니다.**
3. **답안은 문제책 표지의 과목 순서에 따라 답안지에 인쇄된 순서(제1·2·3·4·5과목)에 맞추어 표기**해야 하며, 과목 순서를 바꾸어 표기한 경우에도 **문제책 표지의 과목 순서대로 채점**되므로 유의하시기 바랍니다.
4. 시험이 시작되면 문제를 주의 깊게 읽은 후, **문항의 취지에 가장 적합한 하나의 정답만을 고르며**, 문제내용에 관한 질문은 할 수 없습니다.
5. 답안지의 모든 기재 및 표기 사항은 **컴퓨터용 흑색 싸인펜**을 사용하며, 반드시 <보기>의 **올바른 표기 방식**으로 답안을 작성해야 합니다.

   <보기>   올바른 표기: ●   잘못된 표기: ✓ ⊗ ◐ ⦿ ⦵ ◯ · ② ❸ 등

6. 답안을 잘못 표기하였을 경우에는 답안지를 교체하여 작성하거나 수정할 수 있으며, 표기한 답안을 수정할 때는 **응시자 본인이 가져온 수정테이프만을 사용**하여 해당 부분을 완전히 지우고 부착된 수정테이프가 떨어지지 않도록 손으로 눌러주어야 합니다. (**수정액 또는 수정스티커 등은 사용 불가**)
   - 불량한 수정테이프의 사용과 불완전한 수정처리로 발생하는 모든 문제는 응시자 본인에게 책임이 있습니다.
7. **시험시간 관리의 책임은 응시자 본인에게 있습니다.**
   ※ 문제책은 시험종료 후 가지고 갈 수 있습니다.

성정혜 고퀄 모의고사 안내

1. 성정혜 영어 고퀄 모의고사는 **100% Original 기출 DATA에 Alpha를 더한 모의고사**입니다. 입실 전 실제 상황에 기반해 **난도별 고퀄리티 문항**을 풀이하실 수 있도록 설계되었습니다.
2. **시험 시간은 마킹 포함 30분**입니다. 영어 시험 특성상 어휘 문항이 전면에 배치되고 이를 먼저 확인하게 되면 실제 상황과 다른 시험 시간이 배정되게 됩니다. 어휘 문항에 대한 '앎 또는 모름'으로 시험의 전반적 이미지가 형성될 수 있으므로, **표지를 제작하여 시험 시작과 동시에 페이지를 펼쳐 시험에 임하실 수 있도록 준비하였습니다.**
3. **시험 직후 실시간 투표를 통해 오답 통계와 성적 분포를 확인**하실 수 있도록 준비하였습니다. 객관적 DATA를 기반으로 보완이 필요한 부분을 파악하시어 더욱 효과적인 복습을 진행하시기 바랍니다.

영 어

[1~3] 밑줄 친 부분의 의미와 가장 가까운 것을 고르시오.

1. The speaker tried to convey her ideas in a perspicuous manner so that everyone in the room could understand what she meant.

   ① odd
   ② vague
   ③ passive
   ④ obvious

2. The newly implemented policies aim to alleviate the traffic congestion in the densely populated area.

   ① ease
   ② imitate
   ③ discern
   ④ abandon

3. In spite of the seriousness of global warming, some people don't think it is important to take care of the environment.

   ① In the face of
   ② In the light of
   ③ In the wake of
   ④ In the event of

4. 밑줄 친 부분에 들어갈 말로 가장 적절한 것은?

   The sales from the flagship product _____ nearly one-third of the company's total revenue.

   ① rule out
   ② put upon
   ③ account for
   ④ dispense with

[5~6] 어법상 옳지 않은 것을 고르시오.

5. ① Owing to the heavy rain, the event was cancelled.
   ② The new project plan will be explained to the team.
   ③ Among the people stand a symbol of unity and hope.
   ④ There remained a female that played a important role.

6. ① Whatever happens, we'll face it together as a team.
   ② The harder she works, the better her performance becomes.
   ③ The oak tree in the park is estimated to be fifty years old.
   ④ The number of students have exceeded the number of available seats.

[7~8] 우리말을 영어로 잘못 옮긴 것을 고르시오.

7. ① 관리자는 직원들이 동기 부여되게 했다.
   → The manager kept the employees motivated.
   ② 그가 낯선 환경에 적응하는 데 며칠 걸렸다.
   → It took him several days to adjust to the unfamiliar surroundings.
   ③ 기초를 배우는 것과, 그 기술을 숙달하는 것은 별개의 것이다.
   → Learning the basics is one thing, and mastering the skill is another.
   ④ 비가 그치자마자 하늘에 무지개가 나타났다.
   → No sooner had the rain stopped when a rainbow appeared in the sky.

8. ① 문제를 해결하는 방법이 주요 초점이다.
   → How to solve the problem is the main focus.
   ② 그가 현명하게 투자했다면, 그는 그때 이익을 얻었을 것이다.
   → Had he invested wisely, he might have returns then.
   ③ 모든 사람들은 플라스틱의 과도한 사용을 삼가야 한다.
   → Everyone should refrain from excessive use of plastics.
   ④ 술에 취한 상태로 운전하는 것은 위법이다.
   → Driving under the influence of alcohol is against the law.

9. 두 사람의 대화 중 가장 어색한 것은?
   ① A: How much did you pay for it?
      B: It's a steal. I got ripped off.
   ② A: Do you want to join us tonight?
      B: No, I'd like to take a rain check.
   ③ A: How's the new job treating you?
      B: I've had enough. The workload is too much.
   ④ A: Why does the software have so many bugs?
      B: Actually, we cut corners during the testing phase.

10. 밑줄 친 부분에 들어갈 말로 가장 적절한 것은?

    A: The elections are approaching. Do you plan to vote?
    B: I'm not sure it's worth the effort. I'm not deeply involved in politics.
    A: Voting influences policies affecting our lives. It's worth having a say.
    B: You have a point. But I feel overwhelmed by much information about it.
    A: I can understand you. You can focus on a few key issues that matter most to you.
    B: That sounds manageable. I'll prioritize and gather information on those issues.
    A: Great! Your vote is your voice in shaping the country's direction.
    B: _____. I'll make an informed decision in the upcoming election.

    ① You do me a favor
    ② You bite the bullet
    ③ They'll tie the knot
    ④ I can't agree with you more.

11. 주어진 글 다음에 이어질 글의 순서로 가장 적절한 것은?

A low-pressure system is an area where the atmospheric pressure is lower than its surroundings. Low-pressure systems are usually associated with high winds, warm air, and atmospheric lifting.

(A) As a result, they cannot warm as much during the day (or in the summer), and at night, the clouds act as a blanket, trapping heat below. A high-pressure system is an area where the atmospheric pressure is greater than its surroundings.

(B) High-pressure systems are usually associated with clear skies and calm weather. High-pressure areas experience extremes in temperature changes since there are no clouds to block incoming solar radiation or trap outgoing long wave radiation at night.

(C) Under these conditions, they produce clouds, rainfall, and other turbulent weather, such as tropical storms and cyclones. Low-pressure areas do not have extreme temperature changes because the clouds over them reflect incoming solar radiation into the atmosphere.

① (A) - (C) - (B) ② (B) - (C) - (A)
③ (C) - (A) - (B) ④ (C) - (B) - (A)

12. 주어진 문장이 들어갈 위치로 가장 적절한 곳은?

You don't even need the seashell to hear the noise.

No matter how far away from the ocean you are, you can still hold a seashell up to your ear and hear the sound of the waves rolling to the shore. The most likely explanation for the wave-like noise is background noise around you. (①) The seashell you hold just slightly above your ear captures this noise, which echoes inside the shell. (②) The size and shape of the shell, therefore, have some effect on the sound you hear. (③) Different shells sound different because different shells accentuate different frequencies. (④) You can produce the same "ocean" sound using an empty cup or by cupping your hand over your ear. The sound level will vary depending on the angle and distance the cup is from your ear.

13. 다음 글의 제목으로 가장 적절한 것은?

Civilization describes a complex way of life as people began to develop networks of urban settlements. All civilizations have certain characteristics. First, they have large population centers, which allow civilizations to develop. Second, they work to preserve their legacy by building large monuments and structures. Third, shared communication, such as spoken language, alphabets, numeric systems, and symbols, is another element all civilizations share. It was necessary for technology, trade, cultural exchange, and government to be developed and shared throughout civilization. Fourth, civilizations are marked by complex divisions of labor. This means that different people perform specialized tasks. In a complex civilization, farmers may cultivate one crop type and depend on other people for other foods, clothing, shelter, and information. The last element that is key to the development of civilizations is the division of people into classes based on income and the type of work performed.

① What Are the Steps of Civilization?
② What Are the Shared Elements of All Civilizations?
③ What Effects Do Divisions of Labor Have on Civilization?
④ What Are the Common Characteristics of the Four World Civilizations?

14. 글의 흐름상 가장 어색한 문장은?

The three traffic lights — Stop, Caution, and Go — were assigned in order of priority to be notified to the driver. Stop, for instance, should be alerted to a driver as soon as possible so that he may respond and come to a complete stop. ① As a result, it was assigned the red color, which has the longest wavelength and can thus be seen from a great distance. ② The countdown timer was introduced to help pedestrians know whether they have enough time to cross the road. ③ Similarly, the Caution sign was chosen next. ④ Because yellow has a slightly shorter wavelength than red, it was used to warn drivers. School zones, some traffic signals, and school buses are still painted yellow since it is visible at all hours of the day.

[15~16] 다음 글의 내용과 일치하지 않는 것을 고르시오.

15.

The Suez Canal is an artificial waterway connecting the Mediterranean Sea to the Indian Ocean via the Red Sea. It enables a more direct route for shipping between Europe and Asia, effectively allowing passage from the North Atlantic to the Indian Ocean without going all the way around the African continent. The waterway is vital for international trade and, as a result, has been at the center of conflict since it opened in 1869. The Suez Canal stretches 120 miles from Port Said on the Mediterranean Sea in Egypt southward to Suez (located on the northern shores of the Gulf of Suez). The canal separates the bulk of Egypt from the Sinai Peninsula. It took ten years to build and was officially opened on November 17, 1869. Today, an average of 50 ships navigate the canal daily, carrying more than 300 million tons of goods annually.

① Suez 운하를 둘러싼 갈등들이 Suez 운하의 건설을 지연시켰다.
② 3억 톤 이상의 물건들이 매년 Suez 운하를 통과한다.
③ Suez 운하는 유럽-아시아의 해운 경로를 단축한다.
④ Suez 운하는 이집트를 거쳐서 흐른다.

16.

What is the difference between a patent and a trademark? A trademark is a visual symbol. It indicates a service or product source that is distinguishable from similar services or goods. Trademarks protect the owner of the mark by granting them exclusivity. The owner has exclusive rights to use the mark or allow other parties to use it for a fee. A patent refers to the exclusive rights granted to the owner for a useful and new invention that involves an innovative action. A patent is valid for a predetermined period. It may either relate to a process or product. In exchange for complete public disclosure, the patent owner receives the right to prevent other parties from using, selling, producing, or importing a specific service or product. The inventor may authorize the patentee to use the invention even though they have exclusive rights over the patented invention.

① The mark's owner can permit others to use the mark with a fee.
② Both trademarks and patents give the owner exclusive rights.
③ The inventor and the patentee of an invention can be different.
④ A patentee can have an exclusive right without any time limits.

17. 다음 글의 요지로 가장 적절한 것은?

While it's enjoyable to be with others and share experiences, there are definite benefits to spending time alone. Of course, being connected to people is important for your well-being, but it's also critical to balance social time with time spent alone. Using this time to think about your feelings, ideas, hopes, problems, and experiences is important. One of the greatest benefits of spending time alone is how it helps you better understand who you are. The more you know and understand yourself, the more likely you are to do things you love, learn things that interest you, and spend time with people who make you feel good. Furthermore, when you are alone, you are free to try things you might feel uncomfortable trying for the first time in front of others. You can try new things without being nervous about what others might think.

① Social life is the most important.
② Spending time by yourself pays off.
③ Share experiences with others as much as possible.
④ Try new things alone before you do them in front of others.

18. (A)와 (B)에 들어갈 말로 가장 적절한 것은?

Many urban gardeners tend to stop moss from growing in their gardens as they consider it a problem.   (A) , some research shows that this ancient ancestor of all plants brings numerous benefits to green spaces. A study from the University of New South Wales in Sydney looked at 123 plant ecosystems globally, finding that in spots of soil where mosses were present, there was more nutrient cycling, decomposition of organic matter, and even control of bacteria harmful to other plants and people. These positive ecological functions of mosses are associated with their influence on surface microclimates, allowing them to regulate soil temperature and moisture for plant ecosystems. Mosses lay the foundation for plants to flourish in ecosystems everywhere.   (B) , they may play an important role in mitigating climate change by capturing vast amounts of carbon. Moss was estimated to take and store 6.43 billion tonnes of carbon from the atmosphere alone.

* microclimate 미기후(다른 지역과는 다른 특정 좁은 지역의 기후)

	(A)	(B)
①	Likewise	In contrast
②	However	In short
③	Thus	Similarly
④	Still	Moreover

[19~20] 밑줄 친 부분에 들어갈 말로 가장 적절한 것을 고르시오.

19.

The Collins English Dictionary put 'permacrisis' on its "Words of the Year" list for 2022, defined as an "_____." According to the German historian Reinhart Koselleck, we have lived through an age of permanent crisis for at least 230 years. Koselleck observes that before the French Revolution, a crisis was a medical or legal problem but not much more. After the fall of the ancient regime, crisis becomes the "structural signature of modernity," he writes. As the 19th century progressed, crises multiplied: economic, foreign policy, cultural, and intellectual crises. During the 20th century, the list got much longer. In came existential, midlife, energy, and environmental crises. In the 1970s, he counted up over 200 kinds of crises we could then face. Fifty years on, there are probably hundreds of new kinds. It is no wonder we are living in an age of permacrisis.

① intellectual challenge
② extended period of instability
③ inability to handle personal crises
④ inactivity in historical development

20.

In a study by researchers in Texas and Alabama, 330 healthy men and women aged 50 to 80 were asked about their daily schedules and put through mental tests. The results showed a busy lifestyle was linked to a healthy brain no matter how old or well-educated they were. In this study, researchers hypothesized that a busy schedule would facilitate cognition. They determined that greater busyness was associated with better processing speed, working memory, reasoning, and clear knowledge. One of the reasons is that the brain, like any other muscle, needs constant and continuing stimulation. Engaging in mentally stimulating activities provides the necessary training for brain development. Scientists believe that the amount and types of stimulation directly affect cognitive processes — especially in memory improvement. In short, the daily mental _____ of completing task after task could build our brains up and improve mental skills.

① torture
② workout
③ deadlines
④ crystallization

2024 성정혜 고퀄 모의고사 시즌 Ⅰ 실전 동형 5회

공무원 9급 공개경쟁채용 필기시험

난이도 퍼센트
125%

성적 체크

응시자 주의사항

1. **시험시작 전 시험문제를 열람하는 행위나 시험종료 후 답안을 작성하는 행위를 한 사람은** 「공무원임용시험령」 제51조에 의거 **부정행위자로** 처리됩니다.
2. **답안지 책형 표기는** 시험시작 전 감독관의 지시에 따라 **문제책 앞면에 인쇄된 문제책형을 확인한 후, 답안지 책형란에 해당 책형(1개)을 '●'로 표기하여야 합니다.**
3. 답안은 문제책 표지의 과목 순서에 따라 답안지에 인쇄된 순서(제1·2·3·4·5과목)에 맞추어 표기해야 하며, 과목 순서를 바꾸어 표기한 경우에도 문제책 표지의 과목 순서대로 채점되므로 유의하시기 바랍니다.
4. 시험이 시작되면 문제를 주의 깊게 읽은 후, **문항의 취지에 가장 적합한 하나의 정답만을 고르며,** 문제내용에 관한 질문은 할 수 없습니다.
5. 답안지의 모든 기재 및 표기 사항은 **컴퓨터용 흑색 싸인펜을 사용하며,** 반드시 <보기>의 **올바른 표기 방식으로 답안을 작성해야 합니다.**

    <보기> 올바른 표기: ●   잘못된 표기: ⊘ ⊗ ◐ ◉ ◍ ◔ ⦁ ② ③ 등

6. 답안을 잘못 표기하였을 경우에는 답안지를 교체하여 작성하거나 수정할 수 있으며, 표기한 답안을 수정할 때는 **응시자 본인이 가져온 수정테이프만을 사용하여** 해당 부분을 완전히 지우고 부착된 수정테이프가 떨어지지 않도록 손으로 눌러주어야 합니다. (수정액 또는 수정스티커 등은 사용 불가)
    ■ 불량한 수정테이프의 사용과 불완전한 수정처리로 발생하는 모든 문제는 응시자 본인에게 책임이 있습니다.
7. **시험시간 관리의 책임은 응시자 본인에게 있습니다.**
    ※ 문제책은 시험종료 후 가지고 갈 수 있습니다.

ⓘ
성정혜
고퀄 모의고사 안내

1. 성정혜 영어 고퀄 모의고사는 **100% Original 기출 DATA에 Alpha를 더한 모의고사입니다.** 입실 전 실제 상황에 기반해 **난도별 고퀄리티 문항을** 풀이하실 수 있도록 설계되었습니다.
2. **시험 시간은 마킹 포함 30분입니다.** 영어 시험 특성상 어휘 문항이 전면에 배치되고 이를 먼저 확인하게 되면 실제 상황과 다른 시험 시간이 배정되게 됩니다. 어휘 문항에 대한 '앎 또는 모름'으로 시험의 전반적 이미지가 형성될 수 있으므로, **표지를 제작하여 시험 시작과 동시에 페이지를 펼쳐 시험에 임하실 수 있도록** 준비하였습니다.
3. **시험 직후 실시간 투표를 통해 오답 통계와 성적 분포를 확인하실 수 있도록** 준비하였습니다. 객관적 DATA를 기반으로 보완이 필요한 부분을 파악하시어 더욱 효과적인 복습을 진행하시기 바랍니다.

영 어

[1 ~ 4] 밑줄 친 부분의 의미와 가장 가까운 것을 고르시오.

1. The research paper focused on the <u>lavish</u> architectural designs of ancient temples, which were often decorated with intricate carvings and precious stones.

   ① futile
   ② sheer
   ③ opulent
   ④ ambitious

2. The company's <u>ravenous</u> pursuit of profit has driven its expansion into multiple international markets over the past decade.

   ① aloof
   ② thrifty
   ③ solitary
   ④ insatiable

3. In the meeting, they aimed to <u>iron out</u> any misunderstandings about the new policy's implementation.

   ① unravel
   ② interfere
   ③ undermine
   ④ interrogate

4. The change in regulations seemed to <u>make light of</u> the importance of environmental conservation in favor of economic growth.

   ① esteem
   ② devalue
   ③ suppress
   ④ withdraw

5. 밑줄 친 부분 중 어법상 옳지 않은 것은?

   The team, which is currently working on an innovative project, is determined to overcome any obstacles, ① <u>faced</u> numerous challenges. The tasks, assigned by the manager, ② <u>were</u> carefully completed by the team members, showcasing their skills and dedication. The progress has been ③ <u>consistently</u> monitored. In conclusion, it is through such persistent teamwork ④ <u>that</u> remarkable accomplishments are made.

6. 어법상 옳지 않은 것은?
   ① Watching movies is a hobby that helps me relax after work.
   ② She has been working diligently since she graduates from college.
   ③ Ensuring accessibility for people with disabilities is crucial for social progress.
   ④ The warmly smiling girl greeted everyone with genuine kindness and enthusiasm.

7. 우리말을 영어로 잘못 옮긴 것은?
   ① 그들은 똑똑할 지라도, 종종 실수를 한다.
      → Smart as they are, they often make mistakes.
   ② 그는 책을 읽는 것만큼이나 운동을 많이 즐긴다.
      → He enjoys playing sports as much as he loves reading books.
   ③ 그녀는 학업에서 뛰어나진 않으나 적극적으로 참여한다.
      → She not only excels in academics but also participates actively.
   ④ 당신은 어떠한 연장 없이 금요일까지 보고서를 제출해야 한다.
      → You should submit your report by Friday without any extensions.

8. 다음 글의 내용과 일치하지 않는 것은?

   A constitution refers to a system of laws and principles that act as the basis for governance in a country. There are two types of constitutions. A constitution systematically written down and embodied in a single document is known as a written constitution. Written constitutions have been properly framed and compiled step-by-step, with any subsequent changes being added almost instantaneously. The Constitution of the United States of America is considered the oldest written constitution still in force. On the other hand, an unwritten constitution is one in which no provisions or laws are set in writing. Still, the laws are documented despite not being incorporated into a single book. An unwritten constitution evolves over a long period of time, with a new set of laws being added as time progresses. The Magna Carta is the earliest form of the unwritten constitution, which eventually evolved into the unwritten constitution of the United Kingdom.

   ① A written constitution undergoes systematic framing.
   ② Unwritten constitutions don't have any documented forms whatsoever.
   ③ Unwritten constitutions have documented laws in less consolidated forms.
   ④ Under the written constitution system, changes are incorporated instantly.

9. 다음 글의 내용과 일치하는 것은?

   Believed to have been born in Mainz, Germany, in approximately 1399, Johann Henchin Gutenberg later adopted his family's settling place as his last name. He was trained as a goldsmith, jewel cutter, and metal specialist. By the early 1440s, he had been losing money in his business and began looking for a way to pay off his debts. He started working on a device that would make it possible to print texts using movable blocks of letters and graphics. These blocks, used with paper, ink, and a press, would make it possible to print books much faster and more cheaply than ever before. When this endeavor was successful, he embarked on his most famous project, printing "The Gutenberg Bibles." Part of Gutenberg's genius was his technique for creating blocks to represent the calligraphy done in handmade volumes so that the richness of the original texts could be preserved.

   ① Gutenberg made much money in his earlier businesses.
   ② Gutenberg's press wasn't successful until the Gutenberg Bibles.
   ③ The name Gutenberg was the name of his family's settling place.
   ④ Gutenberg's books were only composed of letters without graphics.

[10~11] 밑줄 친 부분에 들어갈 말로 알맞은 것을 고르시오.

10.
A: You've been fully engaged in that project. How is it going?
B: It's moving on, but the deadlines are really tight. I'm coordinating with several teams.
A: That sounds exhausting. Do you get any time to relax?
B: Honestly, not much. By the end of each day, _____ _____. My mind also feels foggy.
A: It's important to find a balance between work and rest. How about stepping back a bit this weekend?
B: You're right. I think I might need a break.

① I get cold feet
② I'm good and tired
③ You pull a long face
④ You leave no stone unturned

11.
A: Have you noticed how busy the city center has become? It's almost impossible to find a quiet spot anymore.
B: Absolutely. The traffic is unbearable during rush hour. I spent over an hour in a jam yesterday.
A: Additionally, the level of noise is overwhelming. It's like living next to a construction site all day long.
B: _____. Just this morning, I was woken up by the sound of honking cars. It's getting out of hand.
A: Maybe it's time to consider moving to a quieter area.

① You are telling me
② You are dead broke
③ It is just out of the question
④ You are not dry behind the ears

12. 두 사람의 대화 중 자연스럽지 않은 것은?
① A: Did you buy the new phone?
   B: Yes, I did. It was a dead bargain in the sale!
② A: I'm worried about this software installation.
   B: Don't worry, I'll help you. I'm not an old hand at IT sector.
③ A: How would you like your steak?
   B: Well done, with extra seasoning, please.
④ A: I saved $100 for a car.
   B: That's good, but it's a drop in the bucket for a car's cost.

13. 다음 글의 제목으로 알맞은 것은?

Metabolic syndrome is a cluster of conditions that increase your risk of heart disease, stroke, and type 2 diabetes. Having just one of these conditions doesn't mean you have metabolic syndrome. But it does mean you have a greater risk of serious disease. And if you develop more of these conditions, your risk of complications, such as type 2 diabetes and heart disease, rises even higher. If you have metabolic syndrome or any of its components, aggressive lifestyle changes can delay or even prevent the development of severe health problems. Most of the disorders associated with metabolic syndrome don't have obvious signs or symptoms. One visible sign is a large waist size. And if your blood sugar is high, you might notice the symptoms of diabetes, such as increased thirst, fatigue, and blurred vision.

① Visible Signs of Metabolic Syndrome
② How to Prevent Metabolic Syndrome
③ Relationship Between Metabolic Syndrome and Diabetes
④ Things You Need to Know to Understand Metabolic Syndrome

14. 다음 글의 주제로 알맞은 것은?

Scientists say the American West's "megadrought" has made the region the driest it's been in for more than a millennium. A new paper in the journal Nature Climate Change details works studying the soil in the Southwestern United States that found that the years between 2000 and 2021 was the driest 22-year period since at least 800 CE. When measuring soil moisture in the Southwest and reconstructing conditions from centuries past, UCLA climate scientist and lead author of the study Park Williams said that when it comes to the "megadrought," the US entered in the early 2000s, the worst-case scenario keeps getting worse. Beyond measuring the American West's driest epochs, the researchers also calculated its causes and, very unsurprisingly, found that 42 percent of this megadrought is associated with human-caused climate change.

① The history of megadrought
② The various man-made causes of megadrought
③ The present issue of a megadrought, its prospect, and its cause
④ The imminent threat of megadrought from human-caused climate change

15. 다음 글의 요지로 알맞은 것은?

Understanding when to take a hot or cold shower is essential. Both deliver incredible potential health benefits and can affect your body differently. Cold showers can help reduce inflammation, relieve pain, improve circulation, lower stress levels, and reduce muscle soreness and fatigue. For example, an athlete with a sports injury might benefit from a cold shower that could help reduce inflammation. Hot showers, meanwhile, can improve heart-related health, soothe stiff joints, and improve sleep. People with joint pain, for instance, may benefit more from a warm shower in the morning than a cold one because warm water is easier on their bones and allows them to experience increased mobility. Knowing the type of effect you hope to achieve or the benefits you'd like to gain from showering before deciding where to turn the shower nozzle is essential.

① Shower with cold water for sports injuries.
② Use different shower temperatures for your benefit.
③ Shower as often as possible to improve your overall health.
④ Use different shower temperatures at different times of the day.

16. 밑줄 친 부분에 들어갈 말로 알맞은 것은?

The most popular explanation of lift is Bernoulli's principle, a principle identified by Swiss mathematician Daniel Bernoulli in his 1738 paper Hydrodynamica. Many of Daniel Bernoulli's contributions concerned fluid flow: Air is fluid, and the principle associated with his name is commonly expressed in fluid dynamics. Simply put, Bernoulli's law says that there is a(n) _____ relationship between the pressure of a fluid and its velocity. Bernoulli's principle attempts to explain lift as a consequence of the curved upper surface of an airplane wing. Because of this curve, the air traveling across the top of the wing moves faster than the air moving along the wing's bottom surface, which is flat. Bernoulli's principle says that the increased speed on top of the wing is associated with a region of lower pressure there, which is the lift.

① idiosyncratic
② separable
③ inverse
④ direct

17. 다음 글의 흐름상 어색한 문장은?

Utopia and dystopia picture a science fiction setting of two extreme points. By definition, utopia is a society or community setting where the people experience the ideal and most perfect life possible. ① By contrast, dystopia highlights the opposite, a place of highly unpleasant living and working conditions for most people. ② There has been a curious increase in the popularity of dystopian films lately. ③ Most or all of the social and governmental systems are bad in dystopia. ④ Although they depict opposite settings, both utopias and dystopias share science fiction and fantastic characteristics, and both are usually set in a future in which technology has been used to create perfect living conditions. However, once the setting of a utopian or dystopian novel has been established, the novel's focus is typically not on the technology itself but on the psychology and emotions of the characters who live under such conditions.

18. 주어진 문장이 들어갈 위치로 알맞은 것은?

Also, chemistry and cooking go hand in hand — cooking is chemistry.

Chemistry is an essential component in the kitchen. First of all, the foods we eat are made of chemicals. For example, macronutrients — these are your fats, proteins, and carbohydrates — contain chemicals that provide our bodies with energy. (①) When you add spices or transform ingredients in any way, this is a chemical process. (②) Have you ever tried baking? — It's just chemistry. (③) Baking is an excellent example of how chemistry and cooking are interrelated. (④) For example, sugar turns brown in heat, creating that delicious pastry or cake, and yeast and baking powder give dough that light and soft appearance. If you understand chemistry and the many reactions you can do in the kitchen, you can change your food's appearance, flavor, and texture – you can transform any dish.

19. 주어진 글 다음에 이어질 글의 순서로 알맞은 것은?

Lebensphilosophie — literally, philosophy of life — flourished at the end of the 19th and the beginning of the 20th century.

(A) They regarded human life and experience as the fundamental reality, the basis of all knowledge and value, and disputed the relevance of any supernatural realm transcending human experience. The purpose of life was, therefore, life itself. Lebensphilosophie was the first modern philosophical movement in the Western tradition.

(B) The movement was called Lebensphilosophie because its main interest was not life as a biological phenomenon but life as experienced by humans. The three most important philosophers who participated in the movement were Friedrich Nietzsche, Wilhelm Dilthey, and Georg Simmel.

(C) It was "modern" in that it was entirely humanist and worldly, deriving all values from a non-religious perspective. Nietzsche, Dilthey, and Simmel were non-believers; they denied the relevance of transcendent reality or being for human life.

① (A) - (C) - (B)
② (B) - (A) - (C)
③ (B) - (C) - (A)
④ (C) - (A) - (B)

20. 밑줄 친 부분에 들어갈 말로 알맞은 것은?

In the field of child health, research has shown early adversity can cast shadows over health and mental health. But more recently, the relatively newer science of PCEs, or positive childhood experiences, has reframed the discussion and helped balance out our understanding of how children grow and the power of caregivers to help them, even in tough times. A study in 2019 examined the effects of these PCEs. The researchers asked 6,188 adults seven questions about positive experiences in their childhoods. The risk of mental health struggles dropped by 72 percent among adults who reported six or seven positive experiences and 50 percent among those reporting three to five. According to Christina Bethell, the lead author, those positive experiences affect the developing child's nervous system and help strengthen a sense of worth throughout life. The problem is not the presence of the negative but _____.

① the understanding of the negative
② the attitudes toward the negative
③ the presence of the positive
④ the absence of the positive

2024 성정혜 고퀄 모의고사 시즌 I   실전 동형 6회

공무원 9급 공개경쟁채용 필기시험

난이도 퍼센트
105%

성적 체크

응시자 주의사항

1. **시험시작 전 시험문제를 열람하는 행위나 시험종료 후 답안을 작성하는 행위를 한 사람은** 「공무원임용시험령」 제51조에 의거 부정행위자로 처리됩니다.
2. **답안지 책형 표기는 시험시작 전 감독관의 지시에 따라 문제책 앞면에 인쇄된 문제책형을 확인한 후, 답안지 책형란에 해당 책형(1개)을 '●'로 표기하여야 합니다.**
3. **답안은 문제책 표지의 과목 순서에 따라 답안지에 인쇄된 순서(제1·2·3·4·5과목)에 맞추어 표기해야 하며, 과목 순서를 바꾸어 표기한 경우에도 문제책 표지의 과목 순서대로 채점**되므로 유의하시기 바랍니다.
4. 시험이 시작되면 문제를 주의 깊게 읽은 후, **문항의 취지에 가장 적합한 하나의 정답만을 고르며,** 문제내용에 관한 질문은 할 수 없습니다.
5. 답안지의 모든 기재 및 표기 사항은 **컴퓨터용 흑색 싸인펜을 사용**하며, 반드시 <보기>의 **올바른 표기 방식으로 답안을 작성해야 합니다.**

   <보기> 올바른 표기: ●   잘못된 표기: ⊘⊗◐⦿⦶⦾⦿❷❸ 등

6. 답안을 잘못 표기하였을 경우에는 답안지를 교체하여 작성하거나 수정할 수 있으며, 표기한 답안을 수정할 때는 **응시자 본인이 가져온 수정테이프만을 사용**하여 해당 부분을 완전히 지우고 부착된 수정테이프가 떨어지지 않도록 손으로 눌러주어야 합니다. (수정액 또는 수정스티커 등은 사용 불가)
   - 불량한 수정테이프의 사용과 불완전한 수정처리로 발생하는 모든 문제는 응시자 본인에게 책임이 있습니다.
7. **시험시간 관리의 책임은 응시자 본인에게 있습니다.**
   ※ 문제책은 시험종료 후 가지고 갈 수 있습니다.

ⓘ 성정혜 고퀄 모의고사 안내

1. 성정혜 영어 고퀄 모의고사는 **100% Original 기출 DATA에 Alpha를 더한 모의고사**입니다. 입실 전 실제 상황에 기반해 **난도별 고퀄리티 문항을 풀이**하실 수 있도록 설계되었습니다.
2. **시험 시간은 마킹 포함 30분입니다.** 영어 시험 특성상 어휘 문항이 전면에 배치되고 이를 먼저 확인하게 되면 실제 상황과 다른 시험 시간이 배정되게 됩니다. 어휘 문항에 대한 '앎 또는 모름'으로 시험의 전반적 이미지가 형성될 수 있으므로, **표지를 제작하여 시험 시작과 동시에 페이지를 펼쳐 시험에 임하실 수 있도록 준비하였습니다.**
3. **시험 직후 실시간 투표를 통해 오답 통계와 성적 분포를 확인**하실 수 있도록 준비하였습니다. 객관적 DATA를 기반으로 보완이 필요한 부분을 파악하시어 더욱 효과적인 복습을 진행하시기 바랍니다.

영 어

[1 ~ 4] 밑줄 친 부분의 의미와 가장 가까운 것을 고르시오.

1. The teacher used a mild approach to correct the student's mistake, promoting a positive learning environment.
   ① firm
   ② gentle
   ③ jealous
   ④ violent

2. Building trust in relationships requires time, honesty, and consistent communication.
   ① hospitality
   ② confidence
   ③ impression
   ④ satisfaction

3. Academic excellence often demands the ability to get over academic hurdles and persevere in the face of adversity.
   ① admit
   ② ignore
   ③ decline
   ④ overcome

4. In economic forecasting, analysts must allow for fluctuations in market conditions to make accurate predictions.
   ① bother
   ② respond
   ③ consider
   ④ estimate

5. 밑줄 친 부분에 들어갈 말로 가장 적절한 것은?

   The ultimate _____ of a soldier who gives up ordinary routine for his or her country is a testament to steady commitment to national defense.

   ① abuse
   ② doubt
   ③ wisdom
   ④ sacrifice

6. 밑줄 친 부분 중 어법상 옳지 않은 것은?

   With the experience ① gained from past projects, professionals often develop valuable insights. This knowledge, which is used ② to informing decision-makers, ③ contributes to the overall success of future endeavors. Moreover, professionals create environments in ④ which their acquired knowledge becomes a catalyst for effective decision-making.

7. 밑줄 친 부분이 어법상 옳지 않은 것은?
   ① Caught in traffic, she arrived at the meeting late.
   ② Little did they know about the surprise party, did they?
   ③ Teachers encourage students to rise their hands in class.
   ④ Students are reminded of the importance of active participation.

8. 우리말을 영어로 잘못 옮긴 것은?
   ① 그녀는 매일 명상 연습을 좀처럼 빠뜨리지 않는다.
      → She rarely misses her daily meditation practice.
   ② 날씨에 대해 불평해봤자 소용없다.
      → There is no use complaining about the weather.
   ③ 이 새로운 정책은 다른 어떤 접근보다 더 효과적이다.
      → The new policy is more effective than any other approach.
   ④ 어떠한 상황에서도 안전 규정을 무시해서는 안 된다.
      → Under no circumstances you should ignore safety regulations.

[9 ~ 10] 밑줄 친 부분에 들어갈 말로 가장 적절한 것을 고르시오.

9.
   A: Guess what! I got that promotion at work!
   B: That's fantastic news! Congratulations! You must be thrilled.
   A: Absolutely! It was unexpected but feels great.
   B: Your hard work paid off. What will you do to celebrate?
   A: I'm thinking of a weekend getaway. A brief pause is entirely justified.
   B: _____. Your dedication has been outstanding.
   A: Thanks! I couldn't have done it without the support of friends like you.

   ① You deserve it
   ② Something's come up
   ③ It is a slip of the tongue
   ④ Let me put it in another way

10.
   A: Have you tried salsa dancing? There's a class this weekend.
   B: Oh, I've considered it, but I'm not much of a dancer.
   A: Come on, it's so much fun! Give it a shot.
   B: I appreciate the invite, but I think I'll pass. I am not proficient in dancing.
   A: I got it. What about hiking? It's a great way to stay active.
   B: That sounds more appealing. I enjoy outdoor activities.
   A: Perfect! We can plan a hike next Saturday.
   B: Hiking works for me. _____.

   ① It is up to you
   ② I rack my brains
   ③ It is more my cup of tea
   ④ I'm sick and tired of hiking

11. 두 사람의 대화 중 자연스럽지 않은 것은?

① A: How have you been?
   B: I've been quite busy with work.
② A: What's wrong with you?
   B: I've been feeling under the weather lately.
③ A: How much would you like to exchange?
   B: Keep the change.
④ A: Why are you so late?
   B: I'm sorry. The streets were jammed with cars.

12. 다음 글의 제목으로 가장 적절한 것은?

Here is how to predict the weather using nothing but an onion and table salt. First, gain a large locally-grown brown or white onion. Second, cut the onion lengthwise at midnight on New Year's Eve and let the layers of the onion fall to the left and right. Third, take the six layers from the left for January to June and the six from the right for July to December. Fourth, rub a pinch of ordinary cooking salt inside each layer with one finger. Fifth, let the onion layers aside until 4:30 am on January 1. Sixth, check how much water has gathered inside the onion layers using the naked eye. And finally, make your predictions based on the water inside each layer. The more water, the more rain will fall during that month.

① How to Predict a Good Harvest of Onions
② Onion Oracle Telling You The Weather for A Year
③ Recipes for A New Year's Treat with Onion and Salt
④ A Spell for Better Onion Harvest on New Year's Eve

13. 다음 글의 주제로 가장 적절한 것은?

Fast food is mass-produced food designed for speed of service. It is meant to be produced and consumed quickly, often on the go via drive-throughs, delivery, and take-out. It's cheap and easy to eat but not necessarily good for you or the planet. Slow food is the opposite of fast food. The slow food movement began in the 1980s in Italy in reaction to fast food and the "fast life" it represented. Slow food is all about "food that is good, clean, and fair for all." To break that down further, "good" means delicious nutrition as an everyday right, creating joyful community connections, and advocating for diversity. "Clean" means protecting natural resources, helping people and the environment depend on each other, and promoting food that is local, seasonal, and sustainably grown. "Fair" means building local and global collaboration and fighting for the dignity of labor.

① The advantages of slow food
② The drawbacks of fast food
③ The meaning of slow food
④ The origin of slow food

14. 다음 글의 요지로 가장 적절한 것은?

If you are a firefighter, you would want to know what started the fire before you hold a water hose. That's because different fires need different agents. Class A fires include common combustibles, such as wood, paper, and fabric. Water is usually the most effective extinguishing agent for Class A fires. Class B fires involve flammable liquids, like gasoline, oil, and paint. Foam or dry chemical agents are typically used to extinguish Class B fires. Class C fires include electrical equipment, like appliances and wiring. Extinguishing agents that cannot transmit electricity, like CO_2 or dry chemicals, extinguish Class C fires. Class D fires involve combustible metals, such as magnesium and aluminum. Specialized dry powder agents are used to extinguish. Class K fires include cooking oils and fats, such as vegetable oil and lard. Water-based extinguishing agents, like wet chemicals or foam, are typically used to extinguish Class K fires.

① There are various causes of fire.
② How to extinguish fire differs based on the fire types.
③ Water is not the most widely used extinguisher for fire.
④ There are five different fire types based on the combustibles.

15. 다음 글의 내용과 일치하지 않는 것은?

QR codes have become a common sight almost overnight — from cereal boxes and billboards to even employee uniforms. With a 94% increase in interactions from 2018 to 2020, there's no denying QR codes are seeing a remarkable revival in a new touch-free world. QR codes are scannable barcodes that store data. In marketing, they're commonly used to redirect users to landing Internet pages, websites, social media profiles, or store coupons online. A QR code works similarly to barcodes at the supermarket. Each QR code consists of black squares and dots representing different information pieces. When scanned, the unique pattern on the QR code translates into human-readable data. This translation happens in seconds. Users must scan the code with a QR reader or scanner, although nowadays, most people scan QR codes with smartphones. For marketers, QR codes can strategically bridge the gap between offline and online media.

① QR 코드는 슈퍼마켓의 바코드와 비슷하게 작동한다.
② QR 코드의 사용은 2018년과 2020년 사이에 94퍼센트 증가했다.
③ QR 코드의 고유한 패턴은 스캔 될 때 읽을 수 있는 자료로 빠르게 변환된다.
④ 소비자들은 QR 코드로 온라인과 오프라인 양방향으로 사용할 수 있다.

16. 다음 글의 흐름상 어색한 문장은?

The explosive, colorful displays of fireworks result from several chemical reactions. One of the most common types of commercial fireworks often used in public fireworks displays functions similar to a rocket. ① When the user lights a fuse, the heat reaches the bottom of the main part of the firework, called the "shell." ② The shell's bottom is filled with black powder, and when ignited, the black powder reacts to create hot gases and lots of energy. ③ These forces launch the "shell" out of the tube filled with small bits known as "stars." ④ The key is to ensure the firework has been fully extinguished before you touch it. Once the firework reaches a certain height, a second fuse ignites and activates the burst charge. This sets off the "stars" within the firework, which explode into a dazzling display of colors, sounds, and other effects.

17. 주어진 글 다음에 이어질 글의 순서로 가장 적절한 것은?

The most widely used robotic surgery system today involves a camera and the use of very small surgical tools attached to robotic arms.

(A) Instead, the surgeon is continuously in complete control of the robotic arms. The robot serves as a tool and could be seen as an assistant to the surgeon; thus, it is also called robotic-assisted surgery. The surgery is performed using a technique that minimizes harm to the body.

(B) A specially trained surgeon controls the robotic arms from a viewing screen, usually in the same room as the operating table. Contrary to what many people believe about robotic surgery, it's not actually performed by robots.

(C) This means that instead of making a large cut to expose the surgical site and perform surgical procedures, the robotic arms access very small cuts (usually around 1 to 2 centimeters) to insert very small tools, guided by the surgeon.

① (A) - (B) - (C)   ② (B) - (A) - (C)
③ (B) - (C) - (A)   ④ (C) - (A) - (B)

18. 주어진 문장이 들어갈 위치로 가장 적절한 것은?

However, there are some negative aspects to using AI in schooling.

Artificial intelligence (AI) is hastily transforming the world around us, and training isn't an exception. (①) There are many advantages to using AI in schooling. AI may personalize learning. (②) This means students can learn at their personal tempo and in the regions they need the most help. AI can also automate teachers' duties of grading papers and making lesson plans, allowing them to focus on more important tasks. (③) In addition, AI may create new ways to educate things that are not feasible. For example, AI may simulate historical events or scientific phenomena. (④) Students, especially the young ones, need some guided assistance while learning. AI cannot alone meet the needs of young learners. AI can also be pricey, a barrier for colleges with constrained budgets. Furthermore, AI systems may be biased, which could cause unfair treatment of college students.

[19~20] 밑줄 친 부분에 들어갈 말로 가장 적절한 것을 고르시오.

19.
Poets, novelists, and songwriters have described love in countless turns of phrase, but at the level of biology, it is all about _____. Although the physiology of romantic love has yet to be extensively studied, scientists can trace the symptoms of deep attraction to their logical sources. According to Timothy Loving, assistant professor of human ecology at the University of Texas, part of the attraction process is strongly linked to physical excitement or heightened bodily reactions. Typically, that starts with increased heart rate, sweatiness, etc. When you catch sight of your beloved, and your heart starts racing regardless of your will, that's because of an adrenaline rush. The brain sends signals to the adrenal organ, which secretes adrenaline hormone. They flow through the blood and cause the heart to beat faster and stronger.

① evolution   ② chemicals
③ attraction   ④ similarities

20.
Clever ways that restaurateurs keep diners returning to them might be as simple as painting the walls of their business a certain color. Believe it or not, specific colors can stimulate or turn off appetites. For example, red is energetic and stimulates many senses, directly affecting your appetite. Many restaurants also include yellow in their decor, which increases appetite. Ever wonder why McDonald's "golden arches" are red and yellow? This color combination sends a powerful message of hunger to your brain. On the other hand, remove the blue color, known as a(n) _____. Because there are few fruits and vegetables in nature that consist of blue colors, the mind and stomach naturally dissociate themselves from blue shades. Because of this, several weight loss programs suggest that dieters eat from blue plates.

① customers keeper
② hunger stimulator
③ appetite suppressant
④ taste receptor exaggerator

2024 성정혜 고퀄 모의고사 시즌 Ⅰ 실전 동형 7회

공무원 9급 공개경쟁채용 필기시험

난이도 퍼센트
120%

성적 체크

응시자 주의사항

1. **시험시작 전 시험문제를 열람하는 행위나 시험종료 후 답안을 작성하는 행위를 한 사람은** 「공무원임용시험령」 제51조에 의거 **부정행위자로** 처리됩니다.
2. **답안지 책형 표기는 시험시작 전 감독관의 지시에 따라 문제책 앞면에 인쇄된 문제책형을 확인한 후, 답안지 책형란에 해당 책형(1개)을 '●'로 표기하여야 합니다.**
3. 답안은 문제책 표지의 과목 순서에 따라 답안지에 인쇄된 순서(제1·2·3·4·5과목)에 맞추어 표기해야 하며, 과목 순서를 바꾸어 표기한 경우에도 문제책 표지의 과목 순서대로 채점되므로 유의하시기 바랍니다.
4. 시험이 시작되면 문제를 주의 깊게 읽은 후, **문항의 취지에 가장 적합한 하나의 정답만을 고르며,** 문제내용에 관한 질문은 할 수 없습니다.
5. 답안지의 모든 기재 및 표기 사항은 **컴퓨터용 흑색 싸인펜을 사용**하며, 반드시 <보기>의 **올바른 표기 방식으로** 답안을 작성해야 합니다.

    <보기> 올바른 표기: ●   잘못된 표기: ⊘ ⊗ ◐ ⦿ ◑ ◔ ⦁ ② ③ 등

6. 답안을 잘못 표기하였을 경우에는 답안지를 교체하여 작성하거나 수정할 수 있으며, 표기한 답안을 수정할 때는 **응시자 본인이 가져온 수정테이프만을 사용**하여 해당 부분을 완전히 지우고 부착된 수정테이프가 떨어지지 않도록 손으로 눌러주어야 합니다. (수정액 또는 수정스티커 등은 사용 불가)
    - 불량한 수정테이프의 사용과 불완전한 수정처리로 발생하는 모든 문제는 응시자 본인에게 책임이 있습니다.
7. 시험시간 관리의 책임은 응시자 본인에게 있습니다.
    ※ 문제책은 시험종료 후 가지고 갈 수 있습니다.

ⓘ 성정혜 고퀄 모의고사 안내

1. 성정혜 영어 고퀄 모의고사는 **100% Original 기출 DATA에 Alpha를 더한 모의고사입니다**. 입실 전 실제 상황에 기반해 **난도별 고퀄리티 문항을** 풀이하실 수 있도록 설계되었습니다.
2. **시험 시간은 마킹 포함 30분입니다.** 영어 시험 특성상 어휘 문항이 전면에 배치되고 이를 먼저 확인하게 되면 실제 상황과 다른 시험 시간이 배정되게 됩니다. 어휘 문항에 대한 '앎 또는 모름'으로 시험의 전반적 이미지가 형성될 수 있으므로, **표지를 제작하여 시험 시작과 동시에 페이지를 펼쳐 시험에 임하실 수 있도록 준비하였습니다.**
3. **시험 직후 실시간 투표를 통해 오답 통계와 성적 분포를 확인하실 수 있도록 준비하였습니다.** 객관적 DATA를 기반으로 보완이 필요한 부분을 파악하시어 더욱 효과적인 복습을 진행하시기 바랍니다.

영 어

[1~3] 밑줄 친 부분의 의미와 가장 가까운 것을 고르시오.

1. Historians endeavor to <u>preserve</u> the cultural heritage of a nation by documenting its historical artifacts.

   ① insult
   ② defend
   ③ publicize
   ④ encompass

2. The company has implemented <u>mandatory</u> diversity training to promote equality in the workplace.

   ① naive
   ② urgent
   ③ volunteer
   ④ compulsory

3. The concept you presented doesn't seem to <u>ring a bell</u>, so additional context would be needed to aid my recognition.

   ① sound familiar
   ② sound strange
   ③ sound interesting
   ④ sound frightening

[4~5] 밑줄 친 부분에 들어갈 말로 가장 적절한 것을 고르시오.

4. One of the things that makes life interesting is a(n) _____. It plays a vital role in the journey of life and brings out your true potential and talents. The crucial aspect is how you overcome it to achieve success. No person has ever achieved success without facing barriers.

   ① obstacle
   ② principle
   ③ antipathy
   ④ superstition

5. Diplomatic negotiations were initiated to _____ a potential international conflict and promote peaceful resolutions.

   ① head off
   ② take after
   ③ play up to
   ④ take advantage of

6. 어법상 옳지 않은 것은?

   ① To solve this problem, you can lend your expertise to me.
   ② It is the teamwork that have contributed to our achievements.
   ③ The scientific research paper is of interest to scholars in the field.
   ④ The new software will enable users to perform complex tasks with ease.

7. 다음 글의 내용과 일치하지 않는 것은?

   Over the decades, scientists considering the possibility of life beyond Earth have pondered what such life might look like, how humans can identify it from a distance, and whether communication between the two worlds might be possible. That thinking has included developing classification systems ready to fill with aliens. One such system is called the Kardashev scale, after the Soviet astronomer who proposed it in 1964 and evaluated alien civilizations based on the energy they can harness. In other words, the Kardashev scale is a classification system for imaginary extraterrestrial civilizations. The scale includes three categories based on how much energy a civilization uses. Type I is a technological level close to the level presently attained on the Earth, type II is a civilization capable of harnessing the energy radiated by its star, and type III is a civilization possessing energy on the scale of its galaxy.

   ① The Kardashev scale classifies alien civilizations using their level of energy use.
   ② The Kardashev scale was invented for the purpose of communication with aliens.
   ③ Type I of the Kardashev scale falls on an alien civilization with a similar energy level as us.
   ④ A Soviet astronomer Kardashev proposed a classification system for alien civilization in 1964.

8. 밑줄 친 부분 중 어법상 옳지 않은 것은?

   Whether the success of academic institutions ①<u>are measured</u> by research impact or student satisfaction remains unclear. Nevertheless, scholars, ②<u>whom</u> the academic leadership recognizes as key contributors, receive acclaim for ③<u>their</u> research efforts. Through the cultivation of a positive scholarly environment, the institution attracts and ④<u>retains</u> accomplished academics.

9. 다음 글의 제목으로 가장 적절한 것은?

   Approximately 25,000 years ago, in a rock shelter in the Huns Mountains of Namibia on the southwest coast of Africa, an animal was drawn in charcoal on a hand-sized piece of stone. In 1969, a team led by German archaeologist W.E. Wendt excavated the rock shelter and found the first fragment. Wendt named the cave "Apollo 11" upon hearing on his radio of NASA's successful space mission to the moon. It was more than three years later, however, after a subsequent excavation, when Wendt discovered the matching fragment, that archaeologists and art historians began to understand the find's significance. Seven stone fragments, some depicting traces of animal figures, were found buried in a concentrated area of the cave floor. Archaeologists estimate the cave stones were buried during the Middle Stone Age period in southern Africa, making them among the earliest evidence of human artistic expression worldwide.

   ① Apollo 11 Cave: Finding Matching Pieces
   ② Apollo 11 Cave Stones: Early Human Art
   ③ Apollo 11: The Same Things on the Moon and the Earth
   ④ Apollo 11 Cave: The Most Important Geographical Discoveries

10. 다음 글의 흐름상 가장 어색한 문장은?

Orcas are the largest of the dolphins and one of the world's most powerful predators. They're immediately recognizable by their distinctive black-and-white coloring. ① Being smart and social, orcas make various communicative sounds, and each group has unique noises that its members will recognize even at a distance. ② Dolphins also have a more conspicuous smile in comparison to orcas. ③ Orcas protect their young, and other adolescent females often assist the mother in caring for them. ④ Mothers give birth to one baby at a time, which may breastfeed for up to two years. In most cases, the bond between juvenile and mother will eventually weaken, and the young orca will go its way, but in some groups, the juvenile may stay with the group it was born into its entire life.

[11 ~ 12] 밑줄 친 부분에 들어갈 말로 가장 적절한 것을 고르시오.

11.
A: Did you know they're planning a community event next week?
B: No, I had no idea. It hasn't been announced yet. How did you find out?
A: _____. Some neighbors were talking about it.
B: I guess the event information was leaked. Anything else you've heard lately?
A: No, I haven't. I just want to wait for the event with anticipation.
B: I feel the same way. I don't want to spoil my fun.

① Tell me about it
② That's news to me
③ The news spread by word of mouth
④ The event takes place once in a blue moon

12.
A: Did you complete the project report due today? Our manager seemed really anxious about it.
B: I did, but I heard Tom didn't submit his part yet. He's always missing deadlines.
A: That's a serious issue. The manager warned last week about the consequences of delays.
B: Yeah, I won't be surprised if Tom _____ soon. Actually, his performance has been consistently poor.
A: That's unfortunate. Losing a job can be tough.
B: I couldn't agree more. It's a reminder for all of us to stay focused and meet our deadlines.

① gets the sack
② says it makes sense
③ cannot stand it anymore
④ tells me the dos and don'ts

[13 ~ 14] 우리말을 영어로 잘못 옮긴 것을 고르시오.

13. ① 운동은 스트레스가 마음을 압도하지 않도록 하는 데 도움이 된다.
→ Exercise helps keep stress by overwhelming your mind.
② 그 회사는 3년 전에 전략적인 결정을 내렸다.
→ The company made strategic decisions three years ago.
③ 문명은 역사 전반에 걸친 집단적 노력으로부터 나타났다.
→ The civilization emerged from the collective efforts throughout history.
④ 오직 소수의 학생들만이 지난 학기에 시험에서 완벽한 점수를 성취했다.
→ Only a handful of students achieved perfect scores on the exam last semester.

14. ① 새로운 정책이 시행되었다고 했다.
→ It was said that the new policy had been implemented.
② 그녀는 새 가구를 위한 공간을 만들기 위해 그것들을 버렸다.
→ She threw them away to make room for new furniture.
③ 그는 위원회에 참가하는 것에 대한 이의가 없다.
→ He doesn't have no objection to joining the committee.
④ 그가 한결같은 연습으로 새로운 언어를 배우는 것은 쉽다.
→ It is easy for him to learn a new language with his consistent practice.

15. 밑줄 친 (A), (B)에 들어갈 말로 가장 적절한 것은?

To best understand the definition of the idiom "tipping point," it helps to think of the literal meaning related to physics. In physics, a "tipping point" is when an object becomes unbalanced; even a slight force can cause it to lose its balance. ____(A)____, imagine a cup resting on a table. It is in no danger of falling if it is flat and centered on the table. However, if someone pushes it slightly over the table's edge, it will fall more easily. When the cup is almost halfway over the edge, even a tiny force will cause it to tip off the table and fall to the floor. This is similar to the symbolic use of this expression. An idea or movement might move slowly at first. ____(B)____, as more and more people support it, it reaches a point where even slightly more support will cause it to expand quickly.

	(A)	(B)
①	Meanwhile	That is
②	For example	However
③	Likewise	Consequently
④	For instance	Therefore

16. 밑줄 친 부분에 들어갈 말로 가장 적절한 것은?

A heuristic is a mental _____ commonly used to simplify problems and avoid cognitive overload. Heuristics are part of how the human brain evolved, allowing individuals to quickly reach reasonable conclusions or solutions to complex problems. These solutions may not be the best but they are often sufficient given limited timeframes and calculative capacity. Individuals constantly use this sort of intelligent guesswork, trial and error, the process of elimination, and experience to solve problems or plan a course of action. Heuristics can lead to poor decision-making based on a limited data set, but the speed of decisions can sometimes compensate for the disadvantages. Behavioral economics has focused on heuristics as one limitation of human behavior. Confirmation bias is an example of heuristics that people use in their economic lives.

① illusion
② disorder
③ shortcut
④ elevation

17. 다음 글의 제목으로 가장 적절한 것은?

The street grid system in New York City was developed in the early 19th century. In 1807, the New York State legislature appointed a commission to develop a plan for the city's future growth. The commission created a street grid to provide a logical and orderly system. The team divided the entire island of Manhattan into a grid of rectangular blocks, approximately 200 feet by 600 feet. They also established a numbering system for the streets and avenues, with the avenues running north to south and the streets running east to west. It was eventually implemented in the 1811 Commissioner's Plan. The grid system was simple and efficient, and its wide, straight streets were easy to navigate and provided access to the city's many towns and business districts. It also allowed the easy expansion of the city as it continued to grow.

① What is New York City's Street Grid System?
② When did New York City's Street Grid System Start?
③ How does a City's Street System Influence its Growth?
④ How New York City Has Its All Straight Street System?

18. 주어진 문장이 들어갈 위치로 가장 적절한 것은?

There are several theories, though.

You may have noticed that certain flowers, much like people, tend to go to bed after the sun goes down. Flowers that close up at night, such as tulips, aren't sleepy, but are just highly evolved. In cool air and darkness, certain flowers' bottom-most petals grow faster than the upper-most petals, forcing the flowers to shut. (①) Scientists are unsure why some plants evolved this way. (②) Charles Darwin believed plants close up at night to reduce their risk of freezing. (③) Another theory suggests these plants conserve energy and their odor for the daytime when pollinating insects are most active. (④) Some scientists believe this behavior prevents pollen from becoming wet and heavy with dew. Insects can more easily transfer dry pollen, improving a plant's likelihood of successful reproduction.

19. 다음 글의 주제로 가장 적절한 것은?

Most researchers agree that "deadline" first appeared during the American Civil War (1861-1865). According to author Christine Ammer, deadline was coined at Andersonville prison camp. First, it appeared in writing in the report of Colonel D.T. Chandler on July 5, 1864. In describing the horrific conditions, he famously wrote: A railing around the inside of the fence, about 20 feet from it, constitutes the "deadline," beyond which the prisoners are not allowed to pass. David A. Kelly Jr., an associate professor at the Naval War College, points to an even earlier writing of the term in an inspection report on Andersonville from Captain Walter Bowie on May 10, 1864: On the inside of the fence and twenty feet from it there is a deadline established, over which no prisoner is allowed to go, day or night.

① Different meanings of "deadline"
② The origin of the word "deadline"
③ The tragedy of the American Civil War
④ The miseries of Andersonville prison camp

20. 주어진 글 다음에 이어질 글의 순서로 가장 적절한 것은?

To have an electric current, you need a negatively charged material and a conductor that passes electrons from the negatively charged material to the positively charged one.

(A) That is what makes superconductivity so unique. Superconductivity is when a material stops resisting an electric current and allows it to pass freely without apparent energy loss. To get material into a superconductive state, the material has to be frozen to an extremely low temperature, sometimes close to absolute zero (-273.15 degrees Celsius).

(B) However, not every material passes these electrons as easily as the next, and the material offers resistance to the current. This resistance means the entire current loses some of its energy in heat.

(C) Then, for unexplained reasons, electrical resistance abruptly stops, and an electrical current can continue around a circuit seemingly forever. The hope is to use superconductivity in power transmissions one day, dramatically reducing energy costs worldwide.

① (A) - (C) - (B)
② (B) - (C) - (A)
③ (B) - (A) - (C)
④ (C) - (A) - (B)

2024 성정혜 고퀄 모의고사 시즌 Ⅰ

실전 동형 8회

공무원 9급 공개경쟁채용 필기시험

난이도 퍼센트
110%

성적 체크

응시자 주의사항

1. **시험시작 전 시험문제를 열람하는 행위나 시험종료 후 답안을 작성하는 행위를 한 사람은** 「공무원임용시험령」 제51조에 의거 **부정행위자로 처리됩니다.**

2. **답안지 책형 표기는** 시험시작 전 감독관의 지시에 따라 **문제책 앞면에 인쇄된 문제책형을 확인한 후, 답안지 책형란에 해당 책형(1개)을 '●'로 표기하여야 합니다.**

3. **답안은 문제책 표지의 과목 순서에 따라 답안지에 인쇄된 순서(제1·2·3·4·5과목)에 맞추어 표기해야 하며,** 과목 순서를 바꾸어 표기한 경우에도 **문제책 표지의 과목 순서대로 채점**되므로 유의하시기 바랍니다.

4. 시험이 시작되면 문제를 주의 깊게 읽은 후, **문항의 취지에 가장 적합한 하나의 정답만을 고르며,** 문제내용에 관한 질문은 할 수 없습니다.

5. 답안지의 모든 기재 및 표기 사항은 **컴퓨터용 흑색 싸인펜을 사용하며,** 반드시 <보기>의 **올바른 표기 방식으로 답안을 작성해야 합니다.**

   <보기> 올바른 표기: ●   잘못된 표기: ⊘ ⊗ ◐ ◉ ◑ ◔ ◌ ② ③ 등

6. 답안을 잘못 표기하였을 경우에는 답안지를 교체하여 작성하거나 수정할 수 있으며, 표기한 답안을 수정할 때는 **응시자 본인이 가져온 수정테이프만을 사용하여** 해당 부분을 완전히 지우고 부착된 수정테이프가 떨어지지 않도록 손으로 눌러주어야 합니다. (수정액 또는 수정스티커 등은 사용 불가)
   - 불량한 수정테이프의 사용과 불완전한 수정처리로 발생하는 모든 문제는 응시자 본인에게 책임이 있습니다.

7. **시험시간 관리의 책임은 응시자 본인에게 있습니다.**
   ※ 문제책은 시험종료 후 가지고 갈 수 있습니다.

ⓘ 성정혜 고퀄 모의고사 안내

1. 성정혜 영어 고퀄 모의고사는 **100% Original 기출 DATA에 Alpha를 더한 모의고사입니다.** 입실 전 실제 상황에 기반해 **난도별 고퀄리티 문항을 풀이하실 수 있도록 설계되었습니다.**

2. **시험 시간은 마킹 포함 30분입니다.** 영어 시험 특성상 어휘 문항이 전면에 배치되고 이를 먼저 확인하게 되면 실제 상황과 다른 시험 시간이 배정되게 됩니다. 어휘 문항에 대한 '앎 또는 모름'으로 시험의 전반적 이미지가 형성될 수 있으므로, **표지를 제작하여 시험 시작과 동시에 페이지를 펼쳐 시험에 임하실 수 있도록 준비하였습니다.**

3. **시험 직후 실시간 투표를 통해 오답 통계와 성적 분포를 확인하실 수 있도록 준비하였습니다.** 객관적 DATA를 기반으로 보완이 필요한 부분을 파악하시어 더욱 효과적인 복습을 진행하시기 바랍니다.

영 어

[1~3] 밑줄 친 부분의 의미와 가장 가까운 것을 고르시오.

1. The existence of a government financial system is an <u>indispensable</u> prerequisite for economic stability and development.

   ① adverse
   ② essential
   ③ convenient
   ④ unnecessary

2. She had to <u>employ</u> objective and scientific methods to analyze all management areas.

   ① utilize
   ② instruct
   ③ maintain
   ④ accumulate

3. He attended the conference <u>in place of</u> his colleague, who couldn't make it due to a family emergency.

   ① on behalf of
   ② on account of
   ③ on the brink of
   ④ on the ground of

4. 밑줄 친 부분에 들어갈 말로 가장 적절한 것은?

   It took me some time to _____ the complex mathematical concept, but with practice, I comprehended it.

   ① call for
   ② look after
   ③ get hold of
   ④ give rise to

[5~6] 어법상 옳지 않은 것을 고르시오.

5. ① The man has got his car repaired by a skilled mechanic.
   ② Neither the manager nor the employees was aware of the changes.
   ③ The gentleman seized her by the hand to lead her out of the room.
   ④ I can't estimate how many tens of thousands of people attended this event.

6. ① I didn't like the movie, and so did my friends.
   ② The teacher said World War II broke out in 1939.
   ③ The singing boy amused the audience with his voice.
   ④ The financial aid program is called scholarships for students.

[7~8] 우리말을 영어로 잘못 옮긴 것을 고르시오.

7. ① 부유한 사람들은 사치품을 구매할 여유가 있다.
   → The rich can afford to purchase luxury items.
   ② 그 조직은 핵심 자원과 인력이 부족하다.
   → The organization is short of key resources and manpower.
   ③ 그 노인은 그의 동료들의 대부분보다 훨씬 더 빠르게 달릴 수 있다.
   → The old man can run much faster than most of his peers.
   ④ 3분의 2의 학생들은 그들의 숙제를 완료했다.
   → Two-thirds of the students has completed their assignments.

8. ① 우리는 또 다른 접근법을 고려할 필요가 있다.
   → We need to consider another approach.
   ② 난민들은 국경을 건너는 데 위험을 감수해야만 한다.
   → Refugees should risk crossing the border.
   ③ 내가 선택을 할 때 더 결단력 있었으면 좋겠다.
   → I wish that I were more decisive in making choices.
   ④ 도전에 직면한 이들을 지원하는 것이 중요하다.
   → It's important to support those who is facing challenges.

9. 두 사람의 대화 중 가장 어색한 것은?

   ① A: You've looked so good.
      B: Yes, I'm feeling out of shape.
   ② A: What are the symptoms?
      B: I have a runny nose and felt sick.
   ③ A: This was a great meal. Let me pay for it.
      B: No, I'll pick up the tab.
   ④ A: May I speak to Jane?
      B: Hold on, please.

10. 밑줄 친 부분에 들어갈 말로 가장 적절한 것은?

    A: Hey, did you talk to Sarah about the upcoming team meeting?
    B: Yeah, I mentioned it, but she seemed to avoid giving a direct answer.
    A: That's not like her. Usually, Sarah is quite straightforward.
    B: I know. I think she's not sure how to handle the situation.
    A: Well, we need a clear decision. It's important for the team's progress.
    B: You're right. I'll speak to her again and this time, I'll ask her _____. We need a straight answer.

    ① to learn by heart
    ② to keep your chin up
    ③ not to give me a ring
    ④ not to beat around the bush

11. 주어진 글 다음에 이어질 글의 순서로 가장 적절한 것은?

Descriptions of taste are often associated with strong emotions.

(A) It was, therefore, a matter of survival. A bitter or sour taste indicates poisonous, inedible plants or rotting protein-rich food. On the other hand, the taste of sweet and salty foods is often a sign of food rich in nutrients. Like taste, our sense of smell is also closely linked to our emotions.

(B) This is because both senses are connected to the involuntary nervous system that regulates unconscious and automatic actions, such as heartbeat and digestion. That is why a bad taste or smell can bring about vomiting or nausea.

(C) They express in words the states of intense pleasure as well as displeasure. This strong link that connects taste with emotion has to do with our evolution: Taste was a sense that aided us in testing the food we were consuming.

① (A) - (C) - (B) ② (B) - (A) - (C)
③ (C) - (A) - (B) ④ (C) - (B) - (A)

12. 주어진 문장이 들어갈 위치로 가장 적절한 곳은?

Furthermore, although they're high in calories, almonds could help to reduce your risk of weight gain and obesity.

Like many nuts, almonds provide plenty of nutrients. The dense nutrition that almonds provide can benefit your body in several ways. First of all, almonds could help you lower cholesterol. (①) Eating almonds helps to lower levels of the bad kind of cholesterol and increase levels of the good kind. (②) Almonds also have properties to help protect you from heart disease. (③) That's because the protein and fiber in almonds help you feel full faster, by which you can better control your calorie intake while still satisfying your hunger. (④) Also, the vitamin E in almonds could help to lower your blood pressure, which helps protect against heart disease. Finally, almonds have calcium, which is good for bone health.

13. 다음 글의 제목으로 가장 적절한 것은?

Owls are considered wise because of their heightened senses and association with the night. Many Native American cultures considered owls symbols of wisdom and strength due to their mysterious night activity and power as birds of prey. Many considered them to be protectors of warriors and carriers of ancestral souls. In Ancient Greek mythology, the owl is considered the embodiment of Athena, the goddess of wisdom. Although the origin of this association is unknown, there are hypotheses that these myths come from the owl's ability to see through the dark with a piercing, superhuman gaze. The owl was not as prominent in Ancient Rome as in Ancient Greece, but Romans did associate owls with their goddess of wisdom and prophecy, Minerva. They believed that owls could see the future and thus could bring warnings and wisdom to people.

① Wise Owls: Myths and Facts
② Owls: Symbols of Wisdom across Many Cultures
③ Wise Owls: Groundless Myths from Various Cultures
④ Owls: Reasons Why Native Americans Believed Them Wise

14. 글의 흐름상 가장 어색한 문장은?

The railways made it easier to get to London but also contributed to the growing traffic congestion. ① In 1860, work began on the first attempt to solve the problem: the world's first underground railway. ② The Metropolitan Railway was designed to link three of London's mainline stations with the City of London. ③ The first section of the Metropolitan opened from Paddington to Farringdon on 10 January 1863. ④ There are many ways to get from London Paddington Station to Farringdon Underground Station. The early underground was a huge engineering achievement and very well used, but it had one big disadvantage: its steam train created a permanent foul air in the stations and tunnels.

[15 ~ 16] 다음 글의 내용과 일치하지 않는 것을 고르시오.

15.

The word 'orchestra' is Greek in origins and meant the place a Greek chorus sang and danced. The term was revived during the late 17th century and evolved to mean the players themselves. In the 16th-century, orchestras meant musicians employed in noble households and groups of instrumentalists especially assembled for important occasions. After that, the formation and evolution of orchestras are as follows in the four periods. In Baroque music(1600-1760), strings were the most important part. Baroque orchestras had 10 to 30 players. Classical orchestras(1750-1830) used 30 to 60 players in four sections: strings, woodwinds, brass, and percussion. Romantic orchestras(1815-1910) had as many as 100 players or more and featured greater use of brass and piano. The modern symphony orchestra(present) varies in size but typically has about 100 players. The largest group of these are from the strings, which contain 60 to 70 players.

① Baroque orchestras(1600-1760) emphasized strings.
② Romantic orchestras(1815-1910) had no less than 100 players.
③ Orchestras' size and makeup have remained constant throughout history.
④ Before the late 17th century, 'orchestra' didn't mean musicians themselves.

16.

We all have our favorite ways of enjoying all four seasons, and have particular annoyances about each one. All the seasonal changes influence not only our mood but also our sleep patterns. Spring is a time of many changes. Pollen from blooming flowers can aggravate allergies at night. All that coughing and sneezing at night can make you feel less relaxed. Excess light exposure in the summer increases how long we stay awake. Like light, temperature plays a role in how our body tells itself it's time to sleep. Fall again sees a time change, which can disrupt our 24-hour biological clock. Out of the four seasons, winter may present the most sleep challenges. The lack of light can bring about seasonal affective disorder or seasonal depression. In this mood disorder, many people experience sleeping too much.

① In the fall, your natural biological clock can be disturbed.
② Excessive exposure to light in summer can affect sleep duration.
③ The decrease in light in winter may cause you to sleep much less.
④ Seasonal affective disorder can result from the lack of light in winter.

17. 다음 글의 요지로 가장 적절한 것은?

We all want to make good habits, whether in business, our hobbies, or our personal lives. One popular method to build habits is called the 21/90 rule. The rule is simple enough. Commit to an individual or professional goal for 21 straight days. After three weeks, pursuing that goal should have become a habit. Once you've established that habit, you continue to do it for another ninety days. It should become a permanent lifestyle change if you can keep it up for three weeks and then ninety days. Now that we've established what the 21/90 rule is, what is it that you should use it for? While brushing teeth every day might be an admirable goal, you need to do one thing every day that improves your quality of life in a significant way. It needs to be something specific that can be done each day, no matter where you are.

① Having admirable goals is essential.
② Improve your life with the 21/90 rule.
③ Use the 21/90 rule to break bad habits.
④ Keep your daily routines right to improve your life.

18. (A)와 (B)에 들어갈 말로 가장 적절한 것은?

A breakwater's basic purpose is to shield the shoreline from strong wave action. It does this by lowering the tidal energy as it hits the structure and gets reflected off. This provides an artificial shelter for the harbor's infrastructure and vessels. A breakwater might be built on a smaller scale to safeguard small docking facilities from strong waves.   (A) , building a breakwater along the shoreline results in a decrease in sediment transport. The amount of coastal sediment transport in the shielded seas is slowed because the energy of the waves that move sediment drops drastically in the breakwater shadows, which leads to a greater deposit of sediments in the shielded area.   (B) , offshore breakwaters are mostly utilized along eroding coastlines to encourage sand buildup in a protected beach for coastal protection.

(A)	(B)
① Likewise	For example
② Moreover	Thus
③ Additionally	Furthermore
④ Therefore	As a result

[19~20] 밑줄 친 부분에 들어갈 말로 가장 적절한 것을 고르시오.

19.
Structures such as buildings, roads, and other infrastructure absorb and re-emit the sun's heat more than natural landscapes such as forests and water bodies. Urban areas, where these structures are highly concentrated and greenery is limited, become "islands" of higher temperatures relative to remote areas. These pockets of heat are referred to as "heat islands." A review of research studies and data found that in the United States, the heat island effect results in daytime temperatures in urban areas being about 1.8-12.6℃ higher than temperatures in remote areas and nighttime temperatures being about 3.6-9℃ higher. Humid regions and cities with larger and denser populations experience the greatest temperature differences. Research predicts that the heat island effect _____ in the future as the structure, spatial extent, and population density of urban areas grow.

① can disappear
② can be limited
③ will strengthen
④ will have advantages

20.
A sense of achievement can come from meeting or exceeding expectations set by others or by ourselves. When we feel that we have accomplished something, it gives us a boost of confidence that helps us keep going. We are more likely to take risks and push ourselves harder when we have past positive experiences to draw from. A sense of accomplishment can also be a great source of satisfaction, making us proud of our work and encouraging us to do even more. Whether completing a project at work, reaching a personal goal, or simply doing something we enjoy, finishing a job and doing it well leads to happiness and higher productivity. As a result, the feeling of achievement can help you, as a leader and business owner, bring out the best in your employees because it is such a strong _____.

① risk
② model
③ motivator
④ depressant

9급 공무원 공개경쟁채용 필기시험 답안지

컴퓨터용 흑색사인펜만 사용

책 형

【필적감정용 기재】
*아래 예시문을 옮겨 적으시오
본인은 ○○○(응시자성명)임을 확인함
기 재 란

성 명	
자필성명	본인 성명 기재
응시직렬	
응시지역	
시험장소	

응 시 번 호							
	⓪	⓪	⓪	⓪	⓪	⓪	⓪
	①	①	①	①	①	①	①
	②	②	②	②	②	②	②
	③	③	③	③	③	③	③
	④	④	④	④	④	④	④
	⑤	⑤	⑤	⑤	⑤	⑤	⑤
⑥	⑥	⑥	⑥	⑥	⑥	⑥	⑥
⑦	⑦	⑦	⑦	⑦	⑦	⑦	⑦
	⑧	⑧	⑧	⑧	⑧	⑧	⑧
	⑨	⑨	⑨	⑨	⑨	⑨	⑨

생 년 월 일					
⓪	⓪	⓪	⓪	⓪	⓪
	①	①	①	①	①
	②		②	②	②
	③		③	③	③
	④		④		④
⑤	⑤		⑤		⑤
⑥	⑥		⑥		⑥
⑦	⑦		⑦		⑦
⑧	⑧		⑧		⑧
⑨	⑨		⑨		⑨

※ 시험감독관 서명 (성명을 정자로 기재할 것)
적색 볼펜만 사용

문번	연습용
1	① ② ③ ④
2	① ② ③ ④
3	① ② ③ ④
4	① ② ③ ④
5	① ② ③ ④
6	① ② ③ ④
7	① ② ③ ④
8	① ② ③ ④
9	① ② ③ ④
10	① ② ③ ④
11	① ② ③ ④
12	① ② ③ ④
13	① ② ③ ④
14	① ② ③ ④
15	① ② ③ ④
16	① ② ③ ④
17	① ② ③ ④
18	① ② ③ ④
19	① ② ③ ④
20	① ② ③ ④

문번	연습용
1	① ② ③ ④
2	① ② ③ ④
3	① ② ③ ④
4	① ② ③ ④
5	① ② ③ ④
6	① ② ③ ④
7	① ② ③ ④
8	① ② ③ ④
9	① ② ③ ④
10	① ② ③ ④
11	① ② ③ ④
12	① ② ③ ④
13	① ② ③ ④
14	① ② ③ ④
15	① ② ③ ④
16	① ② ③ ④
17	① ② ③ ④
18	① ② ③ ④
19	① ② ③ ④
20	① ② ③ ④

문번	연습용
1	① ② ③ ④
2	① ② ③ ④
3	① ② ③ ④
4	① ② ③ ④
5	① ② ③ ④
6	① ② ③ ④
7	① ② ③ ④
8	① ② ③ ④
9	① ② ③ ④
10	① ② ③ ④
11	① ② ③ ④
12	① ② ③ ④
13	① ② ③ ④
14	① ② ③ ④
15	① ② ③ ④
16	① ② ③ ④
17	① ② ③ ④
18	① ② ③ ④
19	① ② ③ ④
20	① ② ③ ④

문번	연습용
1	① ② ③ ④
2	① ② ③ ④
3	① ② ③ ④
4	① ② ③ ④
5	① ② ③ ④
6	① ② ③ ④
7	① ② ③ ④
8	① ② ③ ④
9	① ② ③ ④
10	① ② ③ ④
11	① ② ③ ④
12	① ② ③ ④
13	① ② ③ ④
14	① ② ③ ④
15	① ② ③ ④
16	① ② ③ ④
17	① ② ③ ④
18	① ② ③ ④
19	① ② ③ ④
20	① ② ③ ④

문번	연습용
1	① ② ③ ④
2	① ② ③ ④
3	① ② ③ ④
4	① ② ③ ④
5	① ② ③ ④
6	① ② ③ ④
7	① ② ③ ④
8	① ② ③ ④
9	① ② ③ ④
10	① ② ③ ④
11	① ② ③ ④
12	① ② ③ ④
13	① ② ③ ④
14	① ② ③ ④
15	① ② ③ ④
16	① ② ③ ④
17	① ② ③ ④
18	① ② ③ ④
19	① ② ③ ④
20	① ② ③ ④

9급 공무원 공개경쟁채용 필기시험 답안지

컴퓨터용 흑색사인펜만 사용

성명	
자필성명	본인 성명 기재
응시직렬	
응시지역	
시험장소	

※ 시험감독관 서명
(성명을 정자로 기재할 것)

[필적감정용 기재]
*아래 예시문을 옮겨 적으시오
본인은 OOO(응시자성명)임을 확인함

기 재 란

책 형

응시번호	생년월일

문번	연습용	문번	연습용	문번	연습용	문번	연습용	문번	연습용
1	①②③④	1	①②③④	1	①②③④	1	①②③④	1	①②③④
2	①②③④	2	①②③④	2	①②③④	2	①②③④	2	①②③④
3	①②③④	3	①②③④	3	①②③④	3	①②③④	3	①②③④
4	①②③④	4	①②③④	4	①②③④	4	①②③④	4	①②③④
5	①②③④	5	①②③④	5	①②③④	5	①②③④	5	①②③④
6	①②③④	6	①②③④	6	①②③④	6	①②③④	6	①②③④
7	①②③④	7	①②③④	7	①②③④	7	①②③④	7	①②③④
8	①②③④	8	①②③④	8	①②③④	8	①②③④	8	①②③④
9	①②③④	9	①②③④	9	①②③④	9	①②③④	9	①②③④
10	①②③④	10	①②③④	10	①②③④	10	①②③④	10	①②③④
11	①②③④	11	①②③④	11	①②③④	11	①②③④	11	①②③④
12	①②③④	12	①②③④	12	①②③④	12	①②③④	12	①②③④
13	①②③④	13	①②③④	13	①②③④	13	①②③④	13	①②③④
14	①②③④	14	①②③④	14	①②③④	14	①②③④	14	①②③④
15	①②③④	15	①②③④	15	①②③④	15	①②③④	15	①②③④
16	①②③④	16	①②③④	16	①②③④	16	①②③④	16	①②③④
17	①②③④	17	①②③④	17	①②③④	17	①②③④	17	①②③④
18	①②③④	18	①②③④	18	①②③④	18	①②③④	18	①②③④
19	①②③④	19	①②③④	19	①②③④	19	①②③④	19	①②③④
20	①②③④	20	①②③④	20	①②③④	20	①②③④	20	①②③④

성정혜 영어 실전 동형 Season I

고퀄리티 모의고사

정답 및 해설

성정혜 편저

성정혜 교수

보이는 영문법 Visual G 포함 누적 수강생 68만명

약력

현 에듀윌 공무원 영어 대표 교수
EBSi 전임강사 문법/어휘 영역 1위
EBSm 10분 영문법 프로그램 진행
EBSe 여행 회화 프로그램 진행 MC
강남구청방송 대표 강사 문법/어휘 영역 1위

저서

기적 VOCA: 공무원 영어 10개년 기출 유의어 총정리
기적사 하프모의고사 시리즈
성정혜 영어 익힘
성정혜 우선순위 기출문법 OX
성정혜 구문 엑스
성정혜 막판 뒤집기: 공무원 영어 Final 핵심 요약집
성정혜 영어 실전 동형 고퀄 모의고사
에듀윌 공무원 영어 빈출 문법 4주 완성
에듀윌 공무원 영어 매일 3문 독해 시리즈
에듀윌 공무원 영어 기본서 전 시리즈
에듀윌 공무원 영어 기출 문제집
에듀윌 공무원 영어 단원별 기출 & 예상 문제집
에듀윌 공무원 영어 실전동형모의고사
에듀윌 공무원 공통과목 7개년 기출 PACK
에듀윌 계리직 공무원 영어 교재 다수
EBS(한국 교육 방송 공사) 교재 다수

▣ 결국엔 성정혜 영어
☕ 결국엔 성정혜 영어

동영상 강의 www.eduwill.net

모의고사에 고퀄리티를 더하다

▶▶ **회차 구성**

회차	1회	2회	3회	4회
기출 Original	2023 국가직 9급	2023 지방직 9급	2022 국가직 9급	2022 지방직 9급
*회차 난도	120%	110%	130%	115%
회차	5회	6회	7회	8회
기출 Original	2023 국가직 9급	2023 지방직 9급	2022 국가직 9급	2022 지방직 9급
*회차 난도	125%	105%	120%	110%

* 회차 난도
- 100% 기준 상향 조정된 수치 제시
- 어휘, 독해 소재, 논리 구성, 선택지 매력도 등을 종합적으로 고려하여 제시

고퀄리티 1   기출 포인트 기반 난도별 모의고사

- 기출 기반 핵심 빈출 포인트를 반복 학습할 수 있는 문제 구성
- 어떠한 난도의 시험도 대비할 수 있는 체계적 난도 구성으로 치밀한 마무리

고퀄리티 2   실전 감각을 부스팅 해줄 시험 재현

- 최신 2023년, 2022년 실제 시험지의 표지, 규격, 편집 스타일, 폰트, 문항 배열까지 동일하게 구성
- OMR 답안지를 활용한 실전 마킹 훈련 가능

고퀄리티 3   Final에 걸맞은 효율적인 학습

- 빠르고 정확한 약점 보완을 위한 전 문항 친절하고 꼼꼼한 해설
- '답정너'식 해설 No! 효율적인 학습을 위한 문항별 출제포인트, 명확한 정답 근거 제시
- 하나의 포인트를 넘어 *더블 포인트 학습으로 치밀한 실전 대비 가능
  (*더블 포인트: 한 문항에 2개 이상의 출제포인트를 담아 수험생이 논리적 사고를 향상시킬 수 있도록 설계된 문항)
- 성정혜 영어 「빈출 문법」 교재 출제포인트 연계 학습 가능

고퀄리티 4   단순히 모의고사를 보는 것에만 그치지 않은 성적 관리

- 효과적인 약점 관리를 위한 실시간 성적, 오답 통계 제공
- 회차별 핵심 학습 요소를 담은 *복습 익힘지 제공
  (*성정혜 영어 네이버 카페 참고)

복습 익힘지 바로가기

교재 활용법

모의고사의 목적은 실제 시험 상황을 구현해 시험을 응시하고, 입실 전 약점을 파악해 보완하는 데 있습니다.
아래의 활용법을 따라 교재를 활용하시면 더욱 효과적으로 수험을 마무리할 수 있습니다.

1. 시험 사전 준비

- 준비물: 고퀄 모의고사 1회분, OMR 답안지, 아날로그 시계, 필기구, 컴퓨터용 사인펜
- 장소, 복장 등 실제 시험 상황과 유사하게 구현해 훈련할수록 모의고사의 학습 효과는 높아집니다.

2. 시험 응시

- 제한 시간은 마킹 포함 *30분입니다.
- 개인의 시험 운영 스타일에 따라 최대 35분까지 유동적으로 운영하시기를 바랍니다.
(*성정혜 영어 유튜브 동형 모의고사 타이머 추천)

모의고사 타이머 바로가기

3. 시험 응시 후 약점 관리

- 채점 후 문제지 커버에 있는 성적 & 오답 통계 QR을 통해 나의 위치를 확인합니다.
- 통계를 보며 나만 틀린 문제, 나의 약점을 확인하고 풀이 시간 운영에는 문제가 없었는지 피드백합니다.
- 회차별 핵심 학습 요소를 담은 *복습 익힘지를 풀이하며 복습합니다.
(*성정혜 영어 네이버 카페 참고)

복습 익힘지 바로가기

고퀄 모의고사와 함께하는 여러분의 행복한 미래를 기원합니다.
수험생 여러분께 경의를 표합니다.

성정혜

차례 Contents

1회 꼼꼼한 고퀄리티 해설 ··· 6

2회 꼼꼼한 고퀄리티 해설 ·· 15

3회 꼼꼼한 고퀄리티 해설 ·· 23

4회 꼼꼼한 고퀄리티 해설 ·· 32

5회 꼼꼼한 고퀄리티 해설 ·· 40

6회 꼼꼼한 고퀄리티 해설 ·· 49

7회 꼼꼼한 고퀄리티 해설 ·· 57

8회 꼼꼼한 고퀄리티 해설 ·· 66

빠른 정답 Check

1회

01	③	02	②	03	①	04	①	05	①
06	③	07	③	08	③	09	②	10	④
11	①	12	①	13	①	14	③	15	③
16	②	17	④	18	③	19	②	20	③

2회

01	②	02	①	03	③	04	④	05	②
06	①	07	②	08	①	09	④	10	①
11	①	12	④	13	④	14	③	15	③
16	③	17	②	18	④	19	②	20	③

3회

01	②	02	①	03	④	04	③	05	①
06	②	07	③	08	③	09	④	10	④
11	③	12	③	13	④	14	④	15	②
16	③	17	②	18	③	19	③	20	③

4회

01	④	02	①	03	①	04	③	05	③
06	④	07	④	08	②	09	①	10	④
11	③	12	④	13	②	14	②	15	①
16	④	17	②	18	④	19	②	20	②

5회

01	③	02	④	03	①	04	②	05	①
06	②	07	③	08	②	09	③	10	②
11	①	12	②	13	④	14	③	15	②
16	③	17	②	18	①	19	②	20	④

6회

01	②	02	②	03	④	04	③	05	④
06	②	07	③	08	④	09	①	10	③
11	③	12	②	13	③	14	②	15	④
16	④	17	②	18	④	19	②	20	③

7회

01	②	02	④	03	①	04	①	05	①
06	②	07	②	08	①	09	②	10	②
11	③	12	①	13	①	14	③	15	②
16	③	17	④	18	②	19	②	20	③

8회

01	②	02	①	03	①	04	③	05	②
06	①	07	④	08	④	09	①	10	④
11	③	12	③	13	②	14	④	15	③
16	③	17	②	18	②	19	③	20	③

1회 꼼꼼한 고퀄리티 해설

기출 DATA: 2023 국가직 9급

빠른 정답 Check

01	③	02	②	03	①	04	①	05	①
06	③	07	③	08	③	09	②	10	④
11	①	12	①	13	①	14	③	15	③
16	②	17	④	18	③	19	②	20	③

01 정답 ③ — 유형 어휘 > 유의어 찾기

정답해설

밑줄 친 authentic은 '진짜인, 진품인'을 뜻한다. 따라서 authentic과 의미가 가장 가까운 것은 ③ genuine(진짜의, 진품의)이다.

해석

미술품 수집가는 그가 구입한 그림이 유명한 예술가의 진품 명작이라는 것을 알고 아주 흥분했다.
① 잠시의, 간결한, 짧은
② 엄한, 엄격한, 순한
③ 진짜의, 진품의, 진실한
④ 주요한, 원금의; (단체의) 장

어휘

collector 수집가
discover 알아내다, 발견하다
masterpiece 명작, 걸작
thrilled 아주 흥분한, 황홀해하는
purchase 구입하다, 획득하다
renowned 유명한, 명성 있는

02 정답 ② — 유형 어휘 > 유의어 찾기

정답해설

밑줄 친 impoverished는 '빈곤한, 결핍된'을 뜻한다. 따라서 impoverished와 의미가 가장 가까운 것은 ② destitute(빈곤한, 결핍한)이다.

해석

비영리 단체는 빈곤한 지역 사회의 생활 상태를 개선하기 위해 끊임없이 노력한다.
① 즐거운, 쾌적한, 상냥한
② 빈곤한, 결핍한
③ 어색한, 서투른, 곤란한, 불편한
④ 모욕적인, 공격적인, 불쾌한, 무례한

어휘

nonprofit 비영리적연
organization 단체, 조직, 기구
tirelessly 끊임없이, 지칠 줄 모르고
improve 개선하다, 향상시키다
living conditions 생활 상태, 생활 조건
community 지역 사회, 주민, 공동체

03 정답 ① — 유형 어휘 > 유의어 찾기

정답해설

밑줄 친 turn down은 '거절하다'를 뜻한다. 따라서 turn down과 의미가 가장 가까운 것은 ① reject(거절하다, 거부하다)이다.

해석

철저한 검토 후, 대학은 최소한의 입학 필요 조건을 충족시키지 못한 학생들의 지원을 거절해야 했다.
① 거절하다, 거부하다
② 아첨하다
③ 격려하다, 고립시키다
④ 버리다, 폐기하다

어휘

thorough 철저한, 빈틈없는
meet 충족시키다
admission 입학, 가입
application 지원, 신청
minimum 최소한의, 최저의
requirement 필요 조건, 요구

04 정답 ① — 유형 어휘 > 유의어 찾기

정답해설

밑줄 친 put up with는 '참다, 견디다'를 뜻한다. 따라서 put up with와 의미가 가장 가까운 것은 ① endure(참다, 견디다)이다.

해석

기숙사에 사는 것은 룸메이트의 서로 다른 습관과 선호를 참는 능력을 요구한다.
① 참다, 견디다, 인내하다
② 예언하다, 예측하다
③ 용이하게 하다, 촉진하다
④ 불평하다, 호소하다

어휘

dormitory 기숙사, 공동 침실
habit 습관, 버릇
require 요구하다, 필요로 하다
preference 선호(도), 애호

05 정답 ① — 유형 문법 > 밑줄

정답해설

① X (which → where)

출제포인트: 158 관계대명사 vs. 관계부사

밑줄 친 which는 관계대명사로 뒤따라오는 문장이 불완전 형태여야 한다. 그러나 뒤따라오는 문장 'digital technologies ~ role'에서 주어 digital technologies, 타동사인 play 그리고 목적어인 a pivotal role로 완전한 문장이므로 which의 쓰임을 옳지 않다. 따라서 which는 선행사인 contemporary education(현대 교육)을 '추상적 장소의 개념'으로 보고, 장소를 선행사로 갖는 관계부사 where로 수정해야 한다. 더해 which digital ~ role 이후의 fostering 'digital literacy'는 동명사 주어로서 단수동사 is와 함께 적절하게 사용되었다.

오답해설

② O

출제포인트: 164 부사절 접속사

밑줄 친 As는 부사절 students navigate ~ world를 이끄는 접속사로 적절하게 사용되었다.

③ O
더블 출제포인트: 180 주어-동사 수일치 / 121 동명사의 역할
밑줄 친 becomes는 단수 동사로 동명사 주어인 'understanding how ~ information'을 단수 명사 취급하여 적절하게 수일치 되었다.
④ O
출제포인트: 146 주격 관계대명사
밑줄 친 that은 주격관계대명사로 사용되어 선행사인 incorporate strategies를 수식하고 있다. 이때 선행사가 복수 명사이므로 관계대명사 이후의 동사 empower는 복수 동사로 옳게 사용되었다.

해석
현대 교육의 맥락에서, 디지털 기술이 중추적인 역할을 하는 곳에서, '디지털 문해력'을 증진시키는 것은 매우 중요하다. 학생들이 더 연결된 세계에서 길을 찾아가면서, 온라인 정보를 비판적으로 평가하는 방법을 이해하는 것은 기본적인 기술이 되었다. 빠른 기술 발전으로 형성된 사회에서, 교육자들은 학습자들이 신뢰할 수 있는 출처를 식별하고 디지털 풍경을 책임감 있게 탐색할 수 있는 권한을 주는 전략을 통합해야 한다.

어휘
contemporary 현대의
pivotal 중추적인
digital literacy 디지털 문해력
navigate 길을 찾다, 탐색하다
fundamental 기본적인
strategy 전략
discern 식별하다
responsibly 책임감 있게
digital technologies 디지털 기술
foster 증진시키다
crucial 매우 중요한
critically 비판적으로
incorporate 통합하다
empower 권한을 주다
reliable 신뢰할 수 있는

06 정답 ③ 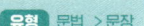 유형 문법 > 문장

정답해설
③ X (so an eloquent speaker → so eloquent a speaker 또는 such an eloquent speaker)
더블 출제포인트: 165 so ~ that 주요 표현 / 088 관사의 위치
해당 문장은 'so 원인 that 결과' 구문으로 '너무 ~하여 결국 ...하다'의 의미로 쓰인다. 단, so는 원인을 나타낼 때 형용사 또는 부사를 수식하거나, 「so + 형용사 + a(n) + 명사」 형태로 사용되며, such의 경우 「such + a(n) + 형용사 + 명사」의 형태로 원인을 나타낼 수 있다. 따라서 so an eloquent speaker는 so eloquent a speaker 또는 such an eloquent speaker로 수정해야 한다.

오답해설
① O
출제포인트: 101 enough/양태부사의 위치
'~ enough to 동사원형'은 '충분히 ~할 만큼 ...하다'를 뜻한다. 해당 문장은 enough가 형용사인 skilled를 후치 수식하고 있으며 부정사인 to handle과 함께 사용되었으므로 문맥상 옳다.
② O
출제포인트: 039 시간, 조건의 부사절
해당 문장의 접속사 when이 이끄는 절 'when everyone ~ consensus'는 시간의 부사절에 해당되며, 시간의 부사절에서 미래시제를 나타낼 때는 현재시제의 형태로 나타내야 한다. 해당 문장에서는 종속절 동사 reach는 문맥상 미래를 나타내지만, 현재시제로 제시되어 옳은 문장이다.

④ O
더블 출제포인트: 125 현재분사 vs. 과거분사 / 160 접속사 vs. 전치사
해당 문장의 composed는 과거분사로서 '구성된'을 뜻하며, 명사인 The committee를 후치 수식하고 있다. 따라서 The committee composed는 '구성된 위원회'의 의미로 옳게 사용되었다. 또한 because of는 구전치사로 명사구인 thorough analysis를 목적어로 가지므로 옳게 사용되었다.

해석
① 팀은 복잡한 업무를 효율적으로 처리할 만큼 숙련되어 있다.
② 새로운 정책은 모두가 합의에 도달했을 때 시행될 것이다.
③ 그 남자가 매우 능숙한 연설가여서 청중들은 열정적으로 박수쳤다.
④ 전문가들로 구성된 위원회는 철저한 분석 때문에 그 결정을 내렸다.

어휘
skilled 숙련된
efficiently 효율적으로
implemented 시행되다
committee 위원회
experts 전문가들
analysis 분석
speaker 연설가
applaud 박수치다
handle 처리하다
policy 정책
consensus 합의
compose 구성하다
thorough 철저한
eloquent 능숙한
audience 청중
enthusiastically 열정적으로

07 정답 ③ 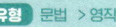 유형 문법 > 영작

정답해설
③ X (for → of)
출제포인트: 115 to부정사의 의미상 주어
해당 문장은 가주어 It, 진주어 to부정사 그리고 의미상의 주어로 구성된 문장이다. 이때 해당 문장의 rude와 같이 인성을 나타내는 형용사가 보어일 경우 의미상의 주어는 「for + 목적격」이 아닌 「of + 목적격」으로 나타내야 한다. 따라서 for the guest를 of the guest로 수정해야 한다.

오답해설
① O
출제포인트: 062 주요 조동사 표현
해당 문장에서 주요 조동사 표현인 「cannot help but + 동사원형」이 '~하지 않을 수 없다'의 의미로 적절하게 사용되었다. 더해 laugh at은 '~을 비웃다'를 뜻하는 「자동사 + 전치사」 형태의 군동사로 적절하게 사용되었다.
② O
더블 출제포인트: 137 비교 대상 일치 / 143 비교급/최상급 강조 부사
해당 문장은 비교급 faster than이 사용된 문장으로 the new car(새로운 차)의 the speed(속도)와 the old one(오래된 차)의 속도를 비교하고 있다. 해당 문장의 비교 대상이 단수 명사인 the speed이므로 비교 대상을 지칭하는 단수형 대명사 that의 쓰임을 적절하다. 더해 주어진 문장의 much는 비교급 강조 부사로 적절하게 사용되었다.
④ O
출제포인트: 131 with 분사구문
해당 문장에는 「with + 목적어 + 분사」가 '~가 ...한[된] 채로'를 뜻해 동시 상황을 나타내는 분사구문으로 사용되었다. With의 목적어인 the assignment(과제)가 문맥상 '완료된'의 수식을 받아야 하므로 과거분사 형태인 completed는 옳게 사용되었다.

어휘

joke 농담
rude 무례한
guest 손님
express 표현하다
gratitude 감사
hospitality 환대
assignment 과제
sense of accomplishment 성취감

08 정답 ③   유형 독해 > 내용 일치

정답해설

본문은 부모에게서 독립하는 과정을 도와줄 조언에 관해 서술하고 있다. 본문의 두 번째 조언에서 룸메이트와 함께 살든 아니든, 부모의 집에서 나와 사는 것이 다양한 책임에 대해 알려줄 것이라고 서술하고 있다. ③번 'Moving out, only meaning living by yourself, will teach you about responsibilities(이사 나가는 것은, 오직 혼자서 사는 것을 의미하는데, 당신에게 책임에 대해 가르쳐줄 것이다).'는 '룸메이트와 함께 사는 것'을 이사 나가는 것에 포함하여 서술하고 있는 본문과 달리 '오직 혼자서 사는 것'만을 의미한다고 서술하고 있으므로 본문의 내용과 일치하지 않는다. 따라서 정답은 ③이다.

오답해설

① 본문의 마지막 문장에서 '독립이 반복적인 과정임을 기억하라'라고 서술하고 있다. 따라서, ①번 'Keep in mind independence is a continuous process of growth and development(독립은 성장과 발전의 지속적인 과정임을 명심하라).'는 이 글의 내용과 일치한다.
② 본문의 첫 번째 조언에서 수입의 10퍼센트를 저축하는 등의 재정적인 자유의 조치를 만들라고 설명하고 있다. 따라서, ②번 'Begin your breakaway by securing financial freedom, like saving 10% of your income(수입의 10퍼센트를 저축하는 것과 같은 재정적인 자유를 확보함으로써 독립을 시작하라).'은 이 글의 내용과 일치한다.
④ 본문의 첫 문장에서 '둥지를 떠나는 것[독립]이 힘들지만, 발견의 기회이기도 하다'라고 서술하고 있다. 따라서, ④번 'Leaving the nest presents challenges but offers exciting opportunities for self-discovery(둥지를 떠나는 것은 도전을 주지만 자기 발견의 흥미진진한 기회도 제공한다).'는 이 글의 내용과 일치한다.

해석

둥지를 떠나는 것은 힘들지만, 그것은 또한 흥미진진한 발견의 기회이기도 하다. 만약 당신이 독립적인 사람이 되기 위해 독립하는 데 어려움이 있다면, 여기 그 이행을 더 쉽게 만들어주는 것에 관한 약간의 조언이 있다. 첫 번째, 당신의 부모로부터 재정적 자유의 조치를 만들어라. 전문가들은 지금 당장 당신의 급료의 10퍼센트를 따로 떼어 놓는 것을 조언한다. 두 번째로, 이사를 나가라. 당신이 룸메이트와 살고 있든 아니든, 부모님의 집에서 이사를 나가는 것은 당신에게 청구서를 지불하고, 깔끔하게 정리하고, 심지어 식료품을 사는 것에 관한 많은 것을 가르쳐줄 것이다. 세 번째, 혼자 시간을 보내라. 이런 종류의 연습은 당신이 독립성을 키우고 있을 때 중요하다. 마지막으로, 당신의 감정적 회복력을 길러라. 당신이 세계와 당신의 입장에 대해 더 많이 알수록, 당신은 더 독립적이라고 느낄 것이다. 독립성을 기르는 것은 반복적인 과정임을 기억하라.

① 독립은 성장과 발전의 지속적인 과정임을 명심하라.
② 수입의 10%를 저축하는 것과 같은 재정적인 자유를 확보함으로써 독립을 시작하라.
③ 이사 나가는 것은, 오직 혼자서 사는 것만을 의미하는데, 당신에게 책임에 대해 가르쳐줄 것이다.
④ 둥지를 떠나는 것은 도전을 주지만 자기 발견의 흥미진진한 기회도 제공한다.

어휘

break away 독립하다   transition 이행
measure 조치   financial 재정적인
put aside 따로 떼어 놓다   paycheck 급료
tidy up 깔끔하게 정리하다   independence 독립성
resilience 회복력   aware 알고 있는
place 입장, 처지   independent 독립적인
independence 독립성   repetitive 반복적인
continuous 지속적인   secure 확보하다, 획득하다
responsibility 책임, 책무

09 정답 ②   유형 독해 > 일치

정답해설

본문은 백야 현상에 관한 서술이다. 본문의 중반부에서 백야 현상이 나타나는 시기가 여름과 관련되어 서술되고 있으며, 본문의 마지막 문장의 극의 밤은 겨울에 발생한다고 서술하고 있다. 따라서, ②번 "White nights" are related to the summer, while "polar nights" to the winter("백야"는 여름과 관련이 있고, 반면 "극의 밤"은 겨울과 관련이 있다).'는 이 글의 내용과 일치한다.

오답해설

① 본문의 중반부에서 극권, 극 가까이에서, 그리고 극으로 갈수록 백야가 더 '길게' 지속된다고 서술하고 있으므로, ①번 'Closer to the pole, "white nights" last shorter(극에 가까이 갈수록 "백야"는 더 짧게 지속된다).'는 이 글의 내용과 일치하지 않는다.
③ 본문의 초반부에서 지구 중심축의 '기울기' 때문에 백야가 발생하며, 백야의 지속 기간은 극으로 갈수록 더 길어진다고 설명하고 있다. ③번 'The duration of "white nights" varies depending on the speed of the Earth's spin("백야"의 지속 기간은 지구의 자전 속도에 따라 달라진다).'에서 '자전 속도'는 본문에서 언급하고 있지 않으므로 이 글의 내용과 일치하지 않는다.
④ 본문의 초반부와 중반부의 설명에 따르면 백야의 발생은 지구 중심축의 기울기와 위도와 관련이 있다고 서술하고 있다. ④번 'The occurrence of "white nights" is influenced by the climate of a specific region("백야"의 발생은 특정 지역의 기후에 의해 영향을 받는다).'에서 '특정 지역의 기후'는 이 글에서 언급하고 있지 않으므로, 이 글의 내용과 일치하지 않는다.

해석

"백야"는 밤새도록 지속되는 긴 땅거미의 이름이다. 다시 말해, "백야" 동안에, 태양은 수평선 아래로 지지 않고, 그 결과 완전히 어둡지 않은 밤이 된다. 지구 중심축[자전축]의 기울기가 상당하기 때문에, 고위도에서는 태양이 여름에 지지 않는다; 오히려, 그것은 여름에 일년 중 가장 긴 날[하지](북반구에서는 대략 6월 21일이고 남반구에서는 12월 21일) 동안에 극권에서 하루 동안, 극 가까이에서는 몇 주, 그리고 극에서는 6개월 동안 계속 보이는 상태를 유지한다. 일반적으로, "백야" 기간은 특정 지역에 따

라 달라지고 이르면 3월 25일에서 26일에 시작해서 늦으면 6월 16일에서 17일에 끝난다. 반대 현상인 "극의 밤"은 겨울에 태양이 하루 종일 수평선 아래에 머무를 때 발생한다.
① 극에 가까이 갈수록 "백야"는 더 짧게 지속된다.
② "백야"는 여름과 관련이 있고, 반면 "극의 밤"은 겨울과 관련이 있다.
③ "백야"의 지속 기간은 지구의 자전 속도에 따라 달라진다.
④ "백야"의 발생은 특정 지역의 기후에 의해 영향을 받는다.

어휘

twilight 땅거미, 황혼
set (해, 달이) 지다
horizon 수평선
tilt 기울기
considerable 상당한
latitude 위도
visible (눈에) 보이는
hemisphere (지구의) 반구
polar circle 극권
specific 특정한
opposite 반대의
phenomenon 현상
duration 지속 기간
vary 달라지다, 다르다
occurrence 발생

10 정답 ④   유형 생활영어 > 빈칸

정답해설

주어진 대화 속에서 A와 B는 '새로운 이탈리안 식당 방문'에 대해 이야기를 나누고 있다. A와 B가 이야기를 나누며 '비싸지 않은 (not expensive)' 과 '예산 내에서(within our budget)'를 언급하는 것을 통해 비용을 중요하게 생각하고 있음을 알 수 있다. 또한 빈칸 이후 B가 식당의 메뉴가 '합리적 (가격)'이라고 다시 한번 언급하고 있으므로 빈칸에 들어갈 말은 가격과 관련된 표현인 ④ it doesn't cost me an arm and a leg(그것은 나에게 매우 비싸지 않다)가 가장 적절하다.

오답해설

② 문장의 의미 그대로 '나는 절대로 구매하지 않아요'의 의미도 있지만, 주로 비유적 표현으로 '믿지 않다'의 의미로 사용된다. 따라서 해당 선지는 문맥상 적절하지 않다.
나머지 선택지는 문맥상 적절하지 않으므로 오답이다.

해석

A: 오늘 저녁에 새로 오픈한 이탈리안 식당에 가보는 건 어때요?
B: 좋아요. 좌석이 있는지 확인하고, 가격이 비싸지 않은지 확인해봐요.
A: 알았어요. 예약하고 우리의 예산 범위 안에 드는지 확인할게요.
B: 아, 방금 이탈리안 식당에서 좌석을 발견했어요. 어떻게 생각하세요?
A: 좋아요! 나에게 매우 비싸지 않은 한 괜찮아요.
B: 메뉴는 합리적이에요. 우리가 가기에 좋아요!
① 나는 단지 어쩔 수 없었어요
② 나는 절대로 구매하지 않아요, 나는 절대로 믿지 않아요
③ 당신은 분명히 발끈 화를 낼 거예요
④ 그것은 나에게 매우 비싸지 않아요

어휘

reservation 예약
budget 예산
reasonable 합리적인
as long as ~하는 한
hit the roof 발끈 화를 내다, 화가 치밀다
cost me an arm and a leg 매우 비싸다, 엄청난 돈이 들다

11 정답 ①   유형 생활영어 > 빈칸

정답해설

주어진 대화 속에서 A와 B는 '취업'에 관해 이야기를 나누고 있다. 빈칸 이전까지 B가 취업 과정에서 느끼는 '긴장과 부담'에 대해 이야기하고 있고, A는 'You have great skills(당신은 대단한 능력을 갖췄어요).'라고 말하며 B에게 '격려와 조언'을 해주고 있음을 알 수 있다. 더해, 빈칸 이전에 A가 말하고 있는 'Take it one step at a time (한 번에 한 단계씩 해나가)'를 통해 조언을 이어가고 있음을 알 수 있으므로 빈칸에는 A가 B에게 하는 조언을 나타내는 표현이 들어가는 것이 적절하다. 따라서 정답은 ① stay cool (침착하게 행동하다)이다.

오답해설

② B가 A에게 무언가를 부탁한 것이 아니므로 승낙의 표현인 'be my guest((상대방의 간단한 부탁에) 그러세요, 그래라)'는 적절하지 않다.
나머지 선택지는 문맥상 적절하지 않으므로 오답이다.

해석

A: 취업 준비는 어떻게 돼가나요?
B: 선택지가 너무 많아서 별로네요. 어디부터 시작해야 할지 잘 모르겠어요.
A: 직종이나 산업같이 선호도를 좁혀보는 건 어때요?
B: 그것도 해봤지만, 여전히 부담스러워요. 면접이 걱정돼요.
A: 스트레스받지 말아요. 당신은 대단한 능력을 갖췄어요. 그냥 당신 자신이면 돼요, 그러면 잘할 거예요.
B: 고마워요, 하지만 압박감을 갖고 사는 게 힘드네요.
A: 이해해요. 한 번에 한 단계씩 해나가고, 전체 과정에서 침착하게 행동하세요.
① 침착하게 행동하다
② (상대방의 간단한 부탁에) 그러세요, 그래라
③ 나잇값을 하다
④ 쌤통이다, 꼴 좋다

어휘

job search 취업 준비
narrow 좁히다
preference 선호도
job type 직종, 직업 유형
industry 산업
interviews 면접
pressure 압박감
get it 이해하다
stay cool 침착하게 행동하다
be my guest (상대방의 간단한 부탁에) 그러세요, 그래라
act your age 나잇값을 하다
serve you right 쌤통이다, 꼴 좋다

12 정답 ①   유형 생활영어 > 대화

정답해설

① 주어진 대화에서 A의 '프로젝트 진행'에 관한 질문에 대해 B가 'Pretty good(꽤 괜찮아)'이라고 말하며 '긍정'으로 대답한 후, 'It couldn't be worse(이보다 더 나쁠 수 없다).'라고 말하며 '최악'을 뜻하는 부정적 표현으로 대답한 것은 모순된 표현이므로 옳지 않다. 따라서, 긍정을 나타내는 표현인 'Pretty good'을 부정을 나타내는 표현인 'Pretty not good(상당히 좋지 않아)' 등으로 수정하는 것이 문맥상 적절하다.

오답해설

② 'have butterflies in my stomach((긴장해서) 안절부절못한다)'는 '긴장했음'을 나타내는 표현이다. 따라서 문맥상 중요한 발표 이전의 기분 상태를 나타내는 표현으로 적절하다.
③ 'keeping my fingers crossed(행운을 빌면서)'는 '행운을 바라는 마음'을 나타내는 표현이다. 따라서 직업 지원의 결과를 기다리는 상황에서 문맥상 적절하게 사용되었다.
④ 마케팅 전략의 효과를 묻는 말에 이어 긍정을 나타내는 표현인 'carried the day(큰 역할을 했다)'는 문맥상 적절하게 사용되었다.

해석

① A: 새 프로젝트는 어떻게 진행되고 있어?
　 B: 꽤 괜찮아요. 이보다 더 나쁠 수 없어요.
② A: 중요한 발표 전에 기분이 어때요?
　 B: (긴장해서) 안절부절못해요.
③ A: 시험 결과 나왔니?
　 B: 아직. 행운을 빌면서 결과를 기다리고 있어.
④ A: 새로운 마케팅 전략이 효과가 있었나요?
　 B: 물론이죠! 창의적인 캠페인이 정말 큰 역할을 했어요.

어휘

pretty good 꽤 괜찮은
presentation 발표
butterflies in (one's) stomach (긴장해서) 안절부절못하다
job application 직업 지원
keep one's fingers crossed 행운을 빌다
marketing strategy 마케팅 전략
absolutely (감탄사) 물론이야
creative 창의적인
carry the day 큰 역할을 하다, 성공하다

13 정답 ① 유형 독해 > 제목

정답해설

본문 초반에는 현대의 예술이 '관객 참여'를 더 유발하는 방향으로 변해왔다고 서술하고 있다. 이어지는 본문에서 이에 대한 공연 예술의 사례로 관객 참여의 변화와 그것을 보여주는 Marina Abramović의 'The Artist is Present'라는 작품을 소개하고 있다. 이어서 본문의 중반은 Abramović의 작품의 의미를 '관객 참여'의 입장에서 서술하고 있으며, 마지막으로 본문의 후반부에서는 Abramović의 작품인 'The Artist is Present'가 관객들이 의자에 앉아있는 '관객 참여'를 통해 관객과 관계를 맺는 방식으로 공연되었음을 서술하고 있다. 따라서 주어진 들은 '관객 참여' 공연에 관한 서술임을 알 수 있으므로 이 전체 내용을 함축적으로 표현한 제목으로는 ①번 'The Artist is Present: A New Era of Audience Participation(The Artist is Present: 관객 참여의 새로운 시대)'이 가장 적절하다.

오답해설

② 본문에서는 현대 공연 예술에서 관객 참여의 수준이 높아지고 있다고 서술하고 있다. 따라서, ②번 'Audience Participation: Something of the Past in Modern Art(관객 참여: 현대 예술에서는 과거의 것)'는 이 글의 내용과 상반되어 이 글의 제목으로 적절하지 않다.
③ 본문의 'The Artist is Present'의 소개 중 관객에게 눈앞에서 일어나고 있는 것에 대해 윤리적 책임을 지도록 한다는 서술이 등장하나, 이는 관객의 참여를 어디까지 유도할 것인가에 대한 문제이며, 예술과 윤리학의 결합에 관한 서술이 아니다. 따라서, ③번 'Ethical Responsibility of Audience: Combination of Art and Ethics(관객의 윤리적 책임: 예술과 윤리학의 결합)'는 이 글의 내용과 상이하여 이 글의 제목으로 적절하지 않다.
④ 본문은 현대 공연 예술에서 관객의 참여 정도를 다룬 글이며, 예술가의 윤리적 책임에 관해서는 서술하고 있지 않으므로, ④번 'Abramović: A New Perspective of an Artist's Ethical Responsibility(Abramović: 예술가의 윤리적 책임에 대한 새로운 관점)'는 이 글의 제목으로 적절하지 않다.

해석

현대 연극 연출과 공연 예술은 그것들을 받는 사람들에게 공연 내에서 그들의 존재와 위치와 관계를 맺도록 점점 더 유발한다. Yugoslav의 예술가인 Marina Abramović의 공연은 높은 수준의 관객 참여를 포함하는데, 그 공연에서 관객은 공연 그 자체의 일부가 되면서, 그들의 눈앞에서 일어나고 있는 것에 대해 윤리적 책임을 지는 것에 불가피하게 직면한다. 그녀의 공연인 'The Artist is Present'는 2010년에 Museum of Modern Art에서 그녀의 회고전 동안에 공연되었는데, 그 공연은 그녀의 다른 어떤 공연에서보다 예술가와 관객 사이에 완전히 다른 관계를 설정하는 것 같다. Abramović는 하루에 일곱 시간 이상을 MoMA의 홀 한가운데 있는 의자에 움직임 없이 완전히 조용히 앉아있었다. 방문객들은 원하는 만큼 자유롭게 그녀 앞의 의자에 앉았다.

① The Artist is Present: 관객 참여의 새로운 시대
② 관객 참여: 현대 예술에서는 과거의 것
③ 관객의 윤리적 책임: 예술과 윤리학의 결합
④ Abramović: 예술가의 윤리적 책임에 대한 새로운 관점

어휘

contemporary 현대의
theater production 연극 연출
provoke 유발하다, 도발하다
recipient 받는 사람
engage 관계를 맺다
presence 존재(함), 참석, 있음
involve 포함하다, 참여시키다
participation 참가, 참여
inevitably 불가피하게, 필연적이다시피
confront 직면하다, 닥치다
ethical 윤리적인
retrospective 회고전
seemingly 겉보기에는
establish 설정하다, 수립하다
desire 바라다, 원하다
responsibility 책임
perspective 관점

14 정답 ③ 유형 독해 > 주제

정답해설

본문은 패스트 패션의 성장 배경과 긍정적, 부정적 영향에 관한 서술이다. 본문의 초, 중반부는 패스트 패션이 흔하게 된 배경에 관해 서술하고 있으

며, 본문의 중반부 이후는 패스트 패션의 긍정적, 부정적 영향에 관해 서술하고 있다. 따라서 글의 전체 내용을 포괄적으로 표현한 주제로는 ③번 'Background and implications of fast fashion(패스트 패션의 배경과 영향들)'이 가장 적절하다.

오답해설

① 본문은 패스트 패션이 흔하게 된 배경과 영향에 관한 서술이다. 패스트 패션이 기존 패션의 전통에 도전하고 소비자와 회사들에 긍정적인 영향을 준다는 점에 관한 서술이 등장하기는 하지만, 이는 본문 전체 내용의 일부에 해당한다. 따라서, ①번 'Innovation of fast fashion(패스트 패션의 혁신)'은 글 전체의 내용을 포괄하지 못해 이 글의 주제로는 적절하지 않다.

② 본문에서 패스트 패션의 단점에 관해 서술하고는 있으나, 이것이 글 전체의 내용을 포괄하지는 못하므로, ②번 'Disadvantages of fast fashion(패스트 패션의 단점들)'은 이 글의 주제로 적절하지 않다.

④ 본문의 주요 내용 중 하나가 패스트 패션의 영향이기는 하나, 패스트 패션이 흔해진 배경 또한 주요하게 다루어지고 있는 내용이다. 또한, 패스트 패션으로 촉발된 변화에 관한 서술에는 패션 자체를 넘어서 경제, 사회적 변화들을 포괄하고 있으므로, ④번 'Changes in fashion triggered by fast fashion(패스트 패션으로 촉발된 패션의 변화들)'은 글 전체의 내용을 포괄하지 못해 이 글의 주제로 적절하지 않다.

해석

패스트 패션은 유행을 이용하기 위해 무대에서 가게로 빠르게 이동하는 의류 디자인을 묘사하기 위해 사용되는 용어이다. 패스트 패션은 더 싸고 더 빠른 제조와 배송 방법, 가장 최신의 스타일에 대한 소비자들의 증가한 욕구, 이 즉각적인 만족감에 대한 욕구를 충족시키기 위한 소비자들의 증가한 구매력 — 특히 젊은 사람들 사이에 — 때문에 흔해졌다. 이 모든 것 때문에, 패스트 패션은 새로운 신상품들과 상품의 종류들을 질서 있는, 계절에 맞춘 방식으로 소개하는 확실히 자리를 잡은 의류 상표들의 전통에 도전하고 있다. 패스트 패션 소매업자들이 유행을 유지하기 위해 새로운 제품을 한 주에 여러 번 소개하는 것은 드문 일이 아니다. 패스트 패션의 장점은 감당할 수 있는 가격과 소비자들의 즉각적인 만족, 회사들의 더 많은 이익, 그리고 유행을 따른 의류의 민주화이다. 불리한 면으로는, 패스트 패션은 오염, 쓰레기, "일회용" 심리의 확산, 낮은 임금, 그리고 안전하지 못한 작업장과 관련이 있다.

① 패스트 패션의 혁신
② 패스트 패션의 단점들
③ 패스트 패션의 배경과 영향들
④ 패스트 패션으로 촉발된 패션의 변화들

어휘

catwalk (패션쇼장의) 무대
take advantage of ~을 이용하다
manufacture 제조하다
appetite 욕구, 식욕
indulge 충족시키다, 마음껏하다
gratification 만족감
established 확실히 자리를 잡은, 인정받는
collection 신상품들, 컬렉션
affordable 감당할 수 있는
democratization 민주화
downside 불리한 면, 내림세
disposable 일회용의
wage 임금
innovation 혁신
disadvantage 단점
implication 영향, 결과
trigger 촉발시키다

15 정답 ③  유형 독해 > 요지

정답해설

본문은 기후 문제에 대해 긴급한 조치를 취할 필요성을 강조하고 있다. 본문의 초반부부터 후반부까지는 현재의 기후 상황의 심각성을 다양한 자료를 통해 소개하고 있고, 마지막 문장에서 더 이상 가만히 있을 수 없다는 주장과 함께 기후 상황에 대한 대처를 촉구하고 있다. 따라서 이 글의 요지는 현재의 심각한 기후 상황에 대해 빠른 조치를 촉구하는 것임을 알 수 있으므로 ③번 'The current climate situation is too urgent to delay taking action(현재의 기후 상황은 너무 급박해서 조치를 취하는 것을 미룰 수 없다).'이 가장 적절하다.

오답해설

① 본문은 현재 기후 상황의 심각성을 설명하고 즉각적인 조치를 촉구하는 내용이다. ①번 'July 2023 will be recorded as the hottest month in history(2023년 7월은 역사상 가장 더운 달로 기록될 것이다).'는 이 글의 일부 내용만을 포함하고 있으며 핵심 내용인 즉각적인 조치의 필요성을 포함하고 있지 않아, 이 글의 요지로 적절하지 않다.

② 본문은 현재 기후 상황의 심각성을 설명하고 즉각적인 조치를 촉구하는 내용이다. ②번 'The scientists are exaggerating the current climate situation(과학자들은 현재의 기후 상황을 과장하고 있다).'은 이 글의 내용과 상이하여 요지로 적절하지 않다.

④ 본문은 현재 기후 상황의 심각성을 설명하고 즉각적인 조치를 촉구하는 내용이다. ④번 'We need to change the temperature threshold to fit the current situation(우리는 현재 상황에 맞게 온도 한계점을 수정해야 한다).'은 이 글의 내용과 관련성이 없어 요지로 적절하지 않다.

해석

The World Meteorological Organization(WMO)과 the European Commission's Copernicus Earth Observation Program이 2023년 7월이 지금까지 기록된 가장 더운 달이 될 것임을 확인해 주었다. 이 자료에 대한 소식을 듣자마자, UN 사무총장 Antonio Guterres는 즉각적인 기후 행동을 요구하고 현재 상황을 "극심한 지구 온난화의 시대"라고 부른 단호한 연설을 했다. 높은 온도 외에, 우리는 지구 온난화의 영향을 최근 몇 달 동안 뉴스에서 보아왔다; 가뭄이 더 극심해지고, 큰 산불이 계절보다 더 일찍, 그리고 계절과 상관없이 발생했다. 곧 우리는 북극해에 얼음이 없는 최초의 여름을 겪게 될 것이다. WMO는 또한 다음 5년 안에, 전 세계의 온도가 the Paris Agreement에서 설정한 중요한 한도인 1.5°C 한계점을 일시적으로 넘을 가능성이 66%라고 경고한다. 우리는 더 이상 가만히 있을 수 없다.

① 2023년 7월은 역사상 가장 더운 달로 기록될 것이다.
② 과학자들은 현재의 기후 상황을 과장하고 있다.
③ 현재의 기후 상황은 너무 급박해서 조치를 취하는 것을 미룰 수 없다.
④ 우리는 현재 상황에 맞게 온도 한계점을 수정해야 한다.

어휘

commission 위원회, 수수료
observation 관측, 관찰

confirm 확인해 주다
secretary-general 사무총장
decisive 단호한, 확고한
call for 요구하다
refer to A as B A를 B라고 부르다, 언급하다
era 시대
on top of ~외에
drought 가뭄
intense 극심한
Arctic 북극의
warn 경고하다
temporarily 일시적으로
exceed 넘다, 넘어서다
threshold 한계점, 문턱
establish 설정하다, 설립하다
sit back 가만히 있다
exaggerate 과장하다
urgent 급박한

16 정답 ②
유형 독해 > 빈칸 완성

정답해설

본문은 인간의 두뇌가 다른 종들보다 더 발달한 원인이라고 추측되는 더 높은 수준의 상조 처리에 관한 서술이다. 빈칸이 포함된 문장에 이어지는 문장들에서, This combination(이 결합), this combined processing(이러한 결합된 처리) 등의 표현이 사용된 것으로 보아, 빈칸이 포함된 문장은 이후의 모든 문장에서 서술하고 있는 인간의 뇌의 특징인 '결합된 정보 처리 방식'을 소개하고 있다. 따라서, 이 문장의 주어에 해당하는 빈칸에는 결합된 정보 처리 방식을 가리키는 어휘가 들어가는 것이 적절하다. 또한, 해당 문장이 이 결합된 정보 처리 방식의 개념을 서술하고 있으며, 이것이 뇌의 영역들의 정보의 힘을 합친 것이 부분의 합보다 더 큰 영역 사이에 분포된 패턴과 관련이 있다고 하였으므로, 빈칸에는 ②번 'Synergistic(상조의)'이 들어가는 것이 가장 적절하다.

오답해설

①, ③ 빈칸에는 본문에서 소개하고 있는 인간 두뇌의 특징적인 정보 처리 방식인 '결합된 정보 처리 방식'을 가리키는 어휘가 들어가는 것이 적절하므로, ①번 'Focused(집중된)', ③번 'Independent(독립적인)'는 본문의 내용과 상반되어 빈칸에 들어가기에 적절하지 않다.

④ 빈칸에는 본문에서 소개하고 있는 인간 두뇌의 특징적인 정보 처리 방식인 '결합된 정보 처리 방식'을 가리키는 어휘가 들어가는 것이 적절하므로, ④번 'Multi-tasking(다중처리의)'은 이 글의 내용과 관련성이 없어 빈칸에 들어가기에 적절하지 않다.

해석

Nature Neuroscience 지에 발표된 한 연구에서, Imperial's Data Science Institute와 Cambridge 대학의 과학자들은 뇌가 정보를 어떻게 처리하는지를 추적하기 위해 서로 다른 종들과 다양한 신경과학 학과목의 증거들을 사용했다. 상조 처리는, 뇌의 핵심 정보 처리 방법 중 하나인데, 그것들의 합쳐진 정보의 힘이 그것들의 부분들의 합보다 더 큰 서로 다른 뇌의 영역 사이에 분포된 패턴들과 관련이 있다. 이 결합은 왜 인간의 뇌가 다른 영장류 조상들보다 더 똑똑한지를 설명할지도 모른다. 그들의 발견은 인간의 뇌가 인간에게 독특한 더 복잡한 인지적 기능을 할 수 있도록 다른 종류의 정보를 합치는 것을 암시한다. 원숭이들과 비교하면, 인간의 뇌는 상당히 더 높은 수준의 이러한 결합된 처리를 보인다. 이 연구로부터, 그들은 더 큰 결합된 처리의 장점이 우리 종의 추가적인 인지적 능력을 부분적으로 설명할지도 모른다고 추측한다.

① 집중된
② 상조의
③ 독립적인
④ 다중처리의

어휘

evidence 증거
discipline 학과목
process 처리하다
distribute 분포시키다
sum 총합, 합계
primate 영장류
put together 합치다
function 기능
comparison 비교
significantly 상당히
capability 능력

neuroscience 신경과학
track 추적하다
synergistic 상조적인
region 영역, 지역
combination 결합, 조합
ancestor 조상
enable 가능하게 하다
distinctive 독특한
exhibit 보이다
speculate 추측하다

17 정답 ④
유형 독해 > 삭제

정답해설

본문은 강철이 우리 사회에 미친 영향에 관해 서술하고 있다. ④번을 제외한 나머지 번호의 문장들은 모두 강철이 다른 산업과 우리 사회, 우리의 삶에 미친 '영향'에 대해 서술하고 있으나, ④번은 강철의 '대안'에 대해 서술하고 있다. 따라서 ④번은 나머지 문장들과 주제에 있어 일관성이 없으므로, ④번을 삭제하는 것이 글의 흐름상 가장 자연스럽다.

오답해설

③번에서 강철 생산뿐 아니라, '화학, 전기'가 언급되어 있어 문맥상 어색하다고 여겨질 수 있다. 그러나 ③번 문장의 후반부에 언급된 'mass-produced consumer goods and weapons(대량 생산된 소비재와 무기)'가 ④번 문장 이후 글 후반부에 구체적으로 'trains, automobiles, and bicycles(기차, 자동차, 그리고 자전거)'로 제시되어 있으므로 문맥상 ③번 문장이 글의 후반부 문장과 연결되는 것이 흐름상 자연스럽다.

①, ② 나머지 문장은 모두 흐름상 자연스러우므로 오답이다.

해석

강철 생산이 어떻게 사회에 영향을 미쳤는가? 강철의 공급은 도시의 빠른 확장과 도심의 사회 기반 시설에 결정적이었다. ① 값싼 강철은 더 큰 다리, 철도, 고층 건물, 그리고 선박을 가능하게 했다. ② 다른 필수적인 강철 제품들은 강철 케이블, 철골, 그리고 박강판이 있었는데, 이들은 큰, 고압의 보일러와 기계에 고강도의 강철을 가능하게 했다. ③ 강철 생산, 화학, 그리고 전기에 있어서의 빠른 발전이 대량 생산된 소비재와 무기를 포함한 생산에 연료를 공급했다. ④ **비록 가까운 미래의 구조 건설 자재의 영역을 강철이 계속 지배하겠지만, 몇몇 매력적인 대안들은 우월한 부식 저항성과 더 높은 강도 대 무게 비율을 제공한다.** 기차, 자동차, 그리고 자전거로 돌아다니는 것은 훨씬 더 이용 가능해졌다. 강철은 무수히 많은 다른 제품들을 생산하기 위해 사용되는 기자재이므로, 그것은 많은 산업에 포괄적인 영향을 미친다.

어휘

crucial 결정적인
expansion 확대, 확장, 팽창
infrastructure 사회 기반 시설
skyscraper 고층 건물
sheet steel 박강판
enable 가능하게 하다
fuel 연료를 공급하다
dominate 지배하다
realm 영역
foreseeable future 가까운 미래, 예측할 수 있는 미래
corrosion resistance 부식 저항성 [내식성]
ratio 비율
accessible 이용 가능한
countless 무수한
wide-sweeping 포괄적인

18 정답 ③   유형 독해 > 삽입

정답해설

본문은 the Great Barrier Reef의 의미와 the Great Barrier Reef가 직면한 문제점에 관한 서술이다. 주어진 문장에서 주어인 This diversity(이 다양성)로 보아 주어진 문장의 이전에 다양성과 관련한 서술이 등장해야 함을 알 수 있으며, 이 내용에 해당하는 문장은 ③번 이전 문장이 유일하다. 또한, 주어진 문장의 마지막 부분에서 언급한 many threatened species(많은 멸종할 위기에 직면한 종들)에 해당하는 내용이 ③번 이후 문장의 the threats for these species(이 종들에 대한 위협)로 이어져 이후 문장과의 연결도 자연스럽다. 따라서, 주어진 문장은 ③번에 들어가는 것이 글의 흐름상 가장 적절하다.

오답해설

④ ④번 이전 문장의 'the threats(위협들)'를 주어진 문장의 'This diversity(이 다양성)'가 가리키는 것으로 생각하여 주어진 문장이 ④번에 들어가는 것이 자연스럽다고 생각할 수 있다. 하지만, ④번 이전 문장의 위협들이 가리키는 것은 the Great Barrier Reef가 직면하고 있는 문제점들에 관한 서술이며, 주어진 문장의 다양성은 the Great Barrier Reef에 중요성을 부여하는 것이므로 서로 일맥상통하지 않는다. 따라서, 주어진 문장이 ④번에 들어가는 것은 흐름상 자연스럽지 않다.

①, ② 나머지 선지는 모두 흐름상 자연스럽지 않으므로 오답이다.

해석

전 세계의 가장 넓은 산호초 생태계인, Great Barrier Reef(GBR)는 전 세계적으로 뛰어나고 중요한 독립체이다. (①) 이 전체 생태계는 1981년에 World Heritage로 이름이 새겨졌는데, 그것은 348,000제곱 킬로미터의 영역을 포함했다. (②) 1,500종이 넘는 어류, 약 400종의 산호, 그리고 240종의 새들, 더불어 다양한 해면, 해양 벌레들, 그리고 다른 종들이 있다. (③) **이 다양성은 GBR이 엄청난 과학적 그리고 고유한 중요성이 있고, 많은 멸종할 위기에 직면한 종들을 포함하고 있다는 것을 의미한다.** 2009년의 Outlook Report는 GBR의 이 종들에 대한 위협들을 확인했다. (④) GBR의 생태계에 미치는 피해의 정도와 지속됨은 기후 변화와 이러한 변화에 대한 GBR 생태계의 회복력에 달려 있을 것이다. 이 보고서는 또한 지속적으로 감소하는 수질, 해안 서식지의 상실, 불법 어획과 불법 사냥으로 인한 영향들을 GBR을 보호하기 위한 관리 관심을 필요로 하는 우선 문제들로 확인했다.

어휘

extensive 아주 넓은	coral reef 산호초
outstanding 뛰어난, 중요한	significant 중요한
entity 독립체	inscribe (이름 등을) 쓰다, 새기다
sponge 해면	diversity 다양성
enormous 엄청난, 막대한	intrinsic 고유한
threatened 멸종할 위기에 직면한	extent 정도, 규모
persistence 지속됨	resilience 회복력
decline 감소하다	coastal 해안의, 연안의
habitat 서식지	illegal 불법적인
priority 우선, 우선 사항	

19 정답 ②   유형 독해 > 배열

정답해설

본문은 핵폐기물이 위험한 이유에 관해 서술하고 있다. 주어진 문장은 핵폐기물이 위험한 이유 중 첫 번째로 장기적인 '저장 해법이 없다'라는 점을 들고 있다. (B)의 첫 문장에 제시된 Even though절 이후의 주절에서도 안전한 장기적 폐기물 '저장소의 부재'에 대해 서술하고 있으므로, 주어진 문장 이후에 (B)가 이어지는 것이 적절하다. 이에 더해 (C)는 첨언 관계를 나타내는 연결사인 'Furthermore(게다가)'를 사용해 두 번째 이유인 '환경 오염'에 대해 서술하고 마지막 문장에 세 번째 이유인 건강에 미치는 영향에 관해 서술하고 있는데, (A) 또한 인체에 미치는 영향에 관한 서술이므로, (C) 다음으로 (A)가 이어지는 것이 글의 흐름상 가장 적절하다. 따라서, 주어진 문장 이후 ② (B) – (C) – (A)의 순서로 연결되는 것이 흐름상 자연스럽다.

오답해설

①, ④ 주어진 문장에서 핵폐기물이 위험한 첫 번째 이유로 저장 해법의 부재를 들고 있는데 저장 해법과 관련된 내용을 다루고 있는 부분은 (B)가 유일하다. 따라서, 주어진 문장 이후에 (B)가 이어지는 것이 흐름상 적절하다. ①, ④번은 모두 주어진 문장 이후에 (B)의 순서로 이어져 있지 않으므로 오답이다.

③ (C)의 마지막 문장에서 핵폐기물이 유발하는 건강상의 영향에 대해 언급하고 있고, 핵폐기물의 건강상의 영향에 대해 언급하고 있는 부분은 (A)가 유일하다. 따라서, (C) – (A)의 순서로 연결되는 것이 자연스럽다. ③번은 (C) – (A)의 순서로 연결되어 있지 않으므로 오답이다.

해석

핵폐기물은 왜 그렇게 위험할까? 우선, 장기적인 저장 해법이 없다.

(B) 비록 핵발전소가 449개의 작동 중인 원자로부터 전 세계 전기의 11 퍼센트를 공급하지만, 안전한 장기적인 폐기물 저장용 장소가 없다. 방사성 폐기물을 다루는 우리의 주된 방식은 그것을 어딘가에 저장해두고 나중에 그것으로 무엇을 할 것인지 알아내는 것이다.

(C) 게다가, 그것은 환경을 오염시킨다. 만약 부적절하게 봉해진다면, 방사능의 오염이 환경과 다양한 생태계로 쉽게 퍼져나갈 수 있다. 더구나, 그것은 지속되는 건강상의 영향을 지닌다.

(A) 방사능이 우리 몸의 세포를 바꾸는 "숨겨진" 방식 때문에 그것이 인간의 몸에 미치는 영향을 측정하기는 극도로 어렵다. 분명하게 남아있는 한 가지는 탈모와 같은 급성의 방사능 증상 이외에, 방사능 물질이 심각한 장기적인 건강 문제를 야기할 수 있다는 점이다.

어휘

nuclear 핵의, 원자력의
storage 저장, 보관
cell 세포
apart from ~이외에
acute 급성의, 심각한
radiation 방사능, 방사선
symptom 증상
radioactive 방사능을 가진
substance 물질
nuclear power plant 핵발전소, 원자력발전소
electricity 전기, 전력
nuclear reactor 원자로
primary 주된, 주요한
deal with ~을 다루다, 처리하다
contaminate 오염시키다
improperly 부적절하게
seal 봉하다, 막다
persistent 지속되는

20 정답 ③
유형 독해 > 빈칸 완성

정답해설
본문은 고산병의 원인과 예방에 관한 서술이다. 빈칸이 포함된 문장은 'It is caused by(그것은 ~에 의해 야기된다)'라는 표현을 사용하여 고산병의 원인에 대해 서술하고 있으므로, 빈칸에는 고산병의 원인에 해당하는 표현이 들어가는 것이 적절하다. 빈칸에 이어지는 문장에서 몸이 산소의 감소와 기압 변화에 적응할 시간이 부족하다고 서술한 점, 본문의 마지막 문장에서 고산병의 유일하게 확실한 예방법은 등반하는데 충분한 시간을 들이는 것이라고 서술한 것으로 보아, 고산병의 원인은 등반하는데 충분한 시간을 들이지 않은 것과 관련된 것임을 알 수 있다. 따라서, 빈칸에는 ③번 'gaining altitude too rapidly(너무 빠르게 고도를 증가시키는 것)'가 들어가는 것이 가장 적절하다.

오답해설
① 본문에서 기저 질환에 대한 언급은 전혀 없으므로, ①번 'underlying diseases(기저 질환들)'는 빈칸의 내용으로 적절하지 않다.
② 본문에서 서술하고 있는 고산병의 원인은 몸이 고도 변화와 관련된 환경 변화에 적응할 시간이 부족하다는 점과 관련이 있으므로, ②번 'ascending above sea level(해수면 위로 오르는 것)'은 빈칸의 내용으로 적절하지 않다.
④ 본문에서 더 높은 고도로 등반하는 것 자체만으로 고산병을 유발한다고 서술하고 있지 않으며, 예방법으로 '충분한 시간을 들여 등반하는 것'을 제시하고 있으므로, ④번 'climbing to the higher altitude(더 높은 고도로 등반하는 것)'는 빈칸의 내용으로 적절하지 않다.

해석
산에 오르는 사람들은 고산병이 걸릴 위험이 있는데, 이것의 시작이 무시되면 이것은 해롭고 치명적일 수도 있다. 이것은 너무 빠르게 고도를 증가시키는 것에 의해 야기되는데, 이것은 신체가 감소된 산소와 공기압의 변화에 적응할 충분한 시간을 허락하지 않는다. 이것은 신체 조직에 도달하는 산소의 부족을 유발한다. 중간 고도(해발 1,500에서 2,500미터)에서, 고산병은 발생할 수는 있지만 가능성이 작다. 극심한 고산병은 해발 2,000미터 이상에서 적어도 4시간을 보내고 나서 발생한다. 2,500미터 이상의 높이까지 올라가는 것은 두통과 구토를 포함한 증상들을 촉발시킬 수 있다. 젊고 건강한 것이 당신의 위험을 줄이지 않는다는 것을 기억하는 것이 중요하고, 당신이 과거에 고산병을 경험하지 않았다는 것이 미래의 등반 동안 그 상태에 영향을 받지 않는다는 것을 의미하지는 않는다. 유일하게 확실한 예방법은 등반하는 데 충분한 시간을 보내는 것이다.
① 기저 질환들
② 해수면 위로 오르는 것
③ 너무 빠르게 고도를 증가시키는 것
④ 더 높은 고도로 등반하는 것

어휘
altitude sickness 고산병
fatal 치명적인
onset 시작
tissue (세포들로 이뤄진) 조직
intermediate 중간의
altitude (해발)고도
acute 극심한
arise 발생하다
ascend 올라가다
trigger 촉발시키다
vomit 토하다
immune ~의 영향을 받지 않는
prevention 예방
method 방법
plenty of 많은
underlie ~의 기저를 이루다

2회 꼼꼼한 고퀄리티 해설

기출 DATA: 2023 지방직 9급

빠른 정답 Check

01	②	02	①	03	③	04	④	05	②
06	①	07	②	08	①	09	④	10	①
11	①	12	②	13	④	14	③	15	③
16	③	17	②	18	④	19	②	20	③

01 정답 ② 유형 어휘 > 유의어 찾기

정답해설

밑줄 친 passionate는 '열정적인, 열렬한'을 뜻한다. 따라서 passionate와 의미가 가장 가까운 것은 ② ardent(열정적인, 열렬한)이다.

해석

그녀는 문학에 대해 열정적인 사람들과 그녀의 아주 좋아하는 책에 대해 토론하는 데 시간을 보낸다.
① 서두른, 성급한
② 열정적인, 열렬한
③ 분별 있는, 실용적인
④ 관대한, 후한

어휘

spend + 시간 + (in) ~ing ~하는 데 시간을 보내다
discuss 토론하다, 논의하다
favorite 아주 좋아하는, 마음에 드는
literature 문학

02 정답 ① 유형 어휘 > 유의어 찾기

정답해설

밑줄 친 shortcomings는 shortcoming의 복수형으로 '결점, 단점'을 뜻한다. 따라서 shortcomings와 의미가 가장 가까운 것은 defect(결점, 단점, 결함)의 복수형인 ① defects이다.

해석

자신의 결점을 깊이 생각하는 것 대신에, 그는 개인적인 발전을 위해 자신의 강점을 향상시키는 데 집중했다.
① 결점, 단점, 결함 (원형: defect)
② 신분, 지위 (원형: status)
③ 논쟁, 논의, 말다툼 (원형: controversy)
④ 약속, 임명, 지명 (원형: appointment)

어휘

instead of ~대신에
enhance 향상시키다
professional 전문적인, 직업의
dwell on ~을 깊이 생각하다
strength 강점, 장점
advancement 발전, 진보

03 정답 ③ 유형 어휘 > 유의어 찾기

정답해설

밑줄 친 put off는 '연기하다, 미루다'를 뜻한다. 따라서 put off와 의미가 가장 가까운 것은 ③ postpone(연기하다, 미루다)이다.

해석

팀은 즉각적인 주의가 필요한 예기치 않은 기술적 문제 때문에 회의를 다음 주로 연기하기로 결정했다.
① 망치다, 파멸시키다
② 감명을 주다, 인상을 주다
③ 연기하다, 미루다
④ 대신하다, 대리하다

어휘

decide 결정하다
unexpected 예기치 않은, 뜻밖의
attention 주의, 관심
because of ~ 때문에
immediate 즉각적인

04 정답 ④ 유형 어휘 > 유의어 찾기

정답해설

밑줄 친 get rid of는 '없애다, 제거하다'를 뜻한다. 따라서 get rid of와 의미가 가장 가까운 것은 ④ eliminate(없애다, 제거하다)이다.

해석

집 안의 물품을 줄여야 하는 어려움에 직면했기 때문에, 그녀는 자선 단체에 기부하고 남은 물품을 더 효율적으로 정리함으로써 불필요한 소유물을 없애기로 결심했다.
① 막다, 방해하다
② (흩)뿌리다, 흩어지다
③ 증가시키다, 곱하다
④ 없애다, 제거하다

어휘

face (상황에) 직면하다
belongings 소유물, 재산
charity 자선 단체
unnecessary 불필요한
donate 기부하다
arrange 정리하다, 배열하다, 조정하다

05 정답 ② 유형 어휘 > 빈칸 완성

정답해설

주어진 빈칸은 동사 challenge(도전하다)의 목적어 자리로 주어인 연구자들이 도전한 대상에 해당된다. 주어진 문장의 asserting they ~ body에서 '그것들[특정 음식들]이 사실 건강에 해롭지 않고 몸에 이롭다'라고 연구자들이 주장하는 것으로 보아 기존에 특정 음식에 대한 '부정적인 인식'이 있었음을 알 수 있으며, 문장의 구조상 빈칸을 수식하는 that certain ~ unhealthy(특정 음식들이 건강에 해롭다)로도 빈칸에 '부정적인 인식'을 나타내는 단어가 들어가야 함을 알 수 있다. 주어진 문장의 they는 문맥상 '특정 음식들'에 해당된다. 따라서 빈칸에 들어갈 말로 가장 적절한 것은 ② prejudice(편견)이다.

해석

그것들이[특정 음식들이] 사실 건강에 해롭지 않고 몸에 이롭다고 주장하면서, 연구원은 특정 음식들이 건강에 해롭다는 기존의 편견에 도전했다.

① 평등, 균등
② 편견
③ 효율, 능률
④ 위생

어휘

challenge 도전하다, 이의를 제기하다
unhealthy 건강에 해로운, 유해한
harmless 해롭지 않은
existing 기존의
assert 주장하다
beneficial 이로운, 유익한

06 정답 ①   유형 문법 > 밑줄

정답해설

① X (has played → have played)
출제포인트: 189 관계절 동사와의 수일치
밑줄 친 단수 동사 has played의 주어는 주어진 문장의 복수 명사 individuals이므로 옳지 않다. 따라서 has played는 복수 동사인 have played로 수정해야 한다. 더해 individuals는 주격관계대명사 who의 선행사이며 동시에 동사 have witnessed의 주어에 해당된다.

오답해설

② O
출제포인트: 183 a number of 복수 명사
밑줄 친 occurrences는 「a number of + 복수 명사」 형태로 사용되어 '많은 사건들'의 의미로 옳게 사용되었다.
③ O
출제포인트: 113 to 부정사의 부사적 용법
밑줄 친 To gain은 부정사의 부사적 용법의 '목적'의 역할로 문맥상 올바르게 사용되었다.
④ O
출제포인트: 098 형용사 vs. 부사
밑줄 친 critically는 부사로 쓰여 부정사인 (to) analyze를 문맥상 수식하고 있으므로 올바르게 사용되었다. 주어진 문장의 to continuously delve는 critically가 수식하는 (to) analyze와 병렬구조를 이루고 있다. to부정사가 부사의 수식받을 때 「to + 부사 + 동사원형」의 어순을 사용하기도 한다.

해석

인류 역사의 연대기를 통틀어, 사회를 형성하는 데 중추적인 역할을 한 개인들은 수많은 변혁적인 사건들을 목격했다. 이러한 많은 사건들은 우리 문명의 바로 그 구조를 형성하는 데 중요한 역할을 했다. 종합적인 이해를 얻기 위해서, 우리 과거의 다면적인 측면들을 지속적으로 깊이 파고들어 비판적으로 분석하는 것이 필수적이다.

어휘

annals 연대기
shape 형성하다
a myriad of 수많은
occurrences 발생
mold 형성하다
civilizations 문명
imperative 필수적인
delve 깊이 파고들다
multifaceted 다면적인
pivotal 중요한, 중추의
witness 목격하다
transformative 변혁적인
instrumental 중요한
fabric 구조
comprehensive 종합적인
continuously 지속적으로
critically 비판적으로
aspects 측면

07 정답 ②   유형 문법 > 밑줄

정답해설

② X (interesting → interested)
더블 출제포인트: 091 한정적 용법 vs. 서술적 용법 / 125 감정형 분사
해당 문장의 left는 「leave + 목적어 + 목적격 보어」의 구조로 '~을 ...한 상태로 남겨두다'의 의미로 사용되었으며, 목적어인 her를 수식하는 목적격 보어 stunned but interesting이 서술적 용법으로서 역할을 하고 있다. 하지만 주어인 'The incredible ~ novel(소설 속 놀라운 줄거리)'이 목적어인 her(그녀)를 stunned(놀란)한 상태로 남겨둘 수는 있지만, interesting(흥미를 제공하는)한 상태로 남겨두는 것은 문맥상 어색하다. 따라서 interesting을 interested로 수정해야 한다. 여기서 interesting과 interested는 감정형 분사로 각각 '흥미를 제공하는'과 '흥미로운 (상태의)'의 의미로 쓰인다. 특히, '흥미를 제공하는'을 뜻하는 interesting은 'interesting movies(흥미를 제공하는 영화들)' 등의 의미로 주로 사용된다.

오답해설

① O
더블 출제포인트: 018 사역동사 / 003 불완전자동사의 문장 구조
해당 문장의 make는 사역동사로 사용되어 「make + 목적어 + 목적격보어(원형부정사)」로 '~을 ...하도록 만들다'의 의미로 사용되었다. 주어진 문장의 feel은 원형부정사로 적절하게 사용되었으며, anxious와 uncertain은 feel의 보어로 적절하게 사용되었다.
③ O
출제포인트: 049 완료시제의 수동태
해당 문장의 동사는 현재완료의 수동태 형태인 have been reserved로 문맥상 적절하게 사용되었다. 또한 해당 문장의 All은 관사 the와 함께 쓰여 「all + the + (형용사) + 명사」의 어순으로 옳게 사용되었다.
④ O
더블 출제포인트: 041 시간의 부사구에 따른 시제 판단 / 009 자동사/타동사가 모두 가능한 동사
해당 문장은 과거 시점을 나타내는 시간의 부사구인 three years ago가 사용되었으므로 과거 동사 embarked가 적절하게 사용되었다. 더해 embark는 해당 문장에서 자동사로 사용되었다.

해석

① 뉴스는 누구든지 불안하고 불확실하게 느끼게 만들 수 있다.
② 소설 속 놀라운 줄거리는 그녀를 놀라게 했지만 흥미롭게 했다.
③ 모든 좌석이 다가오는 행사를 위해 이미 예약되었다.
④ 3년 전 나는 나의 언어 능력을 향상시키기 위한 여정을 착수했다.

어휘

anxious 불안한
incredible 놀라운
stunned 놀란
embark 착수하다
uncertain 불확실한
plot 줄거리
reserved 예약하다
enhance 향상시키다

08 정답 ①   유형 문법 > 영작

정답해설

① X (to see → seeing)
더블 출제포인트: 109 목적어의 형태에 따라 의미가 달라지는 동사 / 019 지각동사
해당 문장의 동사 remember는 의미에 따라 목적어로 부정사 또는 동명

사를 가질 수 있다. 즉, '~할 것을 기억하다'의 의미로는 'remember to 동사원형'을, '~한 것을 기억하다'의 의미로는 'remember ~ing'를 사용한다. 해당 문장에서는 과거를 나타내는 시간의 부사구 yesterday가 제시되어 문맥상 '~한 것을 기억하다'의 의미로 사용되므로 remember의 목적어로 사용된 부정사 to see를 동명사로 수정해야 한다. 따라서 to see를 seeing으로 수정해야 한다. 더해, 해당 문장의 see는 지각동사로 사용되었다. see의 목적어인 him과 목적격 보어 leave가 '능동'의 관계이므로 목적격 보어로 동사원형[원형부정사] leave는 적절하게 사용되었다.

[오답해설]

② ○

더블 출제포인트: 106 목적어로 to부정사를 취하는 동사 / 153 how 완전한 문장 vs. what 불완전한 문장
해당 문장의 타동사 needs는 to부정사를 목적어로 취하는 동사이며, what은 선행사를 포함한 관계대명사로 '~하는 것'의 의미로 옳게 사용되었다.

③ ○

출제포인트: 060 조동사 + have p.p.
해당 문장에 사용된 표현 'must have p.p.'는 '~했었음에 틀림없다'의 의미로 주어진 해석에 맞게 사용되었다.

④ ○

출제포인트: 066 if 생략 가정법
해당 문장은 가정법 과거 문장으로 '과거의 상황에 대한 반대 가정'을 나타내고 있다. 'If it had not been for your support~'에서 If를 생략하여 의문문 어순인 'Had it not been for your support~'로 옳게 사용되었다.

[어휘]

support 지지, 지원 miss 놓치다
cause 야기하다 achieve 성취하다

---

09 정답 ④ 유형 생활영어 > 빈칸

[정답해설]
해당 대화에서 A와 B는 '주식투자'에 대해 이야기를 나누고 있다. 빈칸 이전의 B의 말을 통해 B가 A에게 '주의'를 요구하고 있고, 이에 대해서 A는 '안전한 선택지(safer options)'를 묻고 있다. 이에 B가 '폭락을 피하기 위해(to avoid a sudden plummet)'라고 언급하는 것을 통해 B가 A에게 주의하라고 하는 것은 '급락의 가능성'임을 알 수 있다. 따라서 빈칸에 들어갈 말은 ④ they might suddenly take a nosedive(그것들이 갑자기 급락할 수도 있어)가 적절하다.

[오답해설]
③ I really enjoyed your company(난 너와 함께해서 정말 즐거웠어)에서 company는 '회사'가 아니라, '동행'을 뜻하므로 문맥상 적절하지 않다.
나머지 선택지는 문맥상 적절하지 않으므로 오답이다.

[해석]
A: 저는 주식에 뛰어들 생각이에요. 어떤 조언이 있나요?
B: 시장은 불확실할 수 있어요. 조심하세요. 저는 <u>그것들이 갑자기 급락할 수도 있다</u>고 생각해요.
A: 걱정되네요. 더 안전한 선택지가 있을까요?
B: 투자를 다양화하세요. 저는 폭락을 피하기 위해 안정적인 부문을 선호해요.
A: 좋은 생각이에요. 그걸 좀 알아볼게요. 고마워요!
B: 정보를 계속 얻으세요. 시장이 예측 불가능할 수 있다는 걸 알아야 해요. 당신의 투자 여정에 행운을 빌게요!

① 심각한 건 아니다
② 나는 특별한 선호가 없다, 아무거나 상관없다
③ 당신과 함께해서 정말 즐거웠다
④ 그것들이 갑자기 급락할 수도 있다

[어휘]

consider 고려하다 dive into ~으로 뛰어들다
stocks 주식 uncertain 불확실한
cautious 조심하는 diversify 다양화하다
investments 투자 prefer 선호하다
stable 안정적인 sectors 부문
plummet 폭락, 급락 stay informed 정보를 (계속) 얻다
unpredictable 예측 불가능한 investment journey 투자 여정
take a nosedive 급락하다 preference 선호

---

10 정답 ① 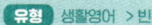 유형 생활영어 > 빈칸

[정답해설]
해당 대화에서 A와 B는 '공항 이동 일정'에 대해 이야기를 나누고 있다. B가 제시간에 도착하기 위해 오후 2시 30분에 출발하자고 이야기하자 A는 오후 2시 30분까지 발표를 하고 나서 출발 할 수 있다고 이야기하며 B가 말한 시간에 출발하지 못함을 이야기하고 있다. 뒤이어 B가 빈칸 이후 '발표를 일찍 마무리해라'라고 말하는 것으로 보아 A와 B가 '시간이 촉박한 상황'임을 알 수 있으므로 빈칸에 들어갈 B의 말은 ① That's cutting it close(시간이 아슬아슬해)가 가장 적합하다.

[오답해설]
② I can't take it anymore는 관용표현으로 '더 이상 참을 수 없어'를 뜻하므로 문맥상 적절하지 않다.
④ at the drop of a hat은 '즉시, 바로'를 뜻하므로 문맥상 어색하다. 해당 표현은 관용표현으로 '19세기 미국에서 결투 시 모자를 바닥에 떨어뜨려서 결투의 신호를 주었다'라고 하여 '결투에 즉시' 응하는 모습에서 '즉시, 바로'의 의미를 갖게 되었다.
나머지 선택지는 문맥상 적절하지 않으므로 오답이다.

[해석]
A: 비행기가 오후 4시야. 제시간에 공항에 도착할 수 있을까?
B: 오후 2시 30분쯤 출발하면 충분한 시간이 있을 거야.
A: 그런데... 여기에서 오후 2시 30분까지 발표를 해야 해, 그런 다음 출발 할 수 있어. 시간에 맞출 수 있을까?
B: <u>시간이 아슬아슬해.</u> 발표를 좀 일찍 마무리하려고 노력해 봐.
A: 지연 가능성에 대해 항공사에 알려야만 할까?
B: 글쎄, 항공사에 미리 말해도 달라질 건 없겠지만, 적극적으로 대처하는 게 최선의 방책이겠네.

① 시간이 아슬아슬해
② 나는 더 이상 참을 수 없어
③ 나는 여기가 처음이야
④ 나는 그것을 즉시 구했어

[어휘]

on time 제시간에 leave 떠나다, 출발하다
ample 충분한 presentation 발표
make it 도착하다, 성공하다 wrap up 마무리하다
airline 항공사 delay 지연

definitely 확실히	in advance 미리
proactive 적극적인	best approach 최선의 방책

11 정답 ①  유형 생활영어 > 대화

정답해설

① A의 질문인 What do you do?는 '직업'을 묻는 표현이다. 이에 대한 B의 대답인 I'm running around(나는 바쁘게 돌아다니는 중입니다).는 직업에 대해 구체적으로 대답하지 않았고 지금 하는 행동에 대해 말하고 있으므로 문맥상 어색하다. B의 대답은 A가 What are you doing right now(당신 지금 뭐하고 있어요)?라고 질문했을 때 적절하다. 더해 직업을 묻는 표현으로는 What's your job?, What's your profession?, What's your occupation?, What kind of work do you do?, What do you do for a living?, What's your career? 등의 표현을 사용할 수 있다.

오답해설

② 자리가 있냐고 묻는 A의 질문에 B가 No, it's all yours(아니요, 당신 자리예요[전부 쓰세요]).라고 대답하는 것은 '좌석이 비어있음을 확인'해 주고 '좌석을 사용할 수 있음'을 안내하고 있으므로 문맥상 적절하다.
③ A가 Will you do me a favor(부탁 하나 해도 될까)?를 통해서 도움을 요청하고 있고, B는 이에 승낙하며, 요청의 종류를 구체적으로 묻는 what do you need help with(무엇을 도와줄까?)로 대답하고 있으므로 문맥상 적절하다.
④ 주어진 대화에 제시된 spill the beans(비밀을 털어놓다)는 관용표현으로 문맥상 적절하게 사용되었다. 해당 표현의 어원은 '고대 그리스에서 투표할 때 흰색 또는 검은색 콩을 사용했는데, 이 콩들을 항아리에 보관하였으며 만약 항아리가 실수로 넘어지거나 엎질러진다면 투표의 결과가 드러나게 되었다'라는 데에서 유래했다고 한다.

해석

① A: 당신은 무슨 일[직업]을 하나요?
　B: 나는 바쁘게 돌아다니는 중입니다.
② A: 여기 자리 있나요?
　B: 아니요, 당신 자리예요[전부 쓰세요].
③ A: 나 좀 도와줄래?
　B: 물론이지, 무엇을 도와줄까?
④ A: 네가 무언가를 안다고 들었어. 비밀을 좀 털어놓을래?
　B: 글쎄, 네가 팀장으로 승진한다는 소식을 들었어.

어휘

running around 바쁘게 돌아다니다	all yours 네 자리야
spill the beans 비밀을 털어놓다	promote 승진시키다

12 정답 ④ 유형 독해 > 제목

정답해설

본문은 높은 기온이 범죄율을 증가시키는 원인에 대한 가설 두 가지를 제시하고 있다. 이 내용을 함축적으로 표현한 제목으로 가장 적절한 것은 ④번 'What in Warm Weather Increases Crime Rates(따뜻한 날씨의 무엇이 범죄율을 증가시키는가?)'이다.

오답해설

① 본문에 제시된 두 가지 가설 중 높은 기온이 상호작용을 증가시키고 이로 인해 범죄율이 증가한다는 것이 일상 활동 이론이다. 본문은 이 이론을 높은 기온이 범죄율을 증가시키는 원인을 설명하는 이론 중 하나로 소개하였으나, 이것이 전체 내용을 함축하지는 못하므로, ①번 'Enhanced Interaction Causes More Crime(증가된 상호작용이 더 많은 범죄를 야기하는가?)'은 이 글의 제목으로 적절하지 않다.
② 본문은 높은 기온이 범죄율을 증가시킨다는 사실을 바탕으로 그 원인을 밝히려는 가설들을 소개하고 있다. ②번 'Warmer Weather Means More Aggression(더 따뜻한 날씨가 더 많은 공격성을 의미하는가?)'은 이 글에서 전제로 삼고 있는 내용에 의문을 제기하는 것이므로 제목으로 적절하지 않다.
③ 본문에서 사람들이 따뜻한 날씨에 짜증이 나는 이유를 서술하고 있지 않으므로, ③번 'Why Are People Irritated by Warmer Weather(왜 사람들은 더 따뜻한 날씨에 짜증이 나는가?)'는 이 글의 제목으로 적절하지 않다.

해석

미국의 법무부 통계에 따르면, 사람들은 여름인 달 동안에 폭력적인 범죄의 희생자가 될 가능성이 훨씬 더 크다. 이 주제에 대한 거의 모든 가능한 연구는 비슷한 결론에 도달한다: 날씨가 더워짐에 따라 범죄율이 올라가는 경향이 있다. 하지만 더운 날씨가 어떻게 범죄로 이어질까? 일상 활동 이론은 야외 환경에서 대중들 사이에서 높아진 상호작용 때문에 온도가 올라감에 따라 폭력적인 범죄가 증가한다고 주장한다. 따뜻한 온도는 더 많은 사람들이 더 자주 집 밖에 있도록 하고, 그러므로 사회적 상호작용의 가능성이 더 커진다. 온도 공격성 가설은 더 높은 온도가 사람들을 더 짜증나게 만들고, 그러므로, 더 공격적이 되도록 만든다고 주장한다. 이 가설은 불편한 온도가 적당한 조건하에서 공격적인 동기와 공격적인 행동에 있어 상당한 증가를 야기할 수 있다고 주장한다.
① 증가된 상호작용이 더 많은 범죄를 야기하는가?
② 더 따뜻한 날씨가 더 많은 공격성을 의미하는가?
③ 왜 사람들은 더 따뜻한 날씨에 짜증이 나는가?
④ 따뜻한 날씨의 무엇이 범죄율을 증가시키는가?

어휘

victim 희생자	violent 폭력적인
crime 범죄	conclusion 결론
routine 일상	claim 주장하다
enhance 높이다	interaction 상호작용
aggression 공격성	hypothesis 가설
irritate 짜증나게 하다	uncomfortable 불편한
motivation 동기	behavior 행동
proper 적당한	

13 정답 ④  유형 독해 > 주제

정답해설

본문은 우정이 우리에게 줄 수 있는 다양한 긍정적인 영향들에 관한 서술이다. 본문의 초반부와 중반부에서는 우정이 개인의 소속 의식, 목적의식, 행복 증진, 스트레스 감소 등 정신적 측면에 주는 긍정적인 영향에 관해 서술하고 있으며, 본문의 후반부는 신체적 측면에 주는 긍정적인 영향에 관해서도 소개하고 있다. 따라서 이 전체 내용을 포괄하는 주제로는 ④번 'Positive impacts of friendship on your overall aspects of life(우정이 당신의 전반적인 삶의 측면들에 미치는 긍정적인 영향들)'가 가장 적절하다.

오답해설

① 본문은 우정의 이점에 관한 서술이며, 우정을 유지하는 방법에 관해서는 서술하고 있지 않으므로, ①번 'How to sustain a life-long friendship(평생의 우정을 유지하는 방법)'은 이 글의 주제로 적절하지 않다.
② 본문의 중반부에서 우정이 스트레스를 줄이는 효과가 있다고 서술하고 있으나, 이는 본문 전체의 내용을 포괄하지는 못하므로, ②번 'The power of friendship in reducing your stress(당신의 스트레스를 줄이는 데 있어 우정의 힘)'는 이 글의 주제로는 적절하지 않다.
③ 본문은 우정의 이점에 대한 소개이며, 우정을 위한 조언을 하고 있지는 않으므로, ③번 'Tips for being in the company of others you like(당신이 좋아하는 다른 사람들과 함께 있는 것을 위한 조언들)'는 이 글의 주제로 적절하지 않다.

해석

만약 당신이 웃고, 울고, 당신의 가장 사적인 비밀을 공유할 수 있는 친구를 가져본 적이 있다면, 당신은 우정이 얼마나 강력한지 알 것이다. 인생에서 누군가를 가진다는 것은 당신이 기운이 없을 때 당신을 고양시켜줄 수 있고 당신과 함께 당신의 승리를 축하할 수 있다. 친구들은 외로움을 막아주고 당신의 소속 의식과 목적(의식)을 증진시킨다. 그들은 또한 당신의 행복을 향상시키고 당신의 스트레스를 줄인다. 당신이 좋아하는 다른 사람들과 함께 있는 것의 단순한 즐거움을 무시하지 마라. 이것은 웃음으로 이어질 수 있고 정신을 고양시키고 좀 더 심각한 인생의 측면으로부터 머리를 식히게 해주는 것을 제공하는 활동들에 참여하는 것으로 이어질 수 있다. 친구들은 또한 당신의 전체적인 건강을 증진하는 데 있어 중요한 역할을 한다. 강력한 사회적 지지를 가진 성인들은 많은 의학적 질병들의 위험이 더 낮다. 이것들은 우울증, 고혈압, 그리고 비만을 포함한다.
① 평생의 우정을 유지하는 방법
② 당신의 스트레스를 줄이는 데 있어 우정의 힘
③ 당신이 좋아하는 다른 사람들과 함께 있는 것을 위한 조언들
④ 우정이 당신의 삶의 전반적인 측면들에 미치는 긍정적인 영향들

어휘

intimate 사적인, 은밀한, 친밀한
low 기운이 없는, 처지는
celebrate 축하하다
loneliness 외로움
a sense of belonging 소속 의식, 일체감
a sense of purpose 목적의식
enhance 향상시키다, 강화하다
discount 무시하다
company 함께 있음, 단체, 회사
distraction 머리를 식히게 해주는 것
significant 중요한; 상당한
promote 증진하다, 장려하다
overall 전체적인
depression 우울증
obesity 비만

14 정답 ③

 유형 독해 > 요지

정답해설

본문은 전문가답게 옷을 입는 것의 장점을 서술하고 있다. 본문에서 제시하고 있는 첫 번째와 두 번째 이유는 전문가답게 옷을 입을 때 타인의 평가가 더 긍정적이라는 내용이다. 세 번째 이유는 전문가답게 옷을 입는 것이 자기 자신에 대한 평가를 증진시킨다는 내용이다. 즉, 전문가답게 옷을 입으면 타인과 자신의 평가가 모두 증진된다는 것이 이 글의 요지이다. 따라서 선지 중 ③번 'Dressing professionally promotes judgment in and out(전문가답게 옷을 입는 것이 안팎으로 판단을 증진시킨다).'이 이 글의 요지로 적절하다.

오답해설

① 본문의 초반부에서 전문가답게 옷을 입는 것이 새로운 가능성을 연다고 서술하고 있으나, 이 글의 나머지 부분은 모두 전문가처럼 옷을 입는 것이 중요한 이유로 타인과 자신이 평가가 증진되는 것을 들고 있다. ①번 'Professional appearance opens new possibilities(전문가다운 외모가 새로운 가능성을 연다).'는 첫 문장을 제외한 본문의 나머지 내용인 평가의 증진이라는 부분을 다루고 있지 않아, 이 글의 요지로는 적절하지 않다.
② 본문에서 제시한 세 번째 이유에서 자신감 증진을 이유로 들고 있으나, 이를 제외한 나머지 부분의 내용이 누락되어 있으므로, ②번 'You need to dress sharply for your self-confidence(당신은 자신감을 위해 멋지게 옷을 입을 필요가 있다).'는 이 글의 요지로 적절하지 않다.
④ 본문은 '후광 효과'가 소재가 아니므로, ④번 'The 'halo effect' makes you more attractive than you are("후광 효과"는 실제보다 당신을 더 매력적으로 만든다).'는 이 글의 요지로 적절하지 않다.

해석

전문가처럼 옷을 차려입는 것이 중요한 파트너 관계가 되는 것을 향해, 새로운 직장을 얻는 것을 향해, 또는 새로운 기회를 여는 것을 향해 큰 진전을 하도록 도울 수 있다. 여기에 전문가처럼 옷을 입는 것이 중요한 몇 가지 이유가 있다. 첫째로, 그것은 좋은 첫인상을 만든다. 인간은 선천적으로 비판을 잘하고 우리가 본 것만을 바탕으로 하여 빠르게 가정을 종합해낸다 — 그래서 멋지고 전문적으로 보이는 것은 당신이 유능하고 전문적이라는 신호를 보낸다. 둘째로, 그것은 긍정적인 관심을 끈다. 멋지게 옷을 입은 사람은 적절한 관심을 끌고 군중 속에서 눈에 띄기 쉽다. 이것은 '후광 효과'라고 불릴 수 있는데, 이는 사람들이 멋진 외모를 가진 (또는 전문가답게 옷을 입은) 개인에 대해 긍정적으로 생각할 가능성이 더 있다는 것을 의미한다. 셋째로, 그것은 자신감을 증진시킨다. 우리가 겉모습이 멋져 보이는 것처럼 느낄 때, 내면에 대해서도 좋게 느끼는 긍정적인 상관관계가 있다. 이것이 자신감과 인식을 높인다.
① 전문가다운 외모가 새로운 가능성을 연다.
② 당신은 자신감을 위해 멋지게 옷을 입을 필요가 있다.
③ 전문가답게 옷을 입는 것이 안팎으로 판단을 증진시킨다.
④ '후광 효과'는 실제보다 당신을 더 매력적으로 만든다.

어휘

stride 진전, 걸음
land (어떤 상태가) 되다
matter 중요하다
professionally 전문적으로
innately 선천적으로
judgmental (남에 대해) 비판을 잘하는

piece together 종합하다
assumption (근거 없는) 가정
solely 오직, 혼자서
sharp 멋진, 맵시 있는
signal 신호를 보내다
competent 유능한
prone ~하기 쉬운, ~당하기 쉬운
stand out 눈에 띄다
halo 후광
correlation 상관관계
elevate 높이다, 증가시키다
self-confidence 자신감
perception 인식

15 정답 ③   유형 독해 > 내용 일치

정답해설

본문은 The Asian Highway 프로젝트의 개념과 역사에 관한 서술이다. 본문의 중후반부에서 이 프로젝트가 1959년에 시작되었지만, 정치적, 경제적 상황에 따라 부침을 겪어왔다고 서술하고 있다. 따라서 ③번 'The Asian Highway 프로젝트는 정치적, 경제적 상황에 상관없이 확장되어왔다.'는 본문의 내용과 달리 경제적, 정치적 상황에 '상관없이' 확장되었다고 서술하고 있으므로 주어진 글의 내용과 일치하지 않는다.

오답해설

① 본문의 후반부에서 2004년에 23개국이, 2008년에는 32개국이 참여했다고 서술하고 있으므로, ①번 '참가국의 수는 2004년보다 2008년이 더 많다.'는 이 글의 내용과 일치한다.
② 본문의 중후반부에서 이 프로젝트가 1959년에 시작되었다고 서술하고 있으므로, ②번 'The Asian Highway 프로젝트는 1959년에 시작되었다.'는 이 글의 내용과 일치한다.
④ 본문의 초반부에서 The Asian Highway Network는 아시아 태평양을 위한 유엔 경제 사회 위원회(ESCAP)에 의해 지원받고 있는 the Asian Land Transport Infrastructure Development(ALTID) 프로젝트의 일부라고 서술하고 있으므로, ④번 'The Asian Highway Network는 국제기구의 지원을 받는 더 큰 프로젝트의 일부이다.'는 이 글의 내용과 일치한다.

해석

The Asian Highway Network는 32개국을 가로지르는 141,000킬로미터의 도로망이다. 그것은 이 국가들 전역의 이동 시설을 개선하고 유럽으로의 도로 연결을 제공하기 위해 지어지고 있다. The Asian Highway Network는 아시아 태평양을 위한 유엔 경제 사회 위원회(ESCAP)에 의해 지원받고 있는 the Asian Land Transport Infrastructure Development(ALTID) 프로젝트의 일부이다. The ALTID 프로그램은 비용 효율적인 국내와 국제 무역 이동 연결을 제공하는 것을 의도한다. The Asian Highway 프로젝트는 1959년에 시작되었고 정치와 경제 상황에 있어 변화에 따라 부침이 있어왔다. 최근에는, 2003년 11월에 Bangkok에서 열린 회의에서 이 프로젝트의 정부간 협정(IGA)이 채택되었다. 23개국이나 되는 국가들이 2004년 4월에 the ESCAP Commission의 60번째 회기 동안에 IGA 조약에 서명했다. 참가국의 수는 2008년에 32개국으로 증가했다.

어휘

facility 시설
cost-effective 비용 효율이 높은
international 국제의
initiate 시작하다, 착수하다
adopt 채택하다
participate 참가하다
intend 의도하다, 작정하다
domestic 국내의
trade 무역
political 정치적인
treaty 조약

16 정답 ③   유형 독해 > 삭제

정답해설

본문은 고대 로마의 전차 경주에 대한 소개이다. ③번을 제외한 나머지 번호의 문장들이 모두 전차 경주와 관련된 정보를 제공하며 인기 있는 오락의 측면에서 묘사하고 있으나, ③번 문장은 전차 경주의 팬들과 전차 경주에 대한 사회 지도층들의 부정적인 인식을 서술하고 있어 글 전체의 초점에 맞지 않는다. 또한, ③번 문장은 '인과' 관계를 나타내는 연결사인 'Thus(따라서)'로 시작되나 문맥상 앞 문장의 내용과 '인과' 관계로 연결되지 않으므로 ③번 문장을 삭제하는 것이 글의 흐름상 가장 자연스럽다.

오답해설

④ ④번 문장은 전차 경주의 승리자가 어떤 축하를 받았는지에 대한 서술이다. 이는 전차 경주의 인기 있는 오락이라는 측면에서의 서술에서 벗어나는 글의 주제와 관련 없는 내용으로 생각할 수 있으나, ①, ②번 문장에 이어 전차 경주의 특징을 서술하고 있고, 이 경주에서 승리한 것이 어떠한 영예로 여겨졌는지에 대한 서술은 전차 경주의 인기를 간접적으로 설명하는 내용이므로 ④번 문장은 흐름상 자연스럽다.
①, ② 나머지 선지는 모두 흐름상 자연스러우므로 오답이다.

해석

화려한 쇼와 폭력적인 오락으로 유명한 도시인 고대 로마에서, 한 가지 스포츠가 검투사의 싸움보다 훨씬 더 인기가 많았다. ① 전차 경주는 거대한 Circus Maximus 경기장에서 개최되었다. ② 그것은 관중들이 위험한 전차를 모는 사람들과 그들의 말들의 팀이 직선로에서는 시간당 40마일에 가까운 최고 속도로 달리는 2,000피트 길이의 모래 경주로 주변을 일곱 바퀴 도는 것을 지켜볼 수 있게 했다. ③ **따라서, 사회 지도층들은 팬들의 군중 행동을 싫어했고 전차 경주가 특별할 것 없고 유치하다고 생각했다.** ④ 승리한 마차를 모는 사람이 마침내 결승선을 통과할 때, 그의 승리는 트럼펫의 빵 하는 소리로 발표되었고, 그는 심판석으로 올라갔는데, 거기서 그는 야자나무 가지, 화관, 그리고 상금을 받았다. 이 경기는 고대 로마에서 가장 인기 있는 스포츠 경기일 뿐만 아니라 수 세기 동안 지속된 깊이 심어진 로마 문화의 일부가 되었다.

어휘

spectacular 화려한 쇼, 공연
gladiator 검투사
stage 개최하다, 무대에 올리다
arena 경기장, 공연장
lap 한 바퀴
unremarkable 특별할 것 없는
charioteer 마차를 모는 사람
blast 빵 하는 소리
embed 심다, 끼워 넣다
entertainment 오락
chariot 전차, 마차
massive 거대한
daring 위험한, 대담한
mob 군중
childish 유치한
announce 발표하다
ascend 오르다

17 정답 ②

유형 독해 > 배열

정답해설

본문은 도파민 중독을 예방하는 방법에 관해 서술하고 있다. 주어진 문장은 도파민 중독의 정의에 해당한다. (A)는 도파민 중독의 해악에 관한 서술이며, (A)의 마지막 문장은 도파민 중독을 예방하는 것이 중요한 이유를 설명하고 있다. 이어서 (C) 첫 문장의 The first and most important prevention strategy(첫 번째이자 가장 중요한 예방 전략)로 보아 도파민 중독을 예방하는 첫 번째이자 가장 중요한 방법을 소개하고 있음을 알 수 있으므로, 예방의 이유를 서술하고 있는 (A)의 마지막 문장에 이어지는 것이 가장 적절함을 알 수 있다. (C)의 첫 번째 문장 이후 내용은 '경계 정하기'라는 첫 번째 예방법에 이어, '상담하기'와 '일기 쓰기'에 대해 소개하고 있다. (B)의 첫 문장에서 일기 쓰기뿐 아니라 휴식을 취하는 것 또한 좋은 예방법이라고 소개하고 있으므로, (C)의 마지막에서 소개한 일기 쓰기에 이어지는 것이 적절함을 알 수 있다. 따라서, 주어진 문장 이후 ②번 (A) - (C) - (B)의 순서로 배열하는 것이 흐름상 가장 자연스럽다.

오답해설

①, ③ (B)의 첫 문장에 제시된 'In addition to journaling(일기 쓰기뿐만 아니라)'으로 보아 (B) 이전에 일기 쓰기에 관한 내용이 등장했음을 알 수 있다. 이에 해당하는 것이 (C)의 마지막 문장이므로, (C) - (B)의 순서로 연결되는 것이 자연스럽다. ①, ③번은 모두 (C) - (B)의 순서로 연결되어 있지 않아 흐름상 자연스럽지 않다.

④ (A)의 마지막 문장은 도파민 중독을 예방하는 것이 중요한 이유를 설명하고 있고, (B)와 (C)는 모두 도파민 중독을 예방하는 구체적인 방법들에 대한 소개이다. 따라서, (A)는 (B)와 (C)보다 이전에 배열되는 것이 흐름상 가장 자연스럽다. ④번은 (A)가 (B)와 (C) 이전에 배열되어 있지 않아 오답이다.

해석

도파민 중독은 도파민 신경 전달 물질의 방출을 신장시키는 물질이나 활동에 중독되는 것을 가리킨다.

(A) 도파민 중독의 증상은 한 종류에서 다른 종류로 다양하지만, 대부분의 경우에서, 어떤 사람이 그것이 야기하는 결과에도 불구하고 그 물질을 계속 사용하거나 특정 행동을 계속한다. 그것은 종종 알코올 중독, 마약 중독, 또는 디지털 중독과 같은 위험한 행동과 관련되므로, 도파민 중독을 예방하는 것이 중요하다.

(C) 첫 번째이자 가장 중요한 예방 전략은 규칙 또는 경계를 정하는 것이다. 경계를 정하는 것뿐 아니라, 치료 전문가에게 상담하는 것도 실용적이다. 일기 쓰기는 이 규칙들을 굳게 지키고 그 사람이 매일 어떻게 느끼는지를 묘사하는 데 도움을 준다.

(B) 일기 쓰기뿐만 아니라, 충분한 휴식을 취하는 것 또한 도파민 중독을 피하는 데 도움이 된다. 어떤 사람이 충분한 휴식을 취하고 편안할 때, 그는 도파민을 신장시키는 활동에 참가하고 싶어질 가능성이 덜 할 것이다.

어휘

nerve messenger 신경 전달 물질
addiction 중독
refer to ~을 가리키다, 언급하다
substance 물질
boost 신장시키다, 북돋우다
release 방출하다
neurotransmitter 신경 전달 물질
vary 다르다, 달라지다
engage in ~에 관여하다
consequence 결과
prevention 예방
boundary 경계
besides ~뿐만 아니라
consult 상담하다
journal 일기 쓰기
stick to 굳게 지키다, 방침을 고수하다
in addition to ~에 더하여, ~일 뿐 아니라
well-rested 충분한 휴식을 취한

18 정답 ④

유형 독해 > 삽입

정답해설

본문은 소금쟁이가 물 위를 걸을 수 있는 이유에 관한 서술이다. 주어진 문장은 모든 곤충이 이것을 다 할 수 있는 것은 아니라는 내용이므로, 주어진 문장 이후에는 소금쟁이만이 물 위를 걸을 수 있는 특별한 이유에 관한 서술이 이어지는 것이 가장 자연스럽다. ④번 이전 문장은 물의 장력에 관한 서술이며, ④번 이후 문장은 소금쟁이만의 특징에 관한 서술이므로, 주어진 문장은 ④번에 들어가는 것이 가장 적절하다.

오답해설

① 주어진 문장 이후에는 소금쟁이만이 물 위를 걸을 수 있는 이유를 설명해야 하는데, ①번 이후 문장들은 '물의 특성'에 대해 서술하고 있으므로, 주어진 문장이 ①번에 들어가는 것은 흐름상 자연스럽지 않다.
②, ③ 나머지는 모두 흐름상 자연스럽지 않으므로 오답이다.

해석

소금쟁이는 연못, 물웅덩이, 그리고 습지의 고요하거나 느리게 움직이는 물의 표면 위에서 발견될 수 있는 작은 곤충이다. 그들은 표면 장력을 이용하여 "물 위를 걸을" 수 있게 되어 고요한 물 위의 삶에 적응했다. (①) 그것들은 물이 표면에서 다르게 작용하기 때문에 물 위를 걸을 수 있다. (②) 물 분자들은 위에 공기만 있는 표면에서 특히, 서로에게 끌리고 붙어있는 것을 좋아한다. (③) 물 분자 사이의 끌어당김은 장력과 매우 얇은 막을 만들어내고, 소금쟁이는 이 막 위를 걷는다. (④) **하지만 모든 곤충이 이렇게 할 수 있는 것은 아니다.** 오직 소금쟁이만 가질 수 있는 비밀은 소금쟁이의 다리에 있다. 그 다리는 물을 밀어내고 공기를 붙잡는 작은 털들을 가지고 있다. 작은 소금쟁이들은 물을 밀어내면서 물 위에 서 있고, 붙잡은 공기가 그들이 떠서 쉽게 움직이게 한다.

어휘

water strider 소금쟁이
adapt 적응하다
tension 장력; 팽팽함
attract 끌어들이다
repel 밀어내다, 반발하다
marsh 습지
still 고요한, 정지한
molecule 분자
delicate 얇은, 연한; 약한

19 정답 ②

유형 독해 > 빈칸 완성

정답해설

본문은 꽃의 언어적 상징을 사용하는 관행, 사례와 역사에 관한 서술이다. 빈칸이 포함된 문장에 제시된 to communicate(전달하기 위해)라는 표현

으로 보아, 빈칸에는 꽃의 언어를 사용하는 목적에 해당하는 말이 들어가야함을 알 수 있다. 본문 중반부의 꽃의 언어가 언어를 넘어선 사랑을 표현하는 능력이라는 내용과 본문 후반부에서 Victoria 사회에서 '소리 내어 말해질 수 없었던 감정을 표현하게 해주었다'라는 내용으로 보아, 꽃의 언어를 사용하는 목적은 언어로 표현하기 힘들거나 소리 내어 말할 수 없는 감정을 표현하는 것이 그 목적이라고 볼 수 있다. 따라서, 빈칸에는 이 내용과 일맥상통하는 표현인 ②번 'secret(비밀스러운)'이 들어가는 것이 가장 적절하다.

오답해설

①, ③, ④ 빈칸에는 언어로 표현할 수 없거나 소리 내어 말할 수 없는 감정을 표현하는 목적과 일맥상통하는 표현이 들어가는 것이 적절하다. 나머지 선지는 문맥상 적절하지 않으므로 오답이다.

해석

당신은 당신의 사랑을 표현하기 위해 꽃을 주거나 꽃을 받아본 적이 있는가? 그렇다면, 당신은 혼자가 아니다. 의사소통하기 위해 꽃 또는 꽃의 언어의 상징을 사용하는 것은 우리가 여전히 오늘날에도 사용하는 오랜 관행이다. 몇몇 의미는 바뀌어왔지만, 우리는 여전히 이 관행을 지키고 사용한다. 아름답고 향기로운 꽃의 사용으로 언어를 넘어서 사랑을 표현하는 능력은 깊이와 표현을 더해준다. 사람들은 비밀스러운 메시지를 전달하기 위해 특정한 꽃들을 배열하곤 했다. 예를 들어, 히아신스는 스포츠와 놀이를 나타낸다; 아이비는 결혼, 충성, 우정, 그리고 애정을 나타낸다. 19세기에, Victoria시대 영국과 미국에서 꽃말에 대한 관심이 치솟았다. 꽃과 식물의 배열은 보내는 사람이 Victoria 사회에서 소리 내어 말해질 수 없었던 감정을 표현하게 해주었다.

① 가짜의
② 비밀스러운
③ 열정적인
④ 이해할 수 없는

어휘

practice 관행
beyond ~을 넘어서
arrange 배열하다
represent 나타내다
loyalty 충성
soar 치솟다
incomprehensible 이해할 수 없는
honor 지키다, 영예를 주다
fragrant 향기로운
hyacinth 히아신스
stand for 나타내다
affection 애정
aloud 소리 내어

20 정답 ③
유형 독해 > 빈칸 완성

정답해설

본문은 AI 기술이 예술가들에게 미칠 영향에 관한 서술이다. 빈칸이 포함된 문장은 '요약'의 의미를 나타내는 연결부사 In short(요컨대)로 시작하여 이 글 전체의 내용을 요약하고 있다. 본문은 인간의 예술적 가치는 기술적인 능력에만 있는 것이 아니라 인간성을 이용하는 것이며, 창의적인 사람들에게는 AI가 자원이 될 수 있다는 내용이다. 빈칸이 포함된 문장의 앞부분은 창의적이지 못하거나 적응하지 못하는 사람들에게는 AI가 위협이 된다는 것이므로, 누군가에게는 AI가 도구가 된다는 부분인 빈칸은 창의적인 사람들에 해당하는 내용이어야 한다. 선지 중 ③번 'those who are(그러한 (창의적이고 적응적인) 사람들)'는 해당 문장의 앞부분에서 반복되는 내용인 'creative or adaptive'가 생략된 형태로 '창의적이거나 적응적인 사람들'을 의미한다. 따라서 빈칸에는 ③번이 가장 적절하다.

오답해설

① 본문의 내용은 AI가 인간성을 이용하는 창의적인 사람들에게 자원이 된다는 내용이므로, 빈칸에는 창의적인 사람들에 해당하는 내용이 들어가는 것이 적절하다. ①번 'itself(그 자체)'는 AI가 스스로에게 도움이 된다는 내용이며 이는 본문의 내용과 상이하므로, 빈칸에 들어가기에 적절하지 않다.
② 본문은 기술적인 능력만 가진 사람들에게는 AI가 위협이 될 수 있지만, 창의적인 사람들에게는 AI가 자원이 된다는 내용이다. 빈칸에는 AI를 도구로 사용할 수 있는 사람들에 해당하는 표현이 적절하다. ②번 'all artists(모든 예술가들)'는 기술적인 능력만 가진 예술가까지 포괄하는 표현으로, 이는 본문의 내용과 상이하므로, 빈칸에 들어가기에 적절하지 않다.
④ 본문의 서술에 따르면, 기술적인 능력만 가지기보다는 인간성을 강조하는 것이 AI를 잘 활용할 수 있는 방법이므로, ④번 'those only with technical skills(기술적인 능력만 가진 사람들)'는 본문의 내용과 상반되어 빈칸에 들어가기에 적절하지 않다.

해석

AI 기술은 인간이 주는 특정한 지시 메시지를 기반으로 하여 이미지를 만들어낸다. 그 결과물은 깜짝 놀랄 정도로 정확한 것에서부터 약간 충격적인 것에 이르는 어떤 것도 될 수 있다. 만약 당신이 전문 삽화가라면, 이것은 극심한 공포의 원인으로 보일 수도 있지만, 잠깐 기다려보라. 당신의 예술적 가치는 오로지 당신의 기술적인 능력에만 있는 것이 아니다; 그것은 인간의 경험과 감정을 이미지로 통합해내는 당신의 능력에 기반한다. AI는 이러한 인간적인 요소가 부족하다. 그렇다면, 당신이 해야 할 일은 당신 작품의 인간성을 가능한 한 많이 이용하는 것이다. 우리가 기술이 발전하는 것을 막을 수 없기 때문에, 우리는 그것으로부터 이익을 얻는 방법을 배울 수 있다. 창의적인 사람들은 AI를 자원으로 사용할 수 있다: 그것은 당신의 아이디어에 대한 영감과 시작점을 얻는 훌륭한 방법이다. 요컨대, AI는 창의적이지 못하거나 적응하지 못하는 사람들에게 위협이고 그러한[창의적이고 적응적인] 사람들에게는 도구이다.

① AI 그 자체
② 모든 예술가들
③ 그러한[창의적이고 적응적인] 사람들
④ 기술적인 능력만 가진 사람들

어휘

prompt 지시 메시지, 프롬프트
frighteningly 깜짝 놀랄 정도로
accurate 정확한, 정밀한
slightly 약간
disturbing 충격적인
solely 오로지, 단지
synthesize 통합하다, 종합하다
capitalize on ~을 이용하다, 기회로 삼다
humanity 인간성, 인류
in short 요컨대
adaptive 적응하는

3회 꼼꼼한 고퀄리티 해설

기출 DATA: 2022 국가직 9급

빠른 정답 Check

01	②	02	①	03	④	04	③	05	①
06	②	07	③	08	③	09	④	10	④
11	③	12	③	13	④	14	④	15	②
16	③	17	②	18	③	19	③	20	③

01 정답 ② — 유형 어휘 > 유의어 찾기

정답해설

밑줄 친 exacerbate는 '악화시키다'를 뜻한다. 따라서 exacerbate와 의미가 가장 가까운 것은 ② aggravate(악화시키다)이다.

해석

경기 침체는 소기업의 재정의 문제를 악화시키는 역할을 했다.
① 모이다, 모으다, 총계가 ~이 되다
② 악화시키다, 짜증나게 만들다
③ (불을) 끄다, 소멸시키다
④ 과장하다

어휘

economic downturn 경기 침체
serve to 동사원형 (~하는) 역할을 하다
financial 재정의, 금융의

02 정답 ① — 유형 어휘 > 유의어 찾기

정답해설

밑줄 친 lethargic은 '무기력한'을 뜻한다. 따라서 lethargic과 의미가 가장 가까운 것은 ① torpid(무기력한)이다.

해석

무기력하다고 느낀 노동자들은 긴 여름 오후 동안 그들의 생산성을 유지하기 힘들다는 것을 깨달았다.
① 무기력한, 활기 없는
② 널리 퍼진, 유행하는
③ 비참한, 재난을 일으키는
④ 긍정의, 확언적인

어휘

maintain 유지하다
productivity 생산성

03 정답 ④ — 유형 어휘 > 유의어 찾기

정답해설

밑줄 친 came under fire는 come under fire의 과거 형태로 '맹비난을 받다'를 뜻한다. 따라서 came under fire와 의미가 가장 가까운 것은 ① was severely criticized(심하게 비난받았다)이다.

해석

그 패션 디자이너의 최근 신작 발표회는 문화적 편견으로 맹비난을 받았고 다양한 문화를 존중하고 인정하는 것의 중요성에 대한 토론을 초래했다.
① 심하게 비난받았다
② 엄격하게 제한받았다
③ 점점 더 인기 있어졌다
④ 점점 더 어려워졌다

어휘

latest 최근의, 최신의
collection (고급 의류점의) 신작 발표회, 컬렉션
cultural bias 문화적 편견
lead to ~을 초래하다
discussion 토론, 토의
acknowledge 인정하다
severely 심하게, 엄격하게
increasingly 점점 더

04 정답 ③ — 유형 어휘 > 빈칸 완성

정답해설

주어진 문장에서 주어인 People(사람들)이 '소리에 예민하다'라고 서술한 것으로 보아 도심 속 시끄러운 '혼란'보다는 시골의 '조용함'을 더 선호할 것임을 알 수 있다. 따라서 빈칸에 들어갈 말로 가장 적절한 것은 ③ tranquility(조용함)이다. 참고로 주어진 문장에 사용된 비교급 구문인 'prefer A to B'는 'B보다 A를 더 선호하다'를 뜻한다.

해석

소음에 예민한 사람들은 도시의 혼란보다 시골의 조용함을 더 선호한다.
① 일탈, 탈선
② 유연성, 유순함, 융통성, 구부리기 쉬움
③ 조용함, 평안
④ 소란, 소동

어휘

sensitive 예민한, 민감한
noise (듣기 싫은, 시끄러운) 소음, 소리
prefer A to B B보다 A를 더 선호하다
countryside 시골, 지방
chaos 혼란, 혼돈

05 정답 ① — 유형 어휘 > 빈칸 완성

정답해설

주어진 문장의 문맥상 기상 상태가 갑작스럽게 악화된 것으로 보아 파티를 '끝내야' 함을 알 수 있다. 따라서 빈칸에 들어갈 말로 가장 적절한 것은 ① wind up(끝내다)이다.

해석

갑작스러운 기상 상태 악화 때문에, 그는 예상보다 일찍 파티를 끝내야 했다.
① 끝내다, (어떤 장소·상황에) 처하게 되다

② 침입하다, 갑자기 ~하기 시작하다
③ 보상하다, 보전하다
④ (병이) 들다, 걸리다

어휘

deterioration 악화
weather condition 기상 상태
sooner than expected 예상보다 일찍

06 정답 ②

유형 문법 > 문장

정답해설

② O
출제포인트: 129 완료 분사구문
해당 문장에서 '프로젝트를 완료한 것'과 '성공을 축하한 것'은 문맥상 전후 관계에 해당되므로 완료 분사구문 having p.p.를 이용해 'Having completed the project(프로젝트를 완료한 후)'로 표현한 것은 적절하다.

오답해설

① X (find → find it)
더블 출제포인트: 110 to부정사의 가목적어 / 125 현재분사 vs. 과거분사
해당 문장의 동사인 find는 타동사로 쓰일 때 challenging이라는 보어를 직접 가질 수 없다. 따라서 find 이후에 가목적어 it을 제시해 문맥상 진목적어인 to부정사 to adapt를 의미하는 것이 적절하다. 따라서 find는 find it으로 수정해야 한다.

③ X (called → is called)
더블 출제포인트: 015 타동사의 목적격 보어 파악: 명사 계열 / 038 능동태 vs. 수동태 / 046 불변의 시제
해당 문장에 사용된 called는 타동사 call의 과거형으로 쓰일 경우, '~을 불렀다, 전화했다'를 뜻하게 된다. 그러나 해당 문장의 주어가 This building(이 건물)이므로 문맥상 '건물은 ~라고 불린다'의 수동의 의미가 되는 것이 적절하다. 따라서 call을 불완전타동사의 능동태인 「call + A + B (A를 B로 부르다)」에서 수동태인 「A be called B(A는 B로 불린다)」로 수정해야 문맥상 적절하다. 즉, 동사인 called를 is called로 수정해야 한다. 더해 '건물이 Louvre라고 불리는 것'은 내용상 불변의 진리에 해당되므로 동사는 현재시제로 표현하는 것이 적절하며, 주어진 문장의 'a renowned ~ Paris'는 the Louvre의 동격명사구에 해당된다.

④ X (although → despite)
더블 출제포인트: 160 전치사 vs. 접속사 / 003 불완전자동사의 문장 구조
although(~일지라도)는 접속사로 이후에 반드시 '절'의 형태가 뒤따라야 한다. 그러나 해당 문장에서는 although 이후 '명사구'에 해당되는 our best efforts가 이어지고 있으므로 적절하지 않다. 따라서 접속사 although는 유사 의미의 전치사인 despite(~에도 불구하고)로 수정해야 한다. 더해 해당 문장의 seems는 불완전자동사로 사용되었으며, 「seem + to be 형용사」 형태로 적절하게 사용되었다.

해석

① 많은 사람들이 새로운 기술에 적응하는 것을 어려워한다.
② 프로젝트를 완료한 후, 그들은 그들의 성공을 축하했다.
③ 파리의 유명한 박물관인, 이 건물은 Louvre라고 불린다.
④ 그 문제는 우리가 해결하려고 최선을 다함에도 불구하고 지속되는 것처럼 보인다.

어휘

challenging 도전적인
adapt 적응하다
complete 완료하다
Louvre 루브르 박물관
persist 지속되다
solve 해결하다
celebrate 축하하다
renowned 유명한
best efforts 최선의 노력

07 정답 ③

유형 독해 > 일치

정답해설

본문은 억만장자들이 예술에 투자하는 다양한 이유에 관한 서술이다. 본문의 후반부에서 예술에 대한 투자는 유산 설계의 수단으로 기능하고, 이것이 이 개인들이 죽고 나서도 세상에 지속적인 영향을 미칠 수 있다고 서술하고 있다. 따라서, ②번 'Art investment can be legacy planning for billionaires, leaving a lasting impact on the world(예술 투자는 억만장자들에게 세상에 지속적인 영향을 남기는 유산 설계가 될 수 있다).'는 이 글의 내용과 일치한다.

오답해설

① 본문의 서술에서는 억만장자들이 예술에 투자하는 이유로 예술가를 지지하는 것에 관한 서술은 등장하지 않는다. 따라서, ①번 'Diverse motivations drive billionaires to invest in art, including supporting artists(예술가들을 지지하는 것을 포함하여 다양한 동기들이 억만장자들을 예술에 투자하도록 만든다).'는 본문에 언급되지 않았다는 점에서 이 글의 내용과 일치하지 않는다.
② 본문의 초반부에서 예술이 자산 구성의 다양화를 제공한다고 서술하고 있다. ②번 'The art market provides billionaires with opportunities to unify their investment portfolios(예술 시장은 억만장자들에게 그들의 투자의 자산 구성을 통합할 기회를 제공한다).'는 자산 구성을 통합한다고 서술한 점에서, 자산 구성의 다양화를 제공한다고 서술한 본문의 내용과 일치하지 않는다.
④ 본문의 중반부에서 예술이 경제적 혼란의 시기에 주식이나 채권과 달리 가치를 유지하는 능력을 지니고 있다고 서술하고 있다. ④번 'Art's ability to retain value makes it identical to stocks and bonds during economic confusion(예술의 가치를 보유하는 능력이 경제적 혼란 동안에 그것이 주식이나 채권과 동일하도록 만든다).'은 예술이 주식과 채권과 동일하다고 서술한 점에서, 예술이 경제적 혼란의 시기에 주식이나 채권과 달리 가치를 유지한다고 서술한 본문의 내용과 일치하지 않는다.

해석

재정적 이득에서 문화적 평가와 사회적 지위에 이르는, 억만장자들이 예술에 투자하는 수많은 이유들이 있다. 사실, 예술은 억만장자들 사이에서 높은 수익의 잠재성과 자산 구성의 다양화를 제공하는 인기 있는 투자가 되어왔다. 하지만, 억만장자들 사이에서 예술품 수집은 단순한 재정적 이익 그 이상에 의해 추진된다. 억만장자 예술 수집가의 한 가지 핵심 동기는 예술이 가치의 축적과 인플레이션에 대비한 보호 장치가 될 수 있다는 믿음이다. 경제적 불확실성 속에서, 많은 부유한 개인들이 그들의 부를 보호하기 위해 예술과 같은 유형 자산에 의지한다. 주식이나 채권과는 달리, 예술은 경제적 혼란의 시기 동안에도 그것의 가치를 유지하는 독특한 능력을 지니고 있다. 게다가, 예술에 투자하는 것은 유산 설계의 수단으로 기능한다. 가치 있고 문화적으로 중요한 작품들의 모음을 축적함으로써, 이 개인들은 그들이 죽고 나서 오랫동안 세상에 지속적인 영향을 남길 수 있다.
① 예술가들을 지지하는 것을 포함하여 다양한 동기들이 억만장자들을 예술에 투자하도록 만든다.
② 예술 시장은 억만장자들에게 그들의 투자의 자산 구성을 통합할 기회를 제공한다.

③ 예술 투자는 억만장자들에게 세상에 지속적인 영향을 남기는 유산 설계가 될 수 있다.
④ 예술의 가치를 보유하는 능력이 경제적 혼란 동안에 그것이 주식과 채권과 동일하도록 만든다.

어휘

billionaire 억만장자
appreciation 평가
return 보상
diversification 다양화
motivation 동기
turn to ~에 의지하다
asset 자산
bond 채권
means 수단, 방법
significant 중요한, 의미 있는
range (범위가) ~에 이르다
status 지위
portfolio 자산 구성, 작품집
drive 추진시키다
safeguard 보호 장치
tangible 유형의, 만질 수 있는
stock 주식
serve as ~로 기능하다
legacy 유산

08 정답 ③
유형 문법 > 밑줄

정답해설

③ X (tending → tend)
더블 출제포인트: 001 준동사의 자리 파악 / 147 those who: 주격 관계대명사 관용표현
밑줄 친 tending이 준동사라면 종속절의 주어인 'those who ~ way'의 술어에 해당되는 동사가 문장에 존재하지 않게 된다. 따라서, 준동사로 제시된 밑줄 친 tending은 tend로 수정해야 한다. 이때 주어가 주격 관계대명사 관용표현인 'those (people) who~(~하는 사람들)'가 사용되었으므로 복수 동사인 tend로 수일치하는 것이 적절하다.

오답해설

① O
더블 출제포인트: 048 능동태 vs. 수동태 / 156 관계부사
주어인 people이 복수 명사이므로 복수 동사인 are가 제시되었으며, 문맥상 수동태 are compared(비교되다)도 적절하게 사용되었다. 더해 해당 문장에 사용된 관계부사 where는 선행사 tests를 수식하므로 옳게 사용되었다.

② O
더블 출제포인트: 170 간접의문문 / 098 형용사 vs. 부사
'how well ~ critically'는 be동사의 보어로 간접의문문인 「의문사 + 주어 + 동사 ~」형태로 옳게 사용되었다. 해당 간접의문문의 의문사에 해당되는 부분이 how well이며 '매우 잘'의 의미로 쓰여 동사인 can think를 수식하고 있으므로 옳은 문장이다.

④ O
출제포인트: 162 명사절 접속사
밑줄 친 if는 '~인지 (아닌지)'의 의미로 사용되었으며, be sure if는 '~인지 아닌지 확신하다' 의미로 적절하게 사용되었다. 또한 해당 문장의 that은 주격관계대명사로 선행사인 단수 명사 the only thing을 수식하고 있으며, 관계사절의 동사는 단수 동사인 decides로 옳게 사용되었다.

해석

사람들이 비교되는 테스트에서, 중요한 한 가지는 응시자들이 얼마나 잘 비판적으로 생각할 수 있는지를 보는 것이다. 과거 연구들은 문제를 똑똑하고 조직적인 방법으로 해결할 수 있는 사람들이 더 잘하는 경향이 있다는 것을 보여준다. 하지만, 다른 중요한 요인들도 있을 수 있기 때문에, 이것이 성공을 결정하는 유일한 요소인지는 확실하지 않다.

어휘

compare 비교하다
candidate 응시자
critically 비판적으로
organized 조직적인
tend to do better 더 잘하는 경향이 있다
decide 결정하다
matter 중요하다

09 정답 ④
유형 독해 > 제목

정답해설

본문은 해저 지진의 발생 원인과 그것의 위험성에 관한 서술이다. 본문의 초반부는 해저 지진의 발생 원인에 대해 서술하고 있고, 중반부 이후는 해저 지진의 위험성에 관해 서술하고 있다. 글의 구조상 해저 지진의 발생 원인을 먼저 서술하고 이어서 그 위험성에 대해 서술하고 있다. 따라서 위험성에 관해 결과로 제시하고 있으므로, 이 글의 초점은 해저 지진의 발생 원인보다는 해저 지진의 위험성에 있다고 보아야 한다. 따라서 글의 전체 내용을 함축적으로 표현한 제목으로는 ④번 'Why Are Submarine Earthquakes Dangerous(해저 지진은 왜 위험한가)?'가 가장 적절하다.

오답해설

① 본문의 핵심 소재는 해저 지진이므로, ①번 'Why Do Earthquakes Occur(지진은 왜 발생하는가)?'는 핵심 소재 자체가 본문과 달라 이 글의 제목이 될 수 없다.
② 본문에서 해저 지진이 바다 표면 아래에서 생겨난다고 서술하고는 있으나, 이것은 본문 내용 중 일부에 해당한다. 따라서, ②번 'Where Do Submarine Earthquakes Emerge(해저 지진은 어디에서 생겨나는가)?'는 이 글 전체를 함축할 수 없어 이 글의 제목으로 부적절하다.
③ 본문은 해저 지진으로 인한 쓰나미의 위험성에 관해 서술하고는 있으나, 쓰나미를 대비하기 위한 방법을 서술하고 있지는 않다. ③번 'What You Need to Prepare for a Tsunami(당신은 쓰나미에 대비해서 무엇을 준비해야 하는가)?'는 이 글의 내용과 상이하여 제목으로 부적절하다.

해석

바다 표면 아래의 지진 활동들은 해저 지진이라고 불린다. 해저 지진은 바다의 표면 아래에서 에너지가 갑자기 방출될 때 생겨난다. 지진 파도는, 이 에너지가 방출될 때 만들어지는데, 지각을 통과해서 흐르고 땅이 떨리게 할 수 있다. 구조상의 그리고 화산의 활동을 포함한 많은 활동들은 그러한 파괴적인 지진의 형성에 기여한다. 해저 지진의 가장 위험한 결과 중 하나는 쓰나미의 가능성이다. 해저 지진이 발생할 때, 그것은 바다를 지나 이동하는 큰 파도를 만들어낼 수 있다. 이 파도들은 먼 거리를 이동할 수 있고 해안 지역 사회에 상당한 피해를 야기할 수 있다. 해저 지진은 석유 굴착 장치와 수중 파이프라인과 같은 수중 기간 시설에 피해를 줄 수 있다. 이 피해는 수리하는 데 비용이 많이 들 수 있고 지역 경제에 상당한 충격을 줄 수 있다.

① 지진은 왜 발생하는가?
② 해저 지진은 어디에서 생겨나는가?
③ 당신은 쓰나미에 대비해서 무엇을 준비해야 하는가?
④ 해저 지진은 왜 위험한가?

어휘

seismic 지진의, 지진에 의한
submarine 해저의, 해양의

emerge 생겨나다, 나오다	earth's crust 지각
tremble 떨리다	geological 지질학적인
volcanic 화산의	contribute to 기여하다
formation 형성	disruptive 파괴적인, 분열성의
consequence 결과	infrastructure 기간 시설, 하부 구조

10 정답 ④

유형 독해 > 삭제

정답해설

본문은 '자원의 저주'라는 상황의 원인에 관한 서술이다. 나머지 번호가 모두 '자원의 저주가 발생하는 원인'에 대한 직접적인 서술인 데 반해, ④번 문장은 '부패한 거래 금지'에 관한 내용이므로 글의 흐름상 적절하지 않다. ③번 문장에서 부패한 지불과 관련한 서술이 있어, 두 문장이 자연스럽게 이어진다고 생각할 수도 있으나, ③번 문장은 부패한 지불, 즉 '뇌물로 인한 정부 규제력의 남용으로 자원의 저주가 발생한다'라는 내용인 반면, ④번 문장은 '정부가 부패한 거래를 금지해왔다'라는 내용이므로, 두 문장의 내용이 상반된다. 따라서 ④번 문장을 삭제하는 것이 흐름상 가장 자연스럽다.

오답해설

①, ②, ③ 나머지 선지는 모두 흐름상 자연스러우므로 오답이다.

해석

자원의 저주는 비재생 천연 자연이 풍부한 국가들이 침체된 경제 성장 또는 심지어 경제 축소를 경험하는 역설적인 상황이다. ① 자원의 저주가 발생하는 원인을 설명하는 다양한 이유들이 있을 수 있지만, 이 현상은 주로 한 나라가 그것의 생산 수단 전부를 광산 또는 원유 생산과 같은 단 하나의 산업에 집중하기 시작하고 다른 주요 부문에 대한 투자를 도외시할 때 주로 발생한다. ② 자원 함정 또는 풍요로움의 역설이라고도 불리는데, 이것은 또한 정부의 부패로 인해 발생할 수도 있다. ③ 국가의 부의 큰 부분이 단지 몇 가지 산업에만 집중되어 있다면, 정부는 부패한 지불[뇌물]을 바탕으로 가치 있는 계약을 해줌으로써 그것의 규제력을 남용할지도 모른다. ④ 많은 정부들이 사적 부분의 상업 독립체들 간의 부패한 거래를 금지해왔다. 작은 소수의 분야로만 흘러 들어가는 노동과 자본의 과잉은 경제의 나머지 부분을 약화시키고 국가를 전반적으로 손상시킬 수도 있다.

어휘

paradoxical 역설적인	abundant 풍부한
stagnant 침체된	contraction 축소
means 수단, 방법	neglect 도외시하다
plenty 풍요로움	corruption 부패
abuse 남용하다	regulatory 규제력을 지닌
prohibit 금지하다	entity 독립체
a handful of 소수의	

11 정답 ③

유형 생활영어 > 빈칸

정답해설

해당 대화에서 A와 B는 구직 과정 중 '면접'에 대해 이야기를 나누고 있다. 빈칸 전후의 내용을 통해 B가 면접을 앞두고 있으며, A는 면접에서 필요한 조언을 해주고 있음을 알 수 있다. 따라서 면접장에 들어가는 B에게 해줄 수 있는 A의 조언으로는 ③ Cut a fine figure(두각을 나타내라)가 가장 적절하다.

오답해설

나머지 선지는 문맥상 적절하지 않으므로 오답이다.

해석

A: 내일 있는 면접에 대해 어떻게 생각하고 있어?
B: 조금 불안하지만, 철저히 준비했어.
A: 반가운 소리네. 기억해, 말하는 내용뿐만 아니라 어떻게 자신을 표현하는지도 중요해.
B: 맞아. 전문적으로 옷을 입고 자신감 있는 자세를 유지할 계획이야.
A: 현명한 선택이야. 분명히 네 발표를 완벽하게 보완할 거야. 면접 중에 두각을 나타내!
B: 조언 고마워. 오래가는 인상을 남기려고 최선을 다할게.

① 서둘러라
② 갑자기 큰 돈을 벌어라
③ 두각을 나타내라
④ 수박 겉핥기식으로 하라

어휘

job interview 면접	anxious 불안한
prepared 준비된	thoroughly 철저히
professionally 전문적으로	confident 자신감 있는
posture 자세	smart move 현명한 선택
add to ~에 더하다	advice 조언
do one's best 최선을 다하다	

12 정답 ③

유형 생활영어 > 빈칸

정답해설

해당 대화에서 A와 B는 '운동'에 대해 이야기를 나누고 있다. 빈칸 전 B가 '최근에 운동이 게을러진 것'에 대해 이야기를 나누고 있으며 A가 '다시 시작할 것'을 권하는 대화가 이어지고 있다. 더해 빈칸 직후 B가 'I'll begin with a light workout and gradually increase the intensity(가벼운 운동부터 시작해서 점차 강도를 높여볼게).'라고 말하는 것으로 보아 운동을 시작하려고 하고 있음을 알 수 있으므로 A의 빈칸에는 '운동 재개에 관한 권유 표현'인 ③ Just get your feet wet (그냥 시작해봐)가 들어가는 것이 가장 적절하다.

오답해설

② 주어진 문장의 Sell off like hot cakes (불티나게 팔린다)는 물건이 판매나 흥행이 잘 되고 있을 때 사용하는 표현으로 문맥상 적절하지 않다.
④ 주어진 bite off more than one can chew(분에 넘치는 일을 하려고 하다)는 능력을 넘어서는 일을 할 때 사용하는 표현으로 문맥상 적절하지 않다.
나머지 선지는 문맥상 적절하지 않으므로 오답이다.

해석

A: 운동 일과를 계속 유지하고 있니?
B: 예전엔 그랬는데, 최근에 느슨해졌어.
A: 다시 시작해도 늦은 게 아니야. 규칙적인 운동은 여러 가지 이점이 있어.
B: 나도 알아, 하지만 오랜 휴식 후에 다시 시작하기가 힘들어.
A: 천천히 시작해. 당장 전력을 다할 필요는 없어. 그냥 시작해봐.
B: 말 되네. 가벼운 운동으로 시작해서 점차적으로 강도를 높여볼게.

① 그냥 한숨 자라
② 불티나게 팔린다

③ 그냥 시작해봐
④ 분에 넘치는 일을 해라

어휘

keep up 유지하다
exercise routine 운동 일과
lately 최근에
slack off 느슨해지다
never too late 너무 늦은 게 아닌
benefit 이점
get back into 다시 시작하다
all-in 전력을 다하다
at once 당장, 즉시
makes sense 말이 되다, 이치에 맞다
light 가벼운
gradually 점차적으로
intensity 강도

13 정답 ④   유형 문법 > 영작

정답해설

④ X (they noticed → did they notice)

더블 출제포인트: 045 not A until B / 176 부정부사 도치

해당 문장에서 부정어구에 해당되는 Not until the sunset이 문두에 강조되어 있으므로 이후의 문장은 도치되어야 한다. 부정어 강조는 무조건 도치에 해당되므로 의문문 어순으로 변경되어야 한다. 따라서 해당 문장의 they noticed를 did they notice로 수정해야 한다.

오답해설

① O

더블 출제포인트: 092 수량형용사 / 004 유도부사

해당 문장의 주어인 obstacles(장애물들)는 복수 명사로 수형용사인 many에 의해 적절하게 수식받고 있다. 더해 해당 문장은 유도부사 구문으로 「There + be동사 + 주어 ~」 구조에서 주어가 복수 명사 obstacles이므로 복수 동사 are가 적절하게 사용되었다.

② O

출제포인트: 026 동사 관용표현

해당 문장의 서술어인 'have access to~'는 '~에 접근하다[접근할 수 있다]'의 의미로 적절하게 사용되었다. access가 '접근하다'라는 동사의 의미 외에도 명사로 '접근'을 뜻함에 유의해야 한다.

③ O

더블 출제포인트: 028 during vs. for / 057 would vs. used to

해당 문장에 사용된 전치사 During은 '~동안에'를 뜻하며 '특정 시간'을 나타내는 표현과 함께 쓰인다. 주어진 문장에서 During의 목적어로 특정 시간인 '나의 방학'을 나타내는 my summer vacations가 사용되었으므로 옳게 사용되었다. 또한 「used to + 동사원형」이 '~하곤 했었다'의 의미로 문맥상 적절하게 사용되었으며, 「go + ~ing」는 '~하러 가다'의 의미로 적절하게 사용되었다.

어휘

obstacle 장애물
subscriber 가입자
sunset 일몰
overcome 극복하다
exclusive 독점적인
notice 주목하다

14 정답 ④   유형 문법 > 영작

정답해설

④ X (is delivered → (should) be delivered)

더블 출제포인트: 058 당위의 조동사 should 생략 / 029 until vs. by

demand는 '요구하다'를 뜻하며 목적어로 온 that절이 당위성을 나타내는 경우 「demand + that + 주어 + (should) + 동사원형」의 형태로 사용되며, 이때 should를 생략할 수 있음에 유의해야 한다. 해당 문장은 주어진 해석 '배달되어야만 한다고 요구했다'를 통해 당위성을 나타냄을 알 수 있으므로 that이 이끄는 절의 is delivered는 should be delivered 또는 be delivered로 수정해야 한다. 더해 해당 문장의 by는 '~까지'를 의미하며, '동작의 완료'를 나타내는 전치사로 적절하게 사용되었다.

오답해설

① O

더블 출제포인트: 118 too vs. enough / 115 부정사의 의미상 주어

「too ~ (for 목적격) to 동사원형」은 '너무 ~하다 …하기에는 (그래서 할 수 없다)'의 의미로 해석한다. 해당 문장은 의미상 주어진 해석에 맞게 적절하게 사용되었으므로 옳은 문장이며, for me는 부정사의 의미상 주어로 적절하게 사용되었다.

② O

더블 출제포인트: 133 라틴어 비교급 / 137 비교 대상 일치

해당 문장의 'be inferior to ~'는 라틴어 비교급에서 온 비교급 관용표현으로 적절하게 사용되었다. 더해 해당 비교급의 비교 대상은 문맥상 The team's performance와 the opponents' performance에 해당되므로 이를 단수형 지시대명사인 that으로 적절하게 사용했다.

③ O

출제포인트: 065 혼합가정법

주어진 문장의 가정법은 '가정법 과거완료[대과거]'인 「If + 주어 + had p.p. ~, 주어 + would[should, could, might] + have + p.p. ~」와 '가정법 과거'인 「If + 주어 + 과거동사[were] ~, 주어 + would[should, could, might] + 동사원형 ~」이 결합되어 생긴 혼합가정법으로 「If + 주어 + had p.p. ~, 주어 + would[should, could, might] + 동사원형 ~」 형태에 해당된다. 이는 '과거의 사건이 현재에 영향을 미칠 때' 문맥상 사용된다. 특히 해당 문장은 시간의 부사인 yesterday와 now가 각각 종속절과 주절에 사용되어 '어제의 사건이 지금에 영향을 미치는 것'을 나타내고 있으므로 혼합가정법의 쓰임은 적절하다.

어휘

suitcase 여행 가방
inferior 열등한
traffic 교통(량)
lift 들다
opponent 상대
demand 요구하다

15 정답 ②   유형 독해 > 연결사

정답해설

(A) 본문은 Mendel의 유전 이론에 관한 서술이다. 빈칸 (A) 이전 문장은 Mendel 이전의 유전에 대한 이해를 서술하며 유전이 부모의 정수를 '섞는 것'이라고 서술하고 있고 빈칸 (A) 이후 문장은 Mendel의 유전 이론을 서술하며 유전이 유전의 '별개 단위의 결과'라고 서술하고 있다. 따라서 두 문장의 내용이 '역접' 관계이므로 (A)에는 Instead(대신에) 또는 However(하지만)가 들어가는 것이 적절하다.

(B) 빈칸 (B) 이전 문장은 Mendel의 유전 이론의 내용을 서술하고 있으나, 빈칸 (B) 이후 문장은 현대의 연구에 따르면, 인간의 특성들이

Mendel의 유전 기론을 반드시 보이는 것은 아니라고 설명하고 있다. 즉, (B) 이후 문장은 (B) 이전 문장의 내용이 반드시 참인 것은 아니라고 서술하고 있어 두 문장은 '역접' 관계로 연결됨을 알 수 있다. 따라서 (B)에는 However(하지만)가 적절하다.
따라서 가장 적절한 연결사로 이어진 것은 ②번 'Instead(대신에) - However(하지만)'이다.

오답해설

① (A) 이전과 이후의 문장이 '역접' 관계이므로, '추가'를 나타내는 연결사인 Furthermore(게다가)는 적절하지 않다. (B) 이전과 이후의 문장이 '역접' 관계이므로, '인과'를 나타내는 연결사인 Therefore(그러므로)는 적절하지 않다.
③ (B) 이전과 이후의 문장이 '역접' 관계이므로, '인과'를 나타내는 연결사인 Thus(그러므로)는 적절하지 않다. Thus(그러므로)는 '요약/결론'을 나타내는 연결사가 아니므로, (B) 이후 문장이 전체 내용의 결론에 해당한다고 하더라도 Thus(그러므로)가 아닌, In short(요약하면) 등의 연결사를 쓰는 것이 적절하다.
④ (A) 이전과 이후의 문장이 '역접' 관계이므로, '예시'를 나타내는 연결사인, For example(예를 들어)은 적절하지 않다. (B) 이전과 이후의 문장이 '역접' 관계이므로, '유사'를 나타내는 Likewise(마찬가지로)는 적절하지 않다.

해석

1860년대에, Gregor Mendel이라는 이름의 한 오스트리아의 수도승이 그의 콩 식물의 실험 연구를 바탕으로 한 새로운 유전 이론을 도입했다. Mendel 이전에, 대부분의 사람들은 파란색과 노란색 물감을 섞는 것이 초록색을 만들어내는 것처럼, 유전이 부모의 '정수'를 섞는 것 때문이라고 믿었다. (A) 대신에, Mendel은 유전이 유전의 별개 단위의 결과이며, 모든 각각의 단위(또는 유전자)가 개인의 게놈에서 독립적으로 작용한다고 믿었다. 이러한 Mendel의 개념에 따르면, 한 특질의 유전은 이 단위들의 전달에 달려있다. 어떤 특질에 있어서도, 한 개인은 각각의 부모로부터 하나의 유전자를 물려받고 그래서 그 개인은 두 개의 유전자 쌍을 가지게 된다. (B) 하지만, 현대의 연구는 인간의 대부분의 특징들이 이 단순한 Mendel의 유전 패턴을 반드시 나타내는 것은 아니며, 환경적 영향뿐 아니라 다수의 유전자들에 의해 통제된다는 것을 밝혀왔다.

	(A)	(3)
①	게다가	그러므로
②	대신에	하지만
③	하지만	그러므로
④	예를 들어	마찬가지로

어휘

monk 수도승
introduce 도입하다, 소개하다
inheritance 유전
essence 정수
heredity 유전, 유전 형질
discrete 별개의
genome 게놈(세포나 생명체의 유전자 총체)
independent 독립적인
trait 특징, 특질
inherit 물려받다, 상속받다
reveal 밝히다, 드러내다
necessarily 반드시, 필연적으로
exhibit 나타내다, 설명하다

16 정답 ③

유형 독해 > 빈칸 완성

정답해설

본문은 서로 다른 방식의 주장을 통해 사실과 가치를 구분하는 방법에 관한 서술이다. 빈칸이 포함된 문장이 2형식 구조로 'Evaluative claims can be ~ (평가하는 주장은 ~일 수 있다)'로 서술되어있는 것으로 보아, 빈칸에는 가치에 대해서 말하는 Evaluative claims(평가하는 주장)의 특징을 나타내는 것이 들어가야함을 알 수 있다. 본문 후반부에서 평가하는 주장의 특징으로 '사람들이 특정한 상황에서 무엇을 해야 하는지를 진술한다', '행동을 지시한다'라고 서술하고 있으므로 빈칸에는 ③번 'prescriptive(규범적인)'가 들어가는 것이 가장 적절하다.

오답해설

① 빈칸에는 특정 행동을 하도록 지시하는 것과 관련된 형용사가 들어가는 것이 가장 적절하다. ①번 'objective(객관적일)'는 행동을 지시하는 것과는 관련이 없으므로, 빈칸에 들어가기에 적절하지 않다.
② 빈칸에는 특정 행동을 하도록 지시하는 것과 관련된 형용사가 들어가는 것이 가장 적절하다. ②번 'alternative(대안적일)'는 행동을 지시하는 것과는 관련이 없으므로, 빈칸에 들어가기에 적절하지 않다.
③ 빈칸에는 행동을 지시한다는 의미의 형용사가 적절하다. ③번 'informative(유익한)'는 지시와는 관련이 없으므로, 빈칸에 들어가기에 적절하지 않다.

해석

사실-가치 구분은 사실과 사람들이 믿음을 바탕으로 사실이어야 한다고 생각하는 것 사이를 구분한다. 사실과 가치 사이의 구분은 항상 명확하지는 않다. 그 차이를 고려하는 한 가지 방법은 서로 다른 주장을 통해서이다. 사람들은 사실에 대해서 기술적인 주장을 사용하여 말하고 가치에 대해서는 평가하는 주장을 통해서 말한다. 기술적인 주장은 세상이 어떤지에 대해서 진술한다. 예를 들어, "오늘 날씨가 화창하다"는 누군가가 관찰하는 것을 단지 기술하기 때문에 기술적이다. 평가하는 주장은 세상이 어때야 하는지에 대해서 진술한다. 평가하는 주장은 규범적일 수 있다 — 즉, 그것들은 사실이 무엇이어야 하는지 또는 사람들이 특정한 상황에서 무엇을 해야 하는지를 진술한다. 예를 들어, "나는 햇볕을 좀 쬐기 위해 밖으로 나가야 한다."는 평가적이다. 그것은 기술적인 주장("오늘 날씨가 화창하다")에 근거를 두고 있지만, 그것은 이 사실을 해석하고 행동("나는 밖으로 나가야 한다.")을 지시한다.

① 객관적인
② 대안적인
③ 규범적인
④ 유익한

어휘

distinction 구분, 차이
distinguish 구별하다, 차이를 보이다
case 사실, 실정
belief 믿음
descriptive 기술적인, 서술하는
claim 주장
evaluative 평가하는
statement 진술, 서술
state 진술하다
given 특정한, 정해진
interpret 해석하다, 이해하다

17 정답 ②

유형 독해 > 제목

정답해설
본문은 진흙이 아이들의 면역력과 건강 증진에 긍정적인 역할을 할 수 있다는 연구 결과들에 관한 서술이다. 본문의 첫 문장에서 설명하고 있는 'hygiene hypothesis(위생 가설)'는 진흙에 노출되는 것이 면역 체계가 적절한 수준으로 작동하도록 할 수 있다는 내용이고, 이후의 내용은 모두 이를 뒷받침하는 연구 결과들이다. 따라서, 이 전체 내용을 함축적으로 표현한 제목으로는 ②번 'Playing in the Mud Can Make Your Children Healthier(진흙 속에서 노는 것이 당신의 아이들을 더 건강하게 만들 수 있다)'가 가장 적절하다.

오답해설
① 본문은 진흙에서 노는 것이 아이들의 건강을 증진시킬 수 있다는 내용이다. 본문에서 진흙에 들어 있는 우호적인 박테리아들에 관한 서술이 등장하나, 이는 진흙의 이점을 설명하기 위한 내용이다. 또한, 본문 전체의 핵심 소재는 진흙이며, 박테리아에 초점을 맞출 경우 본문에서 제시하고 있는 내용보다 광범위해져 글 전체의 초점과 어긋나게 된다. 따라서, ①번 'Encounter Friendly Bacteria To Keep Healthy(건강을 유지하기 위해 우호적인 박테리아들과 마주쳐라)'는 핵심 소재가 본문과 일치하지 않아 이 글의 제목으로 적절하지 않다.
③ 본문에 스트레스 반응을 줄이는 내용이 등장하나, 이는 진흙이 주는 이점 중 하나에 해당하는 것이다. 따라서, ③번 'Better Immune System Comes from Lessening Stress Responses(더 나은 면역 체계는 스트레스 반응을 줄이는 것으로부터 나온다)'는 글 전체의 내용을 함축적으로 표현할 수 없어 이 글의 제목으로 적절하지 않다.
④ 본문에서 서술하고 있는 '위생 가설'의 내용이 위생적인 상태를 유지하라는 것이 아니므로, ④번 'Hygiene Is Essential in Boosting Your Children's Immune System(당신 아이들의 면역 체계를 증진시키는 데 있어 위생이 필수적이다)'은 이 글의 내용과 상이하여 제목으로 적절하지 않다.

해석
'위생 가설'이라고 불리는 주목할 만한 한 연구는 진흙이 오랜 진화의 친구와 같다고 주장했다. 그것은 인간에게 질병을 야기하지 않을 수도 있는 많은 우호적인 박테리아에게 적합한 환경을 제공할 수 있지만, 그것들에 약간 노출되는 것이 면역 체계가 적절한 수준으로 작동하도록 유지할 수 있다. 그 가설은 또한 이 노출이 부족한 아이들은 해롭지 않을 수도 있는 자극에 민감한 면역 체계가 생기게 될 수 있다고 말한다. 몇몇 연구들은 들판에서 자란 아이들이 천식, 건초열, 그리고 다른 비슷한 장애가 생길 가능성이 적다는 것을 시사함으로써 이 생각을 뒷받침했다. 한 국제 매스컴에 따르면, 진흙에 노출되는 시골 환경에서 자라는 아이들은 그들의 행복에 실제적인 위협을 제기하지 않는 사회적 위협에 약화된 스트레스 반응을 보인다. 더 많은 연구들이 소화 체계의 평형을 유지하는 데 있어 건강한 위장 박테리아의 역할을 증명해 왔는데, 진흙에서 노는 것이 그것을 도울 수 있다.
① 건강을 유지하기 위해 우호적인 박테리아들과 마주쳐라!
② 진흙 속에서 노는 것이 당신의 아이들을 더 건강하게 만들 수 있다!
③ 더 나은 면역 체계는 스트레스 반응을 줄이는 것으로부터 나온다!
④ 당신 아이들의 면역 체계를 증진시키는 데 있어 위생이 필수적이다!

어휘
hygiene 위생
hypothesis 가설
exposure 노출
immune system 면역 체계
moderate 적당한, 보통의
scale 규모, 범위, 등급
stimulus (복수형: stimuli) 자극
asthma 천식
hay fever 건초열
disorder 장애[이상]
media outlet (신문, 방송 따위의) 매스컴
rural 시골의
mute 약화[완화]하다; 소리를 줄이다
stomach 위장, 복부
pose 제기하다
equilibrium 평형
digestive 소화의

18 정답 ③

유형 독해 > 삽입

정답해설
본문은 전통적인 매장 방식의 문제점과 그것에 대한 해결책인 지속 가능한 매장의 대안에 대한 소개이다. 주어진 문장은 '역접'의 연결사인 However(하지만)로 시작해 '더 지속 가능한 죽음 처리'의 대안들이 제안되고 있다고 서술하고 있다. 그러므로 주어진 문장 이전에는 '부정적인 영향을 주는 죽음 처리'의 방법들을 소개하고, 주어진 문장 이후에는 지속 가능한 죽음 처리의 대안들에 대한 소개가 이어지는 것이 문맥상 자연스럽다. 주어진 글에서 ③번 이전 문장까지 전통적인 매장 방식이 환경에 어떠한 부정적 영향을 주는지 서술하고 있으며, ③번 이후 문장부터 새로운 죽음 처리 방식들에 대한 소개가 이어진다. 따라서 주어진 문장은 ③번에 들어가는 것이 흐름상 가장 자연스럽다.

오답해설
④ ③번 이후 문장이 이전 문장과 마찬가지로 화장에 대해 다루고 있으므로, ④번 이후 문장부터가 새로운 죽음 처리의 대안에 대한 소개라고 생각될 수 있다. 하지만, ④번 문장은 ③번 문장과 마찬가지로 죽음 처리의 대안에 대한 소개이므로, ③번과 ④번 문장은 서로 자연스럽게 이어진다. 따라서, 주어진 문장이 ④번에 들어가는 것은 흐름상 자연스럽지 않아 오답이다.
①, ② 나머지는 모두 흐름상 자연스럽지 않으므로 오답이다.

해석
전통적인 매장 방식들은 다양한 방식으로 지구에 해를 끼친다. 몸을 보존하는 것[방부 처리]은 한 사람의 시신이 장례식에서 내놓을만하게 하기 위해 시신의 부패를 느리게 한다 — 하지만 장례식 이후, 몸을 보존하는 데 사용된 화학물질들은 땅속으로 스며든다. (①) 장례식 관은 엄청난 양의 목재와 금속을 필요로 하고, 묘지는 종종 그것들을 보호하기 위해 땅속에 콘크리트로 된 지하 납골당들을 짓는다. (②) 심지어 몸을 태우는 것[화장]조차도 많은 연료를 필요로 하고 일 년에 수백만 톤의 이산화탄소 배출을 만들어낸다. (③) **하지만, 다양한 이론상으로 더 지속 가능한 죽음 처리의 대안들이 점점 더 제안되고 있다.** 2022년에, 대주교 Desmond Tutu는 불길에 의해서가 아니라 물에 의해서 태워지는[화장되는] 것을 선택했다. (④) 2019년에 배우 Luke Perry는 면으로 만들어지고 버섯 포자가 뿌려진 "버섯 옷" 안에 묻혔다. 올해 초에는, New York 주가 인간 비료화처리를 합법화한 여섯 번째 주가 되었다. 모두 사후 세계를 더 친환경적으로 만들기 위한 분투의 일부이다.

어휘

burying 매장
decay 부패
presentable (모습이) 남 앞에 내놓을 만한
funeral 장례식
cemetery 묘지
concrete 콘크리트로 된
emission 배출
theoretically 이론상으로
alternative 대안
offer 제안하다
flame 불길
spore 포자
legalize 합법화하다
composting 비료화처리
push 분투
afterlife 사후 세계

19 정답 ③   유형 독해 > 요지

정답해설

본문은 딴 데 정신이 달리는 것의 장점에 관한 서술이다. 본문의 초반부에서 '딴 데 정신이 팔린 교수' 증후군을 소개하며 딴 데 정신이 팔린 것이 부정적으로 보일 수 있다는 점을 서술하고 있다. 이후 본문에서 역접을 나타내는 But(하지만)을 통해 딴 데 정신이 팔린 것이 부정적으로 보일 수 있다는 생각과는 반대로 오히려 현실에 너무 유념하는 것으로는 얻을 수 없는 경험과 지식을 준다고 서술하고 있다. 따라서, 이 전체 내용에 대한 요지로는 ③번 'Absent-mindedness gives us more beyond the present(딴 데 정신이 팔리는 것은 우리에게 현재를 넘어선 더 많은 것을 준다).'가 가장 적절하다.

오답해설

① 본문은 유념하기에 대한 서술이 아니므로, ①번 'Mindfulness is a sure way to success(유념하기는 성공의 확실한 방법이다).'는 이 글의 요지로 적절하지 않다.
② 글쓴이의 주장으로는 딴 데 정신이 팔리는 것이 현재에 집중하는 것으로 얻을 수 없는 경험과 지식을 얻는 방법이므로, ②번 'Absent-mindedness is a way to focus on the present(딴 데 정신이 팔리는 것은 현재에 집중하는 방법이다).'는 이 글의 요지로 적절하지 않다.
④ 글쓴이는 방심의 장점에 초점을 맞추고 있으므로, ④번 'Mindlessness has its shortcomings but also has its strengths(방심은 단점이 있지만 또한 강점도 가지고 있다).'는 이 글의 요지로 적절하지 않다.

해석

우리 모두 현재를 놓치고 또 다른 세상 속으로 멀리 거닐고 있는 순간이 있다. 과학자들, 시인들, 철학자들과 창의적인 사람들은 그들의 딴 데 정신이 팔린 방식인, 소위 '딴 데 정신이 팔린 교수' 증후군으로 가장 악명이 높다. Einstein은 한때 자신의 주소를 잊어버려서 그가 일하던 대학에 그것을 물어보려고 전화한 적이 있었다! 여기와 지금에 집중한 사람에게, 딴 데 정신이 팔리는 것은 세속적인 성공으로부터 당신을 저지하는 부정적인 것으로 보일 수 있다. 하지만 잠깐만 기다려보라. 누가 딴 데 정신이 팔린 것이 집중이 부족한 것'이라고 말하는가? 방심은 마음이 열린 눈에는 보이지 않는 흥미로운 미로를 통과해 거닐고 있다는 것을 의미한다. 그것은 현재의 현실에 너무 유념하는 것이 우리에게 줄 수 없는 경험과 지식을 우리가 흡수할 수 있도록 하는 유념하지 않음을 가리킨다.

① 유념하기는 성공의 확실한 방법이다.
② 딴 데 정신이 팔리는 것은 현재에 집중하는 방법이다.
③ 딴 데 정신이 팔리는 것은 우리에게 현재를 넘어선 더 많은 것을 준다.
④ 방심은 단점이 있지만 또한 강점도 가지고 있다.

어휘

lose track of ~을 놓치다
stroll 거닐다
notorious 악명 높은
absent-minded 딴 데 정신이 팔린, 건망증이 심한
hence 이런 이유로
syndrome 증후군
hold back 저지하다, 억제하다
worldly 세속적인, 속세의
fascinating 흥미로운, 매력적인
mindlessness 유념하지 않음
soak up 흡수하다
mindfulness 유념함, 마음 챙김

20 정답 ③   유형 독해 > 배열

정답해설

본문은 실존주의의 개념에 관한 서술이다. 주어진 문장은 실존주의의 기본적 믿음을 소개하고 있다. (C)는 실존주의 이전에 널리 퍼져 있던 essentialism(실재론)에 관해 서술하고 있으며 (A)의 questioned essentialism(실재론에 이의를 제기하다)으로 보아 이러한 실재론에 대해 의문을 갖게 된 계기를 소개하고 있음을 알 수 있으므로, (C) - (A)의 순서로 이어지는 것이 적절하다. 더해 (A)의 마지막 문장에서 실재론에 대한 의문에 existentialism provided a possible answer(실존주의가 답을 제공했다)고 설명하고 있는데, (B)의 첫 부분에서 'the answer lies'라는 표현을 사용하고 있으므로 (B)의 내용이 어떤 질문에 대한 대답임을 알 수 있다. 또한, (B)의 두 번째 문장에서 실존주의자들에 대해 언급하고 있으므로 (B)의 내용이 실존주의 입장에서의 서술임을 알 수 있다. 즉, (B)는 실존주의 입장에서 본질을 결정하는 것이 무엇인지에 대한 '해답을 제시한다'라는 설명이다. 따라서 (A) - (B)의 순서로 이어지는 것이 적절하므로 정답은 ③ (C) - (A) - (B)가 가장 적절하다.

오답해설

② (B)의 첫 부분에서 'the answer(그 답)'가 가리키는 것이 (A)의 마지막 부분에서 서술하고 있는, 실존주의가 제공하는 대답에 해당하므로, (A) - (B)의 순서로 이어지는 것이 자연스럽다. 주어진 문장에는 (B)의 'the answer(그 답)'가 지칭하는 것이 서술되어있지 않으므로, 주어진 문장 이후에 바로 (B)가 이어지는 것은 자연스럽지 않다.
①, ④ (C)는 실재론에 관한 서술이고, (A)는 실재론에 대해 의문을 갖게 된 상황을 서술하고 있으므로, (C) - (A)의 순서가 자연스럽다. ①, ④번은 모두 (C) - (A)의 순서로 배열되어 있지 않아 오답이다.

해석

실존주의는 우리가 각각 우리 인생의 목적 또는 의미를 만들어낼 책임이 있다는 철학적 믿음이다.
(C) 신, 정부, 선생님들, 또는 다른 권한들이 우리에게 목적과 의미를 주는 것이 아니다. 실존주의 이전에는 실재론이 미리 결정된 계획을 염두에

두고 각각의 존재를 창조한 강력한 신을 강조한 종교적인 사상에 상당한 중점을 둔 수천 년 동안 널리 퍼져 있던 믿음이다.

(A) Søren Kierkegaard와 Friedrich Nietzsche를 포함한 철학자들이 19세기에 실재론에 이의를 제기한 반면, Jean-Paul Sartre는 2차 세계대전의 끔찍한 사건들에 뒤이어 20세기 중반에 실존주의를 많은 사람들에게 알렸다. 사람들이 Holocaust와 같은 끔찍한 어떤 일이 어떻게 미리 결정된 목적을 가지고 있을 수 있었는지에 대해 의문을 제기하면서, 실존주의는 가능한 대답을 제공했다.

(B) 어쩌면 그 답은 강력한 존재가 아니라, 개인이 그들의 본질을 결정한다는 사실에 있다. 반드시 무신론자일 필요는 없지만, 실존주의자들은 당신을 특정 방향으로 적극적으로 밀어붙이고 있는 신의 개입, 운명, 또는 외부의 힘이 없다고 믿는다.

어휘

existentialism 실존주의
philosophical 철학적인
philosopher 철학자
question 이의를 제기하다, 의심하다
essentialism 실재론, 본질주의
popularize 많은 사람들에게 알리다, 보급하다
predetermined 미리 결정된
essence 본질
divine 신의, 신성한
intervention 개입, 중재
authority 권한
prevalent 널리 퍼져 있는, 일반적인
considerable 상당한
religious 종교적인
emphasize 강조하다

4회 꼼꼼한 고퀄리티 해설

기출 DATA: 2022 지방직 9급

빠른 정답 Check									
01	④	02	①	03	①	04	③	05	③
06	④	07	④	08	②	09	①	10	④
11	③	12	④	13	②	14	②	15	①
16	④	17	②	18	④	19	②	20	②

01 정답 ④
유형 어휘 > 유의어 찾기

정답해설

밑줄 친 perspicuous는 '명확한, 명쾌한'을 뜻한다. 따라서 perspicuous 와 의미가 가장 가까운 것은 ④ obvious(분명한, 명백한)이다.

해석

그 연설가는 방에 있는 모든 사람이 그녀가 의미했던 것을 이해할 수 있도록 자신의 생각을 <u>명확한</u> 방식으로 전달하려고 노력했다.
① 이상한, 기묘한, 훌수의
② 모호한, 막연한, 흐릿한
③ 수동적인, 소극적인
④ 분명한, 명백한

어휘

try to 동사원형 ~하려고 노력하다 convey 전달하다
manner 방식 understand 이해하다, 알아듣다

02 정답 ①
유형 어휘 > 유의어 찾기

정답해설

밑줄 친 alleviate는 '온화하다, 경감하다'를 뜻한다. 따라서 alleviate와 의미가 가장 가까운 것은 ① ease(완화하다, 경감하다)이다.

해석

새로 시행된 정책은 인구 조밀 지역의 교통 혼잡을 <u>완화하는</u> 것을 목표로 한다.
① 완화하다, 경감하다, 덜어주다
② 모방하다, 흉내 내다
③ 식별하다, 알아보다
④ 버리다, 그만두다, 단념하다

어휘

implement 시행하다
policy 정책, 방침
aim to 동사원형 ~하는 것을 목표로 하다
traffic congestion 교통 혼잡
densely 밀집하여
populate 장소를 차지하다, 거주시키다

03 정답 ①
유형 어휘 > 유의어 찾기

정답해설

밑줄 친 In spite of는 '~에도 불구하고'를 뜻한다. 따라서 In spite of와 의미가 가장 가까운 것은 ① In the face of(~에도 불구하고)이다.

해석

지구 온난화의 심각성<u>에도 불구하고</u>, 몇몇 사람들은 환경을 돌보는 것이 중요하다고 생각하지 않는다.
① ~에도 불구하고, ~에 직면하여
② ~을 고려하여, ~을 감안하여
③ ~의 결과로서, ~에 뒤이어
④ ~할 경우에는

어휘

seriousness 심각성, 진지함 global warming 지구 온난화
take care of ~을 돌보다, 신경 쓰다

04 정답 ③
유형 어휘 > 빈칸 완성

정답해설

주어진 문장에서 주력 제품의 매출 수익에 관해 서술하고 있으며, 빈칸 이후에 부분, 비율을 나타내는 one-third(3분의 1)가 제시된 것으로 보아 빈칸에는 ③ account for((부분, 비율)을 차지하다)가 가장 적절함을 알 수 있다. 기출에 출제되었던 퍼센트 표현뿐만 아니라 분수 표현도 부분이나 비율을 나타내는 표현임에 유의해야 한다. 더해 account for는 '(부분, 비율)을 차지하다'라는 뜻 외에도 '설명하다'라는 의미가 있으므로 문맥상 쓰임에 주의해야 한다.

해석

주력 제품의 매출은 회사 전체 수익의 거의 3분의 1을 <u>차지한다</u>.
① 제외시키다, 배제하다
② 속이다, 혹사하다
③ (부분, 비율을) 차지하다, 설명하다, 해명하다
④ 없애다, 생략하다, ~없이 지내다

어휘

flagship product 주력 제품 nearly 거의
revenue 수익, 수입

05 정답 ③
유형 문법 > 문장

정답해설

③ X (stand → stands)

출제포인트: 179 장소, 방향과 시간의 부사구 도치

해당 문장에서 장소의 부사구인 Among the people이 문두로 강조되었으므로 이후의 문장이 「동사 + 주어」 어순으로 도치되었다. 따라서 주어인 a symbol이 단수 명사이므로 이에 따라 동사도 단수 동사를 사용해야 한다. 따라서 주어진 문장의 stand를 stands로 수정해야 한다.

오답해설

① O

출제포인트: 035 전치사 관용 표현

주어진 문장의 Owing to는 전치사 관용 표현으로 '~때문에'를 뜻한다. Owing to는 명사(구)를 목적어로 가져야 하므로 적절하게 사용되었다.

② O

출제포인트: 055 수동태 표현
explain은 타동사로 수동태로 나타낼 때 'be explained to ~(~에게 설명되다)'의 형태로 사용한다. 따라서 해당 문장은 문맥상 적절하게 사용되었다.

④ O

더블 출제포인트: 004 유도부사구문 / 146 주격 관계대명사
해당 문장은 유도부사구문인 「There + 완전 자동사 + 주어」 형태로, 주어가 a female이며 동사는 완전자동사의 과거 형태인 remained로 옳게 사용되었다. 또한 주어인 a female은 주격관계대명사인 that played ~ role이 적절하게 수식하고 있다. 더해 관계사절의 서술어인 played a important role은 '중요한 역할을 했다'를 뜻하는 관용표현으로 문맥상 적절하게 사용되었다.

해석
① 폭우 때문에 행사가 취소되었다.
② 새 프로젝트 계획은 그 팀에 설명될 것이다.
③ 사람들 중에 통합과 희망의 상징이 서 있다.
④ 중요한 역할을 한 여성이 남아 있었다.

어휘
explain 설명하다   among ~ 중에
stands 서 있다   unity 통합
female 여성   play a role 역할을 하다

06 정답 ④   유형 문법 > 문장

정답해설
④ X (have exceeded → has exceeded)

출제포인트: 183 a number of vs. the number of 수일치
주어진 문장의 주어부는 The number of students에 해당되며 '학생들의 (그) 숫자'를 뜻한다. 이때 동사와 수일치를 이룰 주어는 단수 명사인 The number이므로 동사는 단수 동사 형태여야 한다. 따라서 복수 동사 형태인 have exceeded는 단수 동사 형태인 has exceeded로 수정해야 한다. 참고로 「the number of + 복수명사」가 주어로 사용될 경우 '~의 (그) 숫자'를 뜻하며 단수 취급하는 반면에, 「a number of + 복수명사」가 주어로 사용될 경우 '많은 ~들'을 뜻하며 복수 취급함에 주의해야 한다.

오답해설
① O

더블 출제포인트: 154 복합 관계대명사 / 006 타동사로 착각하기 쉬운 자동사
whatever는 복합 관계대명사로 「선행사 + whatever + 불완전한 문장」 형태로 사용된다. 해당 문장에서 Whatever는 선행사를 갖지 않았으며, 동사 happens의 주어가 없으므로 주격으로 사용된 복합 관계대명사로 적절하게 사용되었다. 이때 happen은 완전 자동사임에 주의해야 한다.

② O

출제포인트: 138 the+비교급, the+비교급
주어진 문장은 「the + 비교급 ~ , the + 비교급」 구문이 사용된 문장으로 '~할수록, 더 ...하다'를 뜻한다. 해당 문장에서 비교급인 harder와 better는 각각 부사 hard와 형용사 good의 비교급 형태로 문두에 강조되어 옳게 사용되었다. 비교급 강조 이전의 문장은 'As she works harder, her performance becomes better'이다.

③ O

출제포인트: 093 수량형용사+측정 단위명사+명사
주어진 문장의 fifty years old는 「수사 + 측정 단위명사 + 형용사」 형태로 쓰여 be동사의 보어의 역할을 하는 서술적 용법으로 사용되었으며, 측정 단위명사인 복수명사 years는 적절하게 사용되었다. 더해 「수사 + 측정 단위명사 + 형용사」가 명사를 수식하는 한정적 용법으로 사용될 경우 'fifty(-)year(-)old trees'처럼 단수 형태의 측정 단위명사를 사용함에 유의해야 한다.

해석
① 무슨 일이 생기든, 우리는 팀으로서 함께 마주할 것이다.
② 그녀가 더 열심히 일할수록, 그녀의 성과는 더 좋아진다.
③ 공원에 있는 참나무는 50년 된 것으로 추정된다.
④ 학생 수가 이용 가능한 좌석 수를 초과했다.

어휘
happen 일어나다   face 마주하다
performance 성과, 공연   oak tree 참나무
be estimated to ~로 추정되다   exceed 초과하다
available 이용 가능한

07 정답 ④   유형 문법 > 영작

정답해설
④ X (when → than 또는 No sooner → Hardly[Scarcely])

출제포인트: 040 '~하자마자' 구문
해당 문장은 주어진 우리말 해석상 '~하자마자' 구문에 해당되며, 「No sooner + had + 주어 + p.p. ~ than 주어 + 과거동사」의 형태로 쓰인다. 따라서 해당 문장은 연결사인 when을 than으로 수정해야 한다. 또는 같은 표현으로 「Hardly[Scarcely] + had + 주어 + p.p. ~ when/before 주어 + 과거동사」 형태로 No sooner을 Hardly 또는 Scarcely로 수정해야 한다.

오답해설
① O

출제포인트: 090 형용사를 보어로 취하는 동사
주어진 문장은 「keep + 목적어 + 형용사[분사]」 형태의 문장으로 '~을 ...한 상태로 유지하다'를 뜻한다. 해당 문장은 문맥상 적절하게 사용되었다.

② O

출제포인트: 120 to부정사 주요 표현
「It + takes + 사람[주체] + 시간 + to 동사원형」 표현은 '~이 ...하는데 (시간)이 걸리다'를 뜻한다. 해당 문장은 주어진 우리말 해석상 적절하게 사용되었다. 이때 「It + takes + 사람[주체] + 시간 + to 동사원형」은 「It + takes + 시간 (+ for 목적격[주체]) + to 동사원형」으로 대신 할 수 있다.

③ O

출제포인트: 085 대명사 표현
'A is one thing and B is another'는 대명사 기출 표현으로 'A와 B는 별개의 것이다'를 뜻한다. 주어진 우리말 해석상 적절하게 사용되었다.

어휘
employee 직원   motivated 동기 부여되는
adjust 적응하다   unfamiliar 낯선
surroundings 환경   master 숙달하다

08 정답 ②

유형 문법 > 영작

정답해설

② X (might have → might have had)

더블 출제포인트: 063 가정법 과거 vs. 가정법 과거완료 / 066 if 생략 가정법

해당 문장은 주절에 과거의 시점을 나타내는 부사 then이 존재하므로 과거 사실에 대한 반대를 가정하는 가정법 과거완료[대과거]를 사용해야 한다. 주어진 문장은 가정법 과거완료[대과거] 형태인 「If + 주어 + had + p.p.~, 주어 + would[should, could, might] + have p.p. ~.」에서 If를 생략한 후 If절을 도치한 형태인 「Had + 주어 + p.p. ~, 주어 + would[should, could, might] + have p.p. ~.」에 해당된다. 주어진 문장에서 종속절은 Had he invested wisely로 올바르게 제시되었으나, 주절의 동사가 가정법 과거완료[대과거] 형태가 아닌 가정법 과거이므로 옳지 않다. 따라서 might have는 might have had로 수정해야한다. 더해 종속절의 If가 생략되기 전 문장 형태는 'If he had invested wisely, he might have had returns then.'에 해당된다.

오답해설

① O

출제포인트: 181 명사-대명사 수일치

해당 문장의 주어는 「의문사 + to 동사원형」 형태의 명사구인 How to solve the problem에 해당된다. 명사구는 단수 취급하므로 be동사의 단수형태인 is가 적절하게 사용되었다.

③ O

출제포인트: 006 타동사로 착각하기 쉬운 자동사

refrain은 타동사로 착각하기 쉬운 자동사로 'refrain from ~'은 '~을 삼가다, 자제하다'를 뜻한다. 해당 문장은 주어진 우리말 해석상 적절하게 사용되었다. 더해 해당 문장의 use는 '사용, 이용'을 뜻하는 명사로 사용되었음에 유의해야 한다.

④ O

더블 출제포인트: 027 against vs. for / 121 동명사의 역할

주어진 문장의 is against the law는 '위법이다'의 의미이며, under the influence of alcohol은 '술에 취한 상태로'의 의미이므로 주어진 우리말 해석상 적절하게 사용되었다. 이에 더해 동명사구 주어인 Driving under the influence of alcohol은 단수 취급하므로 단수 동사인 is로 적절하게 수일치 하였다.

어휘

invest 투자하다
wisely 현명하게
return 이익, 수익
excessive 과도한
driving under the influence of alcohol 음주 운전

09 정답 ①

유형 생활영어 > 대화

정답해설

주어진 대화에서 A가 B에게 물건 '가격'을 묻자 B가 'It's a steal(정말 싸게 샀어).'이라고 대답한 후 'I got ripped off.(난 바가지를 썼어).'라고 대답하고 있으므로 두 가지 대답이 모순되어 어색하다. 'It's a steal.' 대신 'It cost me an arm and a leg(그것은 큰돈이 든다)' 등으로 수정하는 것이 적절하다.

오답해설

② take a rain check은 '다음을 기약하다'의 의미로 '저녁 일정 제안에 대한 거절'로 적절하게 사용되었다.
③ A가 '새로운 직장'에 관해 묻자 B가 'have had enough(이미 충분하다, 넌더리가 난다)'로 대답하는 것을 보아 직장에 불만을 나타내고 있음을 알 수 있다. 따라서 이어지는 'The workload is too much(업무량이 너무 많아).'는 적절하게 사용되었다.
④ cut corners는 '절차를 무시하다'라는 의미로 쓰여 문맥상 '버그의 원인'이 됨을 유추할 수 있으므로 적절한 대화에 해당된다.

해석

① A: 그거 얼마에 샀어?
   B: 정말 싸게 샀어. 난 바가지를 썼어.
② A: 오늘 저녁에 우리랑 같이 할래?
   B: 아니, 다음을 기약하고 싶어.
③ A: 새로운 직장은 어때?
   B: 넌더리가 난다. 업무량이 너무 많아.
④ A: 소프트웨어에 왜 이렇게 버그가 많아?
   B: 사실, 테스트 단계에서 절차를 무시했어.

어휘

workload 업무량   phase 단계

10 정답 ④

유형 생활영어 > 빈칸

정답해설

해당 대화에서 A와 B는 '선거'에 대해 이야기를 나누고 있다. 대화를 통해 투표에 회의적인 B에게 A가 선거 참여의 중요성에 대해서 전하는 것을 알 수 있다. 특히 빈칸 이전에 A가 'our vote is your voice in shaping the country's direction(네 투표는 나라의 방향을 형성하는 너의 목소리야)'이라고 언급하고 있고 이어지는 빈칸 이후의 표현에서는 B가 선거에 참여 의사를 나타내고 있으므로 빈칸에는 B가 A의 의견에 '동의'하고 있음을 유추할 수 있다. 따라서 빈칸에 들어갈 말은 ④ I can't agree with you more(전적으로 당신에게 동의해).가 가장 적절하다. 부정을 나타내는 can't agree가 포함되어있지만, 부정문이 아닌 관용표현으로 '동의'를 나타내므로 의미에 주의해야 한다.

오답해설

나머지 선택지는 문맥상 적절하지 않으므로 오답이다.

해석

A: 선거가 다가오고 있어. 투표할 계획이 있어?
B: 나는 투표에 노력할 가치가 있는지 확신이 안 서. 나는 정치에 깊이 관여되고 (싶지) 않아.
A: 투표는 우리의 삶에 영향을 미치는 정책에 영향을 미쳐. 발언권을 가질 가치가 있어.
B: 일리 있네. 그런데 그것에 관한 많은 정보에 압도당하는 느낌이야.
A: 이해해. 너는 너에게 가장 중요한 몇 가지 주요 이슈에 집중할 수 있어.
B: 가능해 보이네. 우선순위를 두고 그 문제들에 대한 정보를 모을게.
A: 좋아! 네 투표는 나라의 방향을 형성하는 너의 목소리야.
B: 전적으로 너에게 동의해. 다가오는 선거에서 정보에 입각한 결정을 내릴 거야.

① 네가 나에게 호의를 베푼다
② 네가 이를 악물고 참는다
③ 그들은 결혼할 것이다
④ 전적으로 너에게 동의해

어휘

election 선거
politics 정치
have a say 발언권을 가지다
matter 중요하다
prioritize 우선순위를 두다
tie the knot 결혼하다
bite the bullet 고통을 견디다
vote 투표하다
policy 정책
overwhelmed 압도당한
manageable 가능한, 다루기 쉬운
informed decision 정보에 입각한 결정
do me a favor 나에게 호의를 베풀다

11 정답 ③ 유형 독해 > 배열

정답해설

본문은 기압과 날씨의 관계에 관한 서술이다. 주어진 문장은 저기압의 정의와 특징에 관해 서술하고 있으며, (C)는 주어진 문장에 이어 저기압 지역에서 나타나는 날씨의 특징에 관해 서술하고 있다. 또한, (C)의 마지막 문장에서 저기압 지역에서 구름이 극심한 날씨 변화를 막는다는 내용이 As a result(그 결과)로 시작되어 극심한 온도 변화가 일어나지 않는 상황에 관해 서술하는 (A)의 첫 문장과 '인과' 관계로 연결되므로, 주어진 문장 이후에 (C) – (A)의 순서로 배열되는 것이 적절하다. 더해 (A)의 마지막 문장에서는 고기압 시스템의 정의에 관해 서술하고 있으며, (B)는 이에 이어 고기압 지역의 날씨 특징에 관해 서술하고 있으므로, (A) – (B)의 순서로 배열되는 것이 적절하다. 따라서 주어진 문장 이후에 ③번 '(C) – (A) – (B)'의 순서로 배열되는 것이 흐름상 가장 자연스럽다.

오답해설

①, ④ (C)의 마지막 문장과 (A)는 '인과' 관계로 연결되어 있어 (C) – (A)의 순서가 자연스러우나, ①, ④번은 모두 (C) – (A)로 연결되어 있지 않아 오답이다.
② 주어진 문장, (C), (A)의 첫 문장이 모두 저기압 지역에 관한 설명이며, 고기압 지역에 관한 서술은 (A)의 마지막 문장과 (B)에서 등장하므로, (A) – (B)의 순서로 연결되는 것이 자연스럽다. ②번은 (A) – (B)의 순서로 배열되어 있지 않아 오답이다.

해석

저기압 시스템은 대기의 압력이 그것의 환경보다 더 낮은 지역이다. 저기압 시스템은 보통 높은 바람, 따뜻한 공기, 그리고 대기의 상승과 관련이 있다.
(C) 이러한 조건하에서, 그것들은 구름, 강우, 그리고 열대성 태풍과 사이클론과 같은 다른 사나운 날씨를 만들어낸다. 저기압 지역들은 그것들 위의 구름이 들어오는 태양의 복사에너지를 대기 중으로 반사하기 때문에 극심한 온도 변화를 가지지 않는다.
(A) 그 결과, 그것들은 낮 동안 (또는 여름에) 그렇게 많이 따뜻해지지 못하고, 밤에는 구름이 담요와 같은 역할을 하여 아래의 열을 가둔다. 고기압 시스템은 대기의 압력이 그것의 환경보다 더 큰 지역이다.
(B) 고기압 시스템은 보통 맑은 하늘과 고요한 날씨와 관련이 있다. 고기압 지역은 들어오는 태양의 복사에너지를 막고 밤에 밖으로 나가는 장파 복사에너지를 가둘 구름이 없기 때문에 온도 변화에 있어서 극단적인 상태를 겪는다.

어휘

atmospheric 대기의
blanket 담요
extreme 극단적인 상태, 곤경, 궁지
surroundings 환경, 주위의 상황
trap 가두다
incoming 들어오는
radiation 복사에너지
long wave 장파의
turbulent 사나운, 험한, 폭풍우의
cyclone 사이클론(인도양의 강한 열대성 저기압)
outgoing 나가는
rainfall 강우(량)
tropical 열대 지방의, 열대의

12 정답 ④ 유형 독해 > 배열

정답해설

본문은 조개껍데기를 귀에 가져다 댈 때 파도 소리를 들을 수 있는 이유에 관한 서술이다. 주어진 문장은 이 소리를 듣기 위해 조개껍데기가 필요하지 않을 수도 있다고 서술하고 있으므로, 주어진 문장 이후에는 조개껍데기 이외에 다른 방법으로 파도 소리를 들을 수 있는 방법에 대해 소개하는 내용이 이어지는 것이 적절하다. ④번 이전까지는 모두 조개껍데기와 관한 서술인 반면, ④번 이후 문장은 빈 컵이나 손을 동그랗게 모아 쥠으로써 똑같은 소리를 만들어낼 수 있다고 설명하고 있으므로 주어진 문장은 ④번에 들어가는 것이 흐름상 가장 적절하다.

오답해설

①, ②, ③ 나머지 선지는 모두 흐름상 자연스럽지 않으므로 오답이다.

해석

당신이 바다에서 아무리 멀리 떨어져 있다 하더라도, 당신은 여전히 조개껍데기 하나를 귀에 가져다 대고 파도가 해안으로 굽이치는 소리를 들을 수 있다. 이 파도 같은 소리에 대한 가장 그럴듯한 설명은 당신 주변의 배경 소음이다. (①) 당신이 당신의 귀에서 약간 위에 들고 있는 조개껍데기는 이 소음을 포착하고, 이 소음이 조개껍데기의 내부에서 메아리친다. (②) 그러므로, 조개껍데기의 크기와 모양이 당신이 듣는 소리에 약간의 영향을 미친다. (③) 다른 조개껍데기는 다른 진동수를 두드러지게 하기 때문에 다른 조개껍데기는 다른 소리를 낸다. (④) **당신은 이 소리를 듣기 위해 조개껍데기가 필요하지 않을 수도 있다.** 당신은 빈 컵을 사용하거나 당신의 귀 위에 손을 동그랗게 모아 쥠으로써 똑같은 "바다의" 소리를 만들어낼 수도 있다. 이 소리의 크기는 컵에서 당신의 귀까지의 각도와 거리에 따라 달라질 수 있다.

어휘

seashell 조개껍데기
roll (파도가) 굽이치다
shore 해안
explanation 설명
slightly 약간, 조금
echo 메아리치다
accentuate 두드러지게 하다
frequency 진동수
cup 손을 (컵 모양으로) 동그랗게 모아 쥐다
angle 각도

13 정답 ② 유형 독해 > 제목

정답해설

본문은 모든 문명의 공통 요소들에 관한 서술이다. 본문의 초반부는 모든 문명이 특정한 특징을 가지고 있다고 설명하고 있으며 이후 본문의 중반부에서 후반부는 모두 문명들의 공통적인 요소들을 나열하고 있다. 따라서 이 글의 전체 내용을 함축적으로 표현한 제목으로는 ②번 'What Are the

Shared Elements of All Civilizations(모든 문명의 공통된 요소들은 무엇인가)?'가 가장 적절하다.

오답해설

① 본문은 모든 문명의 공통적인 요소에 관한 서술이며, 문명 발달의 단계에 관해 서술하고 있지 않으므로, ①번 'What Are the Steps of Civilization(문명의 단계들은 무엇인가)?'은 이 글의 내용과 관련성이 없어 제목으로 적절하지 않다.
③ 본문에서 분업을 문명의 공통적인 요소로 서술하고 있고 그것의 의미에 관해서도 서술하고 있다. 하지만, 본문에서는 이를 포함한 네 가지 요소에 대해서도 함께 서술하고 있으므로, ③번 'What Effects do Divisions of Labor Have on Civilization(분업이 문명에 어떤 영향들을 미치는가)?'은 이 글 전체를 함축하지 못해 이 글의 제목으로 적절하지 않다.
④ 본문은 모든 문명의 공통적인 요소에 관해 서술하고 있으며, 세계 4대 문명만을 다루고 있지 않으므로, ④번 'What Are the Common Characteristics of the Four World Civilizations(세계 4대 문명의 공통적인 특징들은 무엇인가)?'는 이 글의 내용과 관련성이 없어 제목으로 적절하지 않다.

해석

문명은 사람들이 도시 거주의 망을 발달시키기 시작하면서 (생겨나는) 복잡한 삶의 방식을 말한다. 모든 문명은 특정한 특징들을 지닌다. 첫째, 그것들은 넓은 인구의 중심지를 가지는데, 그것이 문명이 발달하도록 한다. 두 번째, 그것들은 큰 기념물과 구조물을 건설함으로써 그들의 유산을 보존하기 위해 일한다. 셋째, 구어, 자모, 숫자 체계, 그리고 상징과 같은 공통의 의사소통이 모든 문명이 공유하는 또 다른 요소이다. 그것은 기술, 교육, 문화적 교환, 그리고 정부가 그 문명 전체에 발전되고 공유되는데 필수적이었다. 넷째, 문명은 복잡한 분업으로 특징지어진다. 이것은 서로 다른 사람들이 전문적인 과업을 수행한다는 것을 의미한다. 복잡한 문명에서, 농부들은 한 가지 종류의 농작물을 경작하고 다른 음식, 의류, 주거지, 그리고 정보를 다른 사람들에게 의존할 것이다. 문명의 발달에 있어 핵심적인 마지막 요소는 사람들이 수입과 수행되는 일의 종류의 계층으로 나누어지는 것이다.
① 문명의 단계들은 무엇인가?
② 모든 문명의 공통된 요소들은 무엇인가?
③ 분업이 문명에 어떤 영향들을 미치는가?
④ 세계 4대 문명의 공통적인 특징들은 무엇인가?

어휘

civilization 문명
describe (~이 어떠한지를) 말하다, 서술하다
urban 도시의
settlement 거주
characteristic 특징
preserve 보존하다
legacy 유산
monument 기념물, 유적
numeric 수의
mark ~을 특징 짓다
division of labor 분업
specialized 전문의
cultivate 재배하다
shelter 주거지
element 요소

14 정답 ②   유형 독해 > 삭제

정답해설

본문은 신호등의 세 가지 색깔이 선택된 이유에 관한 서술이다. 나머지 번호의 문장이 모두 색깔 그리고 그것의 파장과 관련해 신호등의 색깔로 선택된 이유를 서술하고 있으나, ②번 문장은 색깔과 관련 없는 카운트다운 타이머에 관한 서술이므로 글 전체의 소재와 다르다. 따라서 ②번 문장이 흐름상 가장 어색하다.

오답해설

③ 나머지 번호의 문장들이 모두 색깔과 관련한 서술인 반면, ③번 문장은 색깔과 관련한 단어가 등장하지 않아 글의 흐름상 어색하다고 생각할 수 있다. 하지만, 글의 흐름이 멈춤, 주의, 진행이라는 우선 사항의 순서에 따라 그에 맞는 색깔이 배정되었음을 서술하고 있고, ③번 문장의 주의 표시에 관한 서술은 ④번의 주의 표시에 노란색이 배정된 이유에 관한 서술과 자연스럽게 연결된다. 따라서, ③번은 흐름상 자연스러우므로 오답이다.
①, ④ 나머지 선지는 모두 흐름상 자연스러우므로 오답이다.

해석

세 개의 신호등 — 멈춤, 주의, 그리고 진행 — 은 운전자에게 알려져야 할 우선 사항의 순서로 배정되었다. 예를 들어, 멈춤은 운전자가 반응하고 완전히 멈추도록 가능한 한 곧 운전자에게 알려져야 한다. ① 그 결과, 그것은 빨간색이 배정되었는데, 그것은 가장 긴 파장이고, 따라서 멀리서도 보일 수 있다. ② **카운트다운 타이머는 보행자들이 길을 건너기에 충분한 시간이 있는지를 알도록 돕기 위해 도입되었다.** ③ 비슷하게, 주의 표시는 그다음으로 선택되었다. ④ 노란색이 빨간색보다 약간 더 짧은 파장이기 때문에, 그것은 운전자들에게 경고하는 데 사용되었다. 노란색이 하루의 모든 시간에 보이기 때문에, 스쿨존, 몇몇 교통 신호들, 그리고 학교 버스는 여전히 노란색으로 칠해진다.

어휘

assign 배정하다
notify 알리다
wavelength 파장
slightly 약간
priority 우선 사항
alert 알리다
pedestrian 보행자
visible (눈에) 보이는

15 정답 ①   유형 독해 > 내용 일치

정답해설

본문은 Suez 운하의 특징에 관한 서술이다. 본문에서 Suez 운하가 개통된 이후 갈등의 중심이었다고 서술하고 있으며, '건설 지연'에 대한 언급은 등장하지 않는다. ①번 'Suez 운하를 둘러싼 갈등들이 Suez 운하의 건설을 지연시켰다.'는 본문에 언급되지 않은 건설 지연에 관해 서술하고 있으므로 본문의 내용과 일치하지 않는다.

오답해설

② 본문의 마지막 문장에서 연간 3억 톤 이상의 물건들을 이동시키며 배들이 이 운하를 항해한다고 서술하고 있다. 따라서, ②번 '3억 톤 이상의 물건들이 매년 Suez 운하를 통과한다.'는 이 글의 내용과 일치한다.
③ 본문의 초반부에서 Suez 운하가 유럽과 아시아 사이의 좀 더 직접적인 경로이며 아프리카 대륙 전체를 둘러 가지 않고 북대서양에서 인도양으로 통과하게 한다고 서술하고 있다. 따라서, ③ 'Suez 운하는 유럽-아시아의 해운 경로를 단축한다.'는 이 글의 내용과 일치한다.
④ 본문의 중후반부에서 Suez 운하가 Egypt의 Said 항에서 시작하여 Sinai 반도로부터 Egypt를 분리한다고 서술하고 있다. 따라서, ④번 'Suez 운하는 이집트를 거쳐서 흐른다.'는 이 글의 내용과 일치한다.

해석

Suez 운하는 홍해를 거쳐 지중해를 인도양으로 연결하는 인공적인 수로이다. 그것은 유럽과 아시아 사이의 해운업을 위한 좀 더 직접적인 경로를 가능하게 하여, 아프리카 대륙 전체를 둘러서 가지 않고도 북대서양에서 인도양으로 통과하는 것을 효과적으로 허용한다. 이 수로는 국제 무역에 필수적이고, 그 결과 1869년에 그것이 열린 이후 분쟁의 중심이 되어왔다. Suez 운하는 Egypt 지중해의 Said항에서 남쪽으로 Suez(Suez만의 북쪽 해안에 위치한)까지 120마일에 뻗어 있다. 이 운하는 Sinai 반도로부터 거대한 Egypt를 분리한다. (이 운하를) 짓는 데 10년이 걸렸고 1869년 11월 17일에 공식적으로 개통되었다. 오늘날, 연간 3억 톤 이상의 물건들을 이동시키면서 매일 평균 50척의 배들이 이 운하를 항해한다.

어휘

canal 운하
artificial 인공적인
waterway 수로
the Mediterranean (Sea) 지중해
via (어떤 장소를) 거쳐, 경유하여
enable 가능하게 하다
passage 통과
conflict 분쟁, 갈등
stretch 뻗어 있다, 펼쳐지다
separate 분리하다
bulk (큰) 규모, 대부분
annually 연간, 매년

16 정답 ④   유형 독해 > 내용 일치

정답해설

본문은 상표권과 특허의 특징에 관한 서술이다. 본문에서는 특허가 '특정 기간 동안 보호된다'라고 서술하고 있다. ④번 'A patentee can have an exclusive right without any time limits(특허권자는 어떠한 시간의 제한도 없이 독점적인 권리를 가질 수 있다).'는 본문의 '특정 기간'과 달리 '시간의 제한이 없이'라고 서술하고 있어 글의 내용과 일치하지 않는다.

오답해설

① 본문 초반부의 상표권에 관한 서술에 따르면, 상표권 소유자는 다른 당사자들이 수수료를 내고 상표권을 사용할 수 있도록 허락할 권리를 가진다고 하였으므로, ①은 'The mark's owner can permit others to use the mark with a fee(상표권 소유자는 다른 이들에게 요금을 내고 상표권을 사용하도록 허락할 수 있다).'는 이 글의 내용과 일치한다.
② 본문의 상표권과 특허에 대한 설명에서 두 가지 모두 소유자에게 독점적인 권리를 준다고 하였으므로, ②번 'Both trademarks and patents give the owner exclusive rights(상표권과 특허 둘 다 소유자에게 독점적인 권리를 제공한다).'는 이 글의 내용과 일치한다.
③ 본문 후반부의 특허에 관한 설명에 따르면, 발명가가 특허받은 발명에 대한 독점적인 권리를 가지고 있다고 하더라도 특허권자에게 그 발명품의 사용을 허가할 수 있다고 하였으므로, ③번 'The inventor and the patentee of an invention can be different(발명의 발명가와 특허권자가 다를 수 있다).'는 이 글의 내용과 일치한다.

해석

특허와 상표권 사이의 차이점은 무엇인가? 상표권은 시각적인 상징이다. 그것은 비슷한 서비스 또는 재화와 구별할 수 있는 어떤 서비스 또는 제품의 원인을 나타낸다. 상표권은 그 상표의 소유자에게 독점권을 승인함으로써 그들을 보호한다. 소유자는 그 상표를 사용하거나 다른 당사자들이 수수료를 내고 그것을 사용하도록 허락할 독점적인 권리를 가진다. 특허는 혁신적인 행위를 수반하는 유용하고 새로운 발명에 대해 그것의 소유자에게 승인되는 독점적인 권리를 가리킨다. 특허는 미리 결정된 기간 동안 유효하다. 그것은 어떤 과정이나 제품과 관련이 있을 수 있다. 대중에게 완전히 공개하는 것 대신에, 특허 소유자는 다른 당사자들이 특정 서비스 또는 제품을 사용하거나, 팔거나, 생산하거나, 또는 수입하는 것을 막을 권리를 받는다. 그 발명가는 특허받은 발명에 대해 독점적인 권리를 가지고 있다 하더라도 특허권자에게 그 발명품을 사용하도록 인가할 수 있다.

① 상표권 소유자는 다른 이들에게 요금을 내고 상표권을 사용하도록 허락할 수 있다.
② 상표권과 특허 둘 다 소유자에게 독점적인 권리를 제공한다.
③ 발명의 발명가와 특허권자가 다를 수 있다.
④ 특허권자는 어떠한 시간의 제한도 없이 독점적인 권리를 가질 수 있다.

어휘

patent 특허
trademark 상표
distinguishable 구별할 수 있는
grant 승인하다, 허락하다
exclusivity 독점권, 독점
refer to ~을 가리키다, 언급하다
valid 유효한; 타당한
predetermined 미리 결정된
in exchange for ~대신의, 교환으로
disclosure 공개, 폭로
import 수입하다
authorize 인가하다, 권한을 부여하다
patentee 특허권자
exclusive 독점적인

17 정답 ②   유형 독해 > 요지

정답해설

본문은 혼자 시간을 보내는 것의 장점에 관한 서술이다. 본문의 초반부는 사회적 시간도 중요하지만 혼자 보내는 시간과 균형을 맞출 필요가 있다는 점을 설명하고 있으며, 본문의 중후반부는 모두 혼자 보내는 시간의 이점에 관해 서술하고 있다. 따라서 주어진 글의 전체 내용에 대한 요지로는 ②번 'Spending time by yourself pays off(혼자서 시간을 보내는 것이 도움이 된다).'가 가장 적절하다.

오답해설

① 본문에서 사회적 삶 또한 중요하다고 서술하고 있으나, 이것이 가장 중요하다는 내용은 등장하지 않으므로, ①번 'Social life is the most important(사회적 삶이 가장 중요하다).'는 본문의 내용과 상이하여 이 글의 요지로 부적절하다.
③ 본문에서 다른 사람들과 경험을 공유하는 것의 중요성에 관해 서술하고는 있지만, 이 글의 핵심 소재는 혼자 시간을 보내는 것이다. 따라서, ③번 'Share experiences with other as much as possible(다른 사람들과 최대한 많이 경험을 공유하라).'은 이 글의 핵심 소재와 상이한 내용을 다루고 있어, 이 글의 요지로 부적절하다.

④ 본문의 후반부에 다른 사람들 앞에서 새로운 것을 하기 전에 혼자 그것들을 시도해보는 것이 도움이 된다고 서술하고 있다. 하지만, 이는 혼자 시간을 보내는 것의 이점 중 한 가지에 해당하는 것이다. 본문의 초점은 혼자 시간을 보내는 것에 있으며, 혼자서 시도해보는 것의 장점은 본문 내용의 일부에 해당하므로, ④번 'Try new things alone before you do them in front of others(다른 사람들 앞에서 새로운 것을 하기 전에 혼자서 그것들을 시도해보라).'는 지엽적이라 이 글의 요지로 부적절하다.

해석

다른 사람들과 함께 얻고 경험을 공유하는 것이 즐거운 반면, 혼자서 시간을 보내는 것에 확실한 이점들이 있다. 물론, 사람들과 연결되어 있다는 것이 당신의 행복에 중요하지만, 사회적 시간과 혼자 보내는 시간 사이에 균형을 잡는 것 또한 대단히 중요하다. 자신의 감정, 생각, 희망, 문제, 그리고 경험에 대해 생각하기 위해 이 시간을 쓰는 것은 중요하다. 혼자서 시간을 보내는 것의 가장 큰 이점 중 하나는 그것이 당신이 누구인지를 더 잘 이해하도록 돕는 방법이다. 당신이 자신을 더 많이 알고 이해할수록, 당신은 당신이 사랑하는 것을 하고, 당신을 흥미롭게 하는 것을 배우고, 당신의 기분을 좋게 만들어주는 사람들과 시간을 보낼 가능성이 더 커진다. 더구나, 당신이 혼자 있을 때, 다른 사람들 앞에서 처음으로 시도하는 것이 불편하게 느껴질 수도 있는 것들을 자유롭게 시도해본다. 당신은 다른 사람들이 무슨 생각을 할지에 대해 불안해하지 않으면서 새로운 것들을 시도할 수 있다.
① 사회적 삶이 가장 중요하다.
② 혼자서 시간을 보내는 것이 도움이 된다.
③ 다른 사람들과 최대한 많이 경험을 공유하라.
④ 다른 사람들 앞에서 새로운 것을 하기 전에 혼자서 그것들을 시도해보라.

어휘

enjoyable 즐거운
definite 확실한, 뚜렷한
critical 대단히 중요한
balance 균형을 잡다
interest 흥미롭게 하다 흥미를 끌다
uncomfortable 불편한
nervous 불안해하는; 걱정을 많이 하는

18 정답 ④   유형 독해 > 연결사

정답해설

본문은 이끼가 식물 생태계와 환경에 미치는 긍정적인 영향에 관한 서술이다.
(A) 빈칸 (A) 이전 문장은 이끼를 문제라고 여겨 자라지 못하게 하려는 행동에 관해 서술하고 있으며, 빈칸 (A) 이후 문장은 이끼가 식물의 환경에 수많은 이점을 가져다준다는 연구에 관해 서술하고 있다. 즉, (A) 이전과 이후 문장이 '역접' 관계로 연결되어 있으므로, (A)에는 However(그러나) 또는 Still(하지만)이 적절하다.
(B) (B) 이전 문장은 이끼가 식물이 번성할 수 있도록 토대를 마련한다고 서술하고 있으며, (B) 이후 문장은 이끼가 대기 중의 이산화탄소를 포착하여 기후 변화를 완화한다고 서술하고 있다. 즉, (B) 이후 문장은 (B) 이전 문장에 이끼의 또 다른 긍정적인 영향을 '첨가'한 것이므로, (B)에는 'Moreover(게다가)'가 적절하다.
따라서 (A)와 (B) 모두 적절한 연결사로 연결된 것은 ④번 'Still(하지만) - Moreover(게다가)'이다.

오답해설

① (A) 이전과 이후 문장이 '유사' 관계로 연결되어 있지 않으므로, (A)에 'Likewise(마찬가지로)'는 적절하지 않다. (B) 이전과 이후 문장이 '대조' 관계로 연결되어 있지 않으므로, (B)에 'In contrast(반대로)'는 적절하지 않다.
② (B) 이전과 이후 문장이 '요약' 관계로 연결되어 있지 않으므로, (B)에 'In short(요약하자면)'는 적절하지 않다.
③ (A) 이전과 이후 문장이 '인과' 관계로 연결되어 있지 않으므로, (A)에 'Thus(따라서)'는 적절하지 않다. (B) 이전과 이후 문장이 '유사' 관계로 연결되어 있지 않으므로, (B)에 'Similarly(비슷하게)'는 적절하지 않다.

해석

많은 도심에서 정원을 가꾸는 사람들은 이끼를 문제라고 여기기 때문에 그들의 정원에 이끼가 자라지 못하도록 하는 경향이 있다. (A) <u>하지만</u>, 몇몇의 연구는 이 모든 식물들의 고대의 조상이 초록 공간들에 수많은 이점을 가져다준다는 것을 보인다. Sydney New South Wales 대학의 한 연구는 전 세계에서 123개의 식물 생태계를 조사했고, 이끼가 존재하는 토양 자리에 더 많은 영양소순환, 유기물의 분해, 그리고 다른 식물들과 사람들에게 해로운 세균의 통제까지도 있다는 것을 발견했다. 이끼의 이 긍정적인 생태학적 기능은 그들의 미기후 표면에 미치는 영향과 관련이 있는데, 이것은 그들이 식물 생태계에 토양의 온도와 습도를 조절할 수 있도록 한다. 이끼는 어디에서나 생태계에서 식물이 번성할 토대를 마련한다. (B) <u>게다가</u>, 그들은 엄청난 양의 탄소를 포착함으로써 기후 변화를 완화하는 데 중요한 역할을 할지도 모른다. 이끼는 대기에서만도 6억 4천 3백만 톤의 탄소를 포착하여 저장하는 것으로 추정되었다.

	(A)	(B)
①	마찬가지로	반대로
②	그러나	요약하자면
③	따라서	비슷하게
④	하지만	게다가

어휘

moss 이끼
urban 도심의
spot (특정) 장소, 자리
decomposition 분해, 부패
organic matter 유기물
bacteria 세균, 박테리아
ecological 생태학의
regulate 조절하다, 조정하다
foundation 토대, 기초
flourish 번성하다, 번창하다
mitigate 완화[경감]시키다
carbon 탄소
atmosphere 대기, 공기

19 정답 ②

정답해설

본문은 permacrisis라는 용어의 의미에 관한 서술이다. 빈칸이 포함된 문장에서 permacrisis를 수식하는 'defined as an ~'이라는 표현으로 보아, 빈칸에는 permacrisis의 정의에 해당하는 것이 들어가야함을 알 수 있다. 빈칸 바로 다음 문장에서 우리가 적어도 230년 동안 영구적인 위기의 시대를 살아오고 있다고 하였고, 이어지는 내용은 점점 더 많은 위기가 생겨나 현재 우리가 permacrisis의 시대에 살고 있다고 서술하고 있다. 이 내용으로 추론해볼 때, permacrisis는 오래 지속되는 위기를 뜻함을 알 수 있다. 따라서 빈칸에 들어갈 말로 가장 적절한 것은 ②번 'extended period of instability(불안정이 길어진 기간)'이다.

오답해설

① 본문 전체의 내용으로 보아 'permacrisis'는 다양한 위기가 오랜 시간 지속되는 것과 관련이 있으나, ①번 'intellectual challenge(지적 도전)'는 한 가지의 위험에 관해 서술한 것이므로, 빈칸의 내용으로 적절하지 않다.
③ 본문 전체에서 'permacrisis'는 한 시대의 특징에 관한 서술이며, 이 시대를 살아가는 개인의 능력에 관한 것은 아니므로, ③번 'inability to handle personal crises(개인의 위기들을 다루는 데 있어서의 무능력)'는 빈칸의 내용으로 적절하지 않다.
④ 본문 전체의 내용으로 보아 'permacrisis'는 다양한 위기가 지속되는 시대상을 표현한 것이며, 역사 발전과 관련된 것은 아니므로, ④번 'inactivity in historical development(역사적 발전에 있어서의 비활동성)'는 빈칸의 내용으로 적절하지 않다.

해석

Collins 영어 사전은 그것의 2022년 "올해의 단어들" 목록에 'permacrisis'를 올렸는데, 이 단어는 "불안정이 길어진 기간"으로 정의된다. 독일 역사학자인 Reinhart Koselleck에 따르면, 우리는 적어도 230년 동안 영구적인 위기의 시대를 살아왔다. Koselleck은 프랑스 혁명 이전에, 위기는 의료의 또는 법적인 문제였지만 그 이상은 아니었다고 말한다. 고대 체제의 몰락 이후에 위기는 "현대성의 구조적 특징"이 되었다고 그는 쓴다. 19세기가 되면서, 위기는 크게 증가했다: 경제적, 국외 정책적, 문화적, 그리고 지적 위기들. 20세기 동안, 이 목록은 훨씬 더 길어졌다. 존재에 관한, 중년의, 에너지의, 그리고 환경의 위기가 나왔다. 1970년대에, 그는 우리가 그 당시 직면할 수 있는 위기가 200종이 넘는다고 계산했다. 50년이 지나서, 아마 수백 개의 새로운 종류(의 위기)가 있을 것이다. 우리가 permacrisis의 시대에 살고 있다는 것은 놀라운 일이 아니다.
① 지적 도전
② 불안정이 길어진 기간
③ 개인의 위기들을 다루는 데 있어서의 무능력
④ 역사적 발전에 있어서의 비활동성

어휘

permanent 영구적인, 영속적인
crisis 위기
observe (발언, 논평, 의견을) 말하다
ancient 고대의
regime 체제, 제도
structural 구조적인
modernity 현대성
signature 특징; 서명
progress 나아가다; 진전을 보이다
multiply 크게 증가하다; 곱하다
existential 존재에 관한; 실존주의적인
midlife 중년기
face 직면하다
instability 불안정

20 정답 ②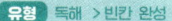

정답해설

본문은 바쁜 삶의 방식이 뇌와 정신 기술 향상에 도움을 줄 수 있다는 내용이다. 빈칸이 포함된 문장은 '요약'을 나타내는 In short(요컨대)로 시작되어 글 전체를 요약한 내용임을 알 수 있으며, 빈칸에는 차례차례 일과를 완수하는 것, 즉, 바쁘게 살아가는 것의 의미에 해당하는 단어가 빈칸에 들어가는 것이 적절하다. 글 전체의 내용은 바쁜 삶의 방식이 뇌에 지속적이고 끊임없는 자극을 주는 것이며, 다른 근육들에 운동이 필요한 것처럼 이것이 뇌 발달에 필요한 훈련을 제공하여 뇌와 정신 기술 향상에 도움을 준다는 것이다. 즉, 바쁜 삶의 방식이 뇌에는 꼭 필요한 훈련이라는 내용이므로, ②번 'workout(운동)'이 다른 근육들에 운동이 필요한 것에 대한 비유적인 의미로 쓰여, 빈칸의 내용으로 가장 적절하다.

오답해설

① 빈칸에는 바쁜 삶의 방식이 뇌에 꼭 필요한 훈련이라는 의미의 단어가 필요하다. ① 'torture(고문)'는 이와 상반되는 의미이므로, 빈칸에 들어가기에 적절하지 않다.
③, ④ 빈칸에는 바쁜 삶의 방식이 뇌에 꼭 필요한 훈련이라는 의미의 단어가 필요하다. ③ 'deadlines(마감 시간)', ④ 'crystallization(명확화)'은 이와 관련성이 없으므로, 빈칸에 들어가기에 적절하지 않다.

해석

Texas와 Alabama의 연구자들에 의한 한 연구에서, 50~80세의 330명의 건강한 남녀들이 그들의 매일의 일정에 대해 질문을 받았고 지능 검사를 받았다. 결과는 그들이 나이가 얼마나 많든, 또는 얼마나 잘 교육받았든 상관없이 바쁜 삶의 방식이 건강한 뇌와 관련이 있다는 것을 보였다. 이 연구에서 연구자들은 바쁜 일정이 인지를 촉진시킬 것이라는 가설을 세웠다. 그들은 더 바쁜 것이 더 나은 처리 속도, 작업 기억, 추론, 그리고 명확한 지식과 관련이 있다는 것을 밝혔다. 이유 중 한 가지는 뇌가 다른 근육과 마찬가지로 지속적이고 끊임없는 자극이 필요하다는 점이다. 정신적으로 자극을 주는 활동들을 하는 것은 뇌 발달에 필요한 훈련을 제공한다. 과학자들은 자극의 양과 종류가 직접적으로 인지 과정, 특히 기억 향상에 영향을 준다고 믿는다. 요컨대, 다른 근육을 위한 그것과 마찬가지로, 차례차례 일과를 완수하는 매일의 정신 운동은 당신의 뇌를 강화시키고 정신 기술을 향상시켜줄 수 있다.
① 고문
② 운동
③ 마감 시간
④ 명확화, 구체화

어휘

put through 겪게 하다
hypothesize 가설을 세우다
facilitate 촉진하다
cognition 인지
determine 밝히다
busyness 바쁨
process 처리하다
reason 추론하다
engage in ~에 참여하다, 관여하다
stimulation 자극
cognitive 인지의, 인식의

5회 꼼꼼한 고퀄리티 해설

기출 DATA: 2023 국가직 9급

빠른 정답 Check

01	③	02	④	03	①	04	②	05	①
06	②	07	③	08	②	09	③	10	②
11	①	12	②	13	④	14	③	15	②
16	③	17	②	18	①	19	②	20	④

01 정답 ③   유형 어휘 > 유의어 찾기

정답해설

밑줄 친 lavish는 '호화로운, 사치스러운'을 뜻한다. 따라서 lavish와 의미가 가장 가까운 것은 ③ opulent(호화로운, 부유한)이다.

해석

연구 논문은 고대 사원의 호화로운 건축 디자인에 초점을 맞췄고, 이 사원들은 종종 정교한 조각과 보석용 원석으로 장식되어 있었다.
① 헛된, 무익한
② 완전한, (경사가) 가파른, (직물이) 얇은
③ 호화로운, 부유한
④ 야심을 품은, 열망하는

어휘

research paper 연구 논문
architectural 건축의
intricate 복잡한, 정교한
precious stone 보석용 원석
focus on ~에 초점을 맞추다
temple 사원
carving 조각, 새김질

02 정답 ④   유형 어휘 > 유의어 찾기

정답해설

밑줄 친 ravenous는 '탐욕스러운, 굶주린'을 뜻한다. 따라서 ravenous와 의미가 가장 가까운 것은 ④ insatiable(탐욕스러운, 만족할 줄 모르는)이다.

해석

회사의 탐욕스러운 이윤 추구는 지난 십 년간 다수의 국제 시장으로의 확장을 이끌었다.
① 냉담한, 쌀쌀맞은
② 절약하는, 검소한
③ 혼자의, 외로운
④ 만족할 줄 모르는, 끝없는

어휘

pursuit 추구
drive 이끌다, 추진하다
multiple 다수의, 많은
profit 이윤
expansion 확장
decade 십 년

03 정답 ①   유형 어휘 > 유의어 찾기

정답해설

밑줄 친 iron out은 '(오해나 문제를) 해결하다'를 뜻한다. 따라서 iron out과 의미가 가장 가까운 것은 ① unravel(해결하다, 복잡한 것을 풀다)이다.

해석

회의에서, 그들은 새로운 정책의 시행에 대한 어떠한 오해를 해결하는 것을 목표로 했다.
① 해결하다, 복잡한 것을 풀다
② 방해하다, 개입하다
③ 약화시키다, 손상시키다, 밑을 파다
④ 심문하다, 추궁하다

어휘

aim to 동사원형 ~하는 것을 목표로 하다
misunderstanding 오해
policy 정책
implementation 시행, 구현

04 정답 ②   유형 어휘 > 유의어 찾기

정답해설

밑줄 친 make light of는 '경시하다, 가볍게 여기다'를 뜻한다. 따라서 make light of와 의미가 가장 가까운 것은 ② devalue(가치를 낮춰보다, 평가 절하하다)이다.

해석

규제의 변화는 경제 성장을 우선시하여 환경 보존의 중요성을 경시하는 것처럼 보였다.
① 존중하다, 높이 평가하다
② 가치를 낮춰보다, 평가 절하하다
③ 억제하다, 진압하다
④ 물러나다, 철회하다

어휘

regulation 규제
environmental 환경의
conservation 보존
in favor of ~을 우선시하여, ~에게 유리하게
economic growth 경제 성장

05 정답 ①   유형 문법 > 밑줄

정답해설

① X (faced → facing)

더블 출제포인트: 126 과거분사 vs. 동사의 과거형 / 155 관계사 삽입절

해당 문장의 주어는 The team이고 동사는 is determined의 is에 해당된다. 이때 which is ~ project가 주격관계사절로 주어와 동사 사이에 삽입되어 주어 The team을 수식하고 있음에 주의해야 한다. 따라서 주어진 문장의 밑줄 친 faced는 동사가 아닌 과거분사임을 알 수 있다. 그러나 과거분사는 numerous challenges라는 목적어를 가질 수 없으므로 과거분사 faced를 현재분사 facing으로 수정해야 한다. 이때 facing numerous challenges는 분사구문으로 '수많은 도전에 직면하면서'를 뜻하며 문맥상 주어진 문장의 주절을 적절하게 수식하고 있다.

오답해설

② O

더블 출제포인트: 130 삽입된 분사구문 / 180 주어-동사 수일치
해당 문장의 주어가 The tasks이므로 밑줄 친 were가 복수 동사로 적절하게 사용되었다. 주어 The tasks와 동사 were 사이에는 과거분사구인 assigned by the manager가 삽입되어 주어를 수식하고 있다.

③ O

더블 출제포인트: 048 능동태 vs. 수동태 / 098 형용사 vs. 부사
해당 문장의 주어는 The progress이며 동사는 현재완료의 수동태인 has been monitored에 해당된다. 부사인 consistently가 has been과 monitored 사이에서 동사를 수식하고 있으므로 적절하게 사용되었다.

④ O

출제포인트: 165 so[such] ~ that 주요 표현
해당 문장의 밑줄 친 that은 「such + 원인 + that + 결과」에 해당되는 구문으로 문맥상 적절하게 사용되었다. 이때 원인에 해당되는 such는 「such + (a(n)) + 형용사 + 명사」의 어순을 사용한다. 주어진 문장에서는 수식받는 명사가 불가산 명사 teamwork이므로 관사 a(n) 없이 such persistent teamwork로 적절하게 사용되었다.

해석

현재 혁신적인 프로젝트에 착수한 팀은, 수많은 도전에 직면하면서 어떤 장애물도 극복하기로 결심했다. 관리자가 할당한 과제들은 팀원들에 의해 신중하게 완료되었으며, 그들의 기술과 헌신을 보여주었다. 진행 상황은 지속적으로 모니터링되었다. 결론적으로, 이러한 지속적인 팀워크를 통해 놀라운 성과가 만들어진다.

어휘

currently 현재
innovative 혁신적인
overcome 극복하다
numerous 수많은
task 과제
showcase 보여주다
progress 진행 상황
conclusion 결론
remarkable 놀라운
work on 착수하다
determined 결심한
obstacle 장애물
challenge 도전
assigned 할당된
dedication 헌신
consistently 지속적으로
persistent 지속적인
accomplishment 성과

06 정답 ②  유형 문법 > 문장

정답해설

② X (graduates → graduated)

더블 출제포인트: 047 since 구문 / 098 형용사 vs. 부사
해당 문장은 since 구문이 사용되었으므로 「주어 + have[has] p.p.~, since + 과거시제[과거 시점]」의 구조로 사용되어야 하나, since 절의 시제가 현재이므로 적절하지 않다. 따라서 since절 시제를 과거 시제로 수정해 graduates를 graduated로 수정해야 한다. 이때, diligently는 앞선 동사를 수식하는 부사로 적절하게 사용되었다.

오답해설

① O

더블 출제포인트: 121 동명사의 역할 / 020 준사역동사 / 189 관계대명사의 선행사와 관계절 동사와의 수일치
해당 문장에서 동명사구 Watching movies는 주어 역할을 하고 있다. 주어가 동명사구일 경우 단수 취급하므로 단수 동사 is의 쓰임은 적절하다. 또한 help는 준사역동사로 목적격보어로 동사원형 또는 to부정사를 사용할 수 있으므로 동사원형 형태의 목적격 보어인 relax는 적절하게 사용되었다. 더해 helps는 선행사 a hobby를 수식하는 주격관계대명사 절 that helps ~ work의 동사로 단수 형태의 선행사 a hobby에 맞춰 단수 동사로 적절하게 수일치 되었다.

③ O

더블 출제포인트: 033 전치사 with/without / 182 명사구-명사절 수일치
해당 문장의 with는 '함께'의 의미가 아닌 '가진'의 의미로 사용되었다. 따라서 people with disabilities는 '장애를 가진 사람들'의 의미로 문맥상 적절하게 사용되었다. 더해 해당 문장의 주어는 동명사구 Ensuring accessibility ~ disabilities이므로 단수 취급한다. 따라서 단수 동사 is의 쓰임은 적절하다.

④ O

더블 출제포인트: 098 형용사 vs. 부사 / 007 자동사로 착각하기 쉬운 타동사
해당 문장의 부사인 warmly가 현재분사인 smiling을 수식하고 있으므로 적절하게 사용되었다. 또한 동사인 greet은 완전타동사로 목적어 everyone을 가져 적절하게 사용되었다.

해석

① 영화를 보는 것은 업무 후에 내가 휴식을 취하는 데 도움이 되는 취미이다.
② 그녀는 대학을 졸업한 이후로 부지런히 일해왔다.
③ 장애를 가진 사람들을 위해 접근성을 확보하는 것은 사회적 진보에 있어 매우 중요하다.
④ 따뜻하게 미소 짓는 소녀는 진정한 친절과 열정으로 모두에게 인사했다.

어휘

diligently 부지런히, 열심히
college 대학
accessibility 접근성
greet 인사하다
enthusiasm 열정
graduate 졸업하다
ensure 확보하다
crucial 매우 중요한
genuine 진정한

07 정답 ③  유형 문법 > 영작

정답해설

③ X (뛰어나진 않으나 → 뛰어날 뿐만 아니라)

출제포인트: 161 등위[상관]접속사의 병렬 구조
해당 문장에 사용된 등위상관접속사 not only A but also B는 'A뿐만 아니라 B도'를 뜻한다. 그러나 주어진 우리말 해석은 '뛰어나진 않으나'로 부정의 의미를 나타내고 있으므로 주어진 우리말과 해석이 일치하지 않아 옳지 않은 문장이다. 따라서 주어진 우리말 해석을 '뛰어날 뿐만 아니라'라고 수정하거나, 우리말 해석과 일치하도록 문장 자체를 'She isn't outstanding in academics, but she actively participates(그녀는 학업에서 뛰어나진 않으나 적극적으로 참여한다).'로 수정할 수 있다.

오답해설

① O

더블 출제포인트: 174 양보의 접속사 도치 / 100 빈도부사 위치
해당 문장은 as양보구문 도치가 사용된 문장이다. 양보를 나타내는 as절의 형용사, 부사, 명사 등이 문장의 맨 앞으로 강조되면 '~일지라도'를 뜻하는 양보절로 사용될 수 있다. 주어진 문장은 as절의 형용사 smart가 문두로 이동한 형태로 주어진 우리말의 해석에 맞게 적절하게 사용되었다.

smart가 문두로 이동하기 전 문장은 'As they are smart, they often make mistakes.'이 다. 또한 빈도부사 often이 일반동사 make 이전에 위치하므로 적절하게 사용되었다.

② O

더블 출제포인트: 134 원급 비교 / 098 형용사 vs. 부사 / 107 목적어로 동명사를 취하는 동사

해당 문장의 as much as는 원급 비교로, 부사의 원급인 much가 동사 enjoys를 수식하고 있으므로 적절하게 사용되었다. 더해 enjoy는 동명사를 목적어로 갖는 동사로 enjoys의 목적어 playing은 적절하게 사용되었으며, love는 목적어로 동명사 또는 to부정사를 가질 수 있으므로 loves의 목적어 reading의 쓰임 또한 적절하다.

④ O

출제포인트: 029 until vs. by

주어진 문장의 전치사 by는 '~까지'의 의미로 '시간의 마감'을 의미한다. 해당 문장은 주어진 문맥상 '당신이 보고서를 금요일까지 제출'하는 행위가 '마감'되어야 하므로 by가 적절하게 사용되었다. 참고로 until은 '~까지'의 의미로 '시간의 계속'을 의미하여, 'He worked until Friday(그는 금요일까지 일했다).'처럼 마감이 아닌 '계속'의 의미로 사용된다.

어휘

mistake 실수
academics 학업
actively 적극적으로
extensions 연장
excel 뛰어나다
participates 참여하다
submit 제출하다

08 정답 ②

유형 독해 > 내용 일치

정답해설

본문은 성문법과 불문법의 특징과 예시에 관한 서술이다. 본문의 후반부에서 불문법이 하나의 책으로 통합되어 있지는 않지만 '기록되어 있다'라고 서술하고 있다. 하지만 ②번 'Unwritten constitutions don't have any documented forms whatsoever(불문법은 문서화된 형태를 전혀 가지지 않는다).'는 불문법이 '문서화된 형태를 전혀 가지지 않는다'라고 서술하고 있으므로 글의 내용과 일치하지 않는다. 따라서 정답은 ②번이다.

오답해설

① 본문의 초반부에서 성문법은 적절히 틀이 잡히고 착실히 편찬된다고 서술하고 있다. 따라서 ①번 'A written constitution undergoes systematic framing(성문법은 체계적인 틀 잡기를 거친다).'은 이 글의 내용과 일치한다.
③ 본문의 후반부에서 불문법이 단 하나의 책으로 통합되어 있지는 않지만 기록되어 있다고 서술하고 있다. 따라서 ③번 'Unwritten constitutions have documented laws in less consolidated forms(불문법은 덜 통합된 형태로 문서화된 법률을 가진다).'는 이 글의 내용과 일치한다.
④ 본문의 초반부에서, 성문법 체계에서는 변화가 거의 즉각적으로 추가된다고 서술하고 있다. 따라서 ④번 'Under the written constitution system, changes are incorporated instantly(성문법 체계하에서, 변화는 즉각적으로 통합된다).'는 이 글의 내용과 일치한다.

해석

헌법은 한 나라에서 통치의 기반으로 기능하는 법과 원칙의 시스템을 가리킨다. (여기에) 두 가지 종류의 헌법이 있다. 체계적으로 쓰여지고, 단 하나의 문서에 포함된 헌법은 성문법이라고 알려져 있다. 어떠한 그다음의 변화도 거의 즉각적으로 추가되면서, 성문법은 적절히 틀이 잡히고 착실히 편찬되어왔다. 미국의 헌법은 여전히 시행 중인 가장 오래된 성문 헌법으로 여겨진다. 반면에, 불문법은 어떠한 조항이나 법도 글로 정해지지 않은 것이다. 하지만, 그 법들이 단 하나의 책으로 통합되어 있지 않음에도 불구하고 기록되어 있다. 새로운 법들이 시간이 가면서 추가되면서, 불문법은 오랜 기간 동안 발달한다. Magna Carta는 불문법의 가장 초기 형태이고, 이것이 마침내 영국의 불문법으로 발달했다.

① 성문법은 체계적인 틀 잡기를 거친다.
② 불문법은 문서화된 형태를 전혀 가지지 않는다.
③ 불문법은 덜 통합된 형태로 문서화된 법률을 가진다.
④ 성문법 체계하에서, 변화는 즉각적으로 통합된다.

어휘

constitution 헌법
refer to ~을 가리키다
governance 통치
embody 포함하다
document 문서; 기록하다
properly 적절히
frame (계획, 체제, 법규) 틀을 잡다
compile 편찬하다, 편집하다, 엮다
step-by-step 착실히, 단계적으로
subsequent 그다음의
instantaneously 즉각적으로, 즉석으로
in force 시행 중인
provision (법률 관련 문서의) 조항, 규정
incorporate 통합시키다, 짜 넣다
evolve 발달하다
progress 나아가다

09 정답 ③

유형 독해 > 내용 일치

정답해설

본문은 인쇄술을 발전시킨 Gutenberg에 대한 소개이다. 본문의 첫 문장에서 Gutenberg는 가족의 정착지를 성으로 채택했다고 서술하고 있으므로, ③번 'The name Gutenberg was the name of his family's settling place(Gutenberg라는 이름은 그의 가족의 정착지 이름이었다).'는 이 글의 내용과 일치한다.

오답해설

① 본문의 초반부에서 Gutenberg가 사업에서 돈을 잃고 빚을 갚기 위해 새로운 장치를 개발했다고 서술하고 있다. 따라서, ①번 'Gutenberg made much money in his earlier businesses(Gutenberg는 그의 초기 사업에서 많은 돈을 벌었다).'는 초기 사업에서 많은 돈을 벌었다는 서술이 본문의 내용과 일치하지 않는다.
② 본문의 후반부에서, Gutenberg는 그의 노력이 성공하자 Gutenberg 성경을 출판하는 것에 착수했다고 서술하고 있다. ②번 'Gutenberg's press wasn't successful until the Gutenberg Bibles(Gutenberg의 인쇄기는 Gutenberg 성경이 나오기까지는 성공적이지 않았다).'는 Gutenberg 성경 이전에 Gutenberg의 인쇄기는 성공하지 않았다고 서술하고 있는 점에서 본문의 내용과 일치하지 않는다.
④ 본문의 중반부에서 Gutenberg가 글자와 그림의 움직일 수 있는 블록으로 문서를 인쇄하는 장치를 개발했다고 서술하고 있다. ④번 'Gutenberg's books were only composed of letters without graphics(Gutenberg

의 책들은 그림 없이 글자로만 구성되었다).'는 그림이 없이 글자로만 구성되었다는 서술이 본문의 내용과 일치하지 않는다.

해석

대략 1399년에 독일의 Mainz에서 태어났다고 여겨지는 Johann Henchin Gutenberg는 나중에 그의 가족의 정착지를 그의 성으로 받아들였다. 그는 금세공인, 보석 연마인, 그리고 금속 전문가로 훈련받았다. 1440년대 초반까지, 그는 사업에서 돈을 잃었고 그의 빚을 갚을 방법을 찾기 시작했다. 그는 글자와 그림의 이동시킬 수 있는 블록을 이용하여 문서를 인쇄하는 것을 가능하게 해줄 장치에 대해 작업하기 시작했다. 이 블록들은 종이, 잉크, 그리고 인쇄기와 함께 사용하면, 이전보다 훨씬 더 빠르고 더 싸게 책을 인쇄하는 것을 가능하게 해줄 것이었다. 이 노력이 성공했을 때, 그는 자신의 가장 유명한 프로젝트인 "Gutenberg 성경"을 출판하는 것에 착수했다. Gutenberg의 천재성 중 일부는 원본 문서의 풍부함이 보존될 수 있도록 손으로 만든 책에서 사용된 서법을 표현하는 블록을 만들어내는 기술이었다.
① Gutenberg는 그의 초기 사업에서 많은 돈을 벌었다.
② Gutenberg의 인쇄기는 Gutenberg 성경(이 나오기)까지는 성공적이지 않았다.
③ Gutenberg라는 이름은 그의 가족의 정착지 이름이었다.
④ Gutenberg의 책들은 그림 없이 글자로만 구성되었다.

어휘

adopt 채택하다
jewel cutter 보석 연마인
debt 빚
endeavor 노력
represent 표현하다
handmade 손으로 만든
preserve 보존하다, 지키다
goldsmith 금세공인
pay off ~을 갚다, 청산하다
movable 이동시킬 수 있는
embark on ~에 착수하다
calligraphy 서법, 서도
richness 풍부함, 풍성함

10 정답 ②   유형 생활영어 > 빈칸

정답해설

해당 대화에서 A와 B는 '프로젝트'에 대해 이야기를 나누고 있다. A가 프로젝트로 지친 B에게 '휴식을 취할 시간이 있냐'라고 묻자, B는 '쉴 시간이 없다'라고 대답하며 빈칸 이후에 also(또한)를 포함해 '정신 또한 흐릿하다'라고 대답하고 있다. 이를 보아 빈칸에는 '정신 또한 흐릿하다.'와 같은 맥락으로 B가 일 때문에 피곤하거나 지치다는 표현을 할 수 있는 말이 들어가야함을 알 수 있다. 따라서 정답은 ② I'm good and tired(나는 매우 지쳐).가 가장 적절하다. 해당 표현에서 good은 '좋은'의 의미가 아닌 '매우'의 의미로 쓰여, 'good and tired'는 '매우 지친'을 뜻함에 주의해야 한다.

오답해설

④ You leave no stone unturned.는 '너는 온갖 수단을 다 해'를 뜻하며, 'You'는 대화의 문맥상 'A'에 해당된다. A는 대화 속에서 조언자에 해당되므로 문맥상 적절하지 않다.
나머지 선지는 문맥상 어색하므로 오답이다.

해석

A: 그 프로젝트로 완전히 바쁘네. 어떻게 진행되고 있어?
B: 진행되고 있는데, 마감 기한이 정말 촉박해. 여러 팀과 조정하고 있어.
A: 고단한 것처럼 들리네. 휴식을 취할 시간은 있어?
B: 솔직히, 별로 없어. 하루가 끝나갈 때쯤, 난 매우 지쳐. 정신 또한 흐릿해.
A: 일과 휴식 사이의 균형을 찾는 것이 중요해. 이번 주말에 조금 물러서는 건 어때?
B: 맞아. 좀 쉬어야 할 것 같아.
① 나는 긴장했어[무서워]
② 나는 매우 지쳐
③ 너는 우울한 얼굴을 해
④ 너는 온갖 수단을 다 해

어휘

be engaged in ~으로 바쁘다
tight 촉박한
challenge 난제, 도전
honestly 솔직히
foggy 안개가 낀
step back 물러서다
deadlines 마감 기한
coordinate 조정하다
exhausting 고단한
good and tired 매우 지친
work and rest 일과 휴식
break 휴식

11 정답 ①   유형 생활영어 > 빈칸

정답해설

해당 대화에서 A와 B는 '주변 소음'에 대해서 이야기를 나누고 있다. 이야기 속에서 A와 B 모두 소음의 심각성에 공감하고 있으며, 빈칸 전에 A가 '소음'의 심각성에 대해서 언급하고 있고, B가 이어서 자동차 소음 때문에 이른 아침에 일어난 것을 언급하고 있으므로, B가 A의 의견에 동의하는 표현이 빈칸에 들어가는 것이 적절하다. 따라서 ① You are telling me (당신 말이 맞아요)가 문맥상 적절하다.

오답해설

③ out of the question은 '불가능한'을 뜻한다. 문맥상 '가능' 또는 '불가능'을 주제로 대화하고 있지 않으므로 어색하다.
나머지 선택지는 문맥상 부자연스러우므로 오답이다.

해석

A: 도심이 얼마나 붐비게 변했는지 눈치채셨나요? 더 이상 조용한 장소를 찾기가 거의 불가능해요.
B: 정말 그래요. 교통이 혼잡 시간대에는 견딜 수 없어요. 어제 교통체증 속에 한 시간 넘게 보냈어요.
A: 게다가, 소음 수준이 압도적이에요. 하루 종일 공사 현장 옆에 산 것 같아요.
B: 당신 말이 맞아요. 이른 아침에, 자동차 경적 소리에 깼어요. 상황이 손을 쓸 수 없어지고 있어요.
A: 아마도 더 조용한 지역으로 이사를 고려해야 할 때인지도 몰라요.
① 당신 말이 맞아요
② 당신은 완전히 파산했어요
③ 이것은 단지 불가능해요
④ 당신은 풋내기예요

어휘

busy 붐비는
city center 도심
quiet spot 조용한 장소
unbearable 견딜 수 없는, 참을 수 없는
rush hour (출퇴근) 혼잡 시간대, 러시아워
jam 교통체증
overwhelming 압도적인
construction site 공사 현장
honk (자동차 경적을) 울리다
out of hand 손을 쓸 수 없는

12 정답 ②
유형: 생활영어 > 대화

정답해설
해당 대화에서 A는 '소프트웨어 설치'를 걱정하고 있다. 이에 B가 '걱정하지마, 내가 도와줄게'라고 말한 후, 'I'm not an old hand at IT sector(나는 IT 영역에 숙련자가 아니야).'라고 대답하고 있으므로 B의 대답이 모순된다. 따라서 정답은 ②번이다.

오답해설
① '새로운 휴대폰'을 구매한 것에 관한 대화이다. dead bargain(헐값에 산 물건)은 문맥상 적절한 표현이다.
③ 'How would you like your steak(스테이크를 어떻게 해드릴까요?)'는 '고기 굽기 정도'를 표현이다. A의 말에 B가 'Well done(완전히 익혀주세요)'으로 대답하였으므로 문맥상 적절하게 사용되었다.
④ a drop in the bucket은 '새 발의 피, 아주 적은 양'을 나타내는 표현이다. 문맥상 자동차 비용에 비해 A가 모아놓은 돈이 비교적 '적은 양'임을 알 수 있으므로 B의 응답은 적절하다.

해석
① A: 새 핸드폰 샀어?
   B: 응, 샀어. 세일 할 때 헐값에 산 물건이야!
② A: 이 소프트웨어 설치가 걱정돼.
   B: 걱정하지마, 내가 도와줄게. 나는 IT 영역에는 숙련자가 아니야.
③ A: 스테이크를 어떻게 해드릴까요?
   B: 추가 양념과 함께 완전히 익혀주세요.
④ A: 차를 위해 $100를 저축했어.
   B: 좋네, 그런데 자동차 값에 비하면 새 발의 피야[턱없이 부족해].

어휘
installation 설치
extra 추가의
save 저축하다
sector 영역
seasoning 양념

13 정답 ④
유형: 독해 > 제목

정답해설
본문은 대사증후군의 정의, 구성요소, 예방 방법과 징후에 관한 설명이다. 본문의 초반부는 대사증후군의 정의와 구성요소에 관한 서술이며, 중반부는 예방 방법, 후반부는 징후의 특징에 관해 서술하고 있다. 이 전체 내용을 함축적으로 표현한 제목으로는 ④번 'Things You Need to Know to Understand Metabolic Syndrome(대사증후군을 이해하기 위해 당신이 알아야 할 것들)'이 가장 적절하다.

오답해설
① 대사증후군의 눈에 띄는 징후에 관한 서술이 본문에 등장하기는 하나, 이것이 전체 내용을 함축하지는 못하므로, ①번 'Visible Signs of Metabolic Syndrome(대사증후군의 눈에 띄는 징후들)'은 이 글의 제목으로 적절하지 않다.
② 대사증후군을 예방하는 방법에 관한 서술이 본문에 등장하기는 하나, 이것이 전체 내용을 함축하지는 못하므로, ②번 'How to Prevent Metabolic Syndrome(대사증후군을 예방하는 방법)'은 이 글의 제목으로 적절하지 않다.
③ 본문에서 당뇨병과 대사증후군의 관계를 서술하고 있으나, 이것이 전체 내용을 함축하지는 못하므로, ③번 'Relationship Between Metabolic Syndrome and Diabetes(대사증후군과 당뇨병 사이의 관계)'는 이 글의 제목으로 적절하지 않다.

해석
대사증후군은 심장병, 뇌졸중, 그리고 제2형 당뇨병에 대한 당신의 위험을 증가시키는 한 무리의 질환들이다. 이 질환들 중 한 가지만을 가지고 있는 것이 당신이 대사증후군을 가졌다는 것을 의미하지는 않는다. 하지만 그것은 당신이 심각한 질병에 대한 더 큰 위험을 가지고 있다는 것을 의미한다. 그리고 만약 당신에게 이 질환들이 더 많이 생긴다면, 제2형 당뇨병과 심장병과 같은 합병증의 위험이 더 높이 올라간다. 당신이 대사증후군 또는 그것의 구성요소 중 어떤 것이라도 가지고 있다면, 대단히 적극적인 생활 방식의 변화가 심각한 건강 문제가 생기는 것을 지연시키거나 심지어 막을 수 있다. 대사증후군과 관련된 장애의 대부분은 명확한 징후나 증상을 가지고 있지 않다. 한 가지 눈에 띄는 징후는 큰 허리둘레이다. 그리고 만약 당신의 혈당이 높다면, 당신은 증가된 갈증, 피로, 그리고 흐릿한 시야와 같은 당뇨병의 증상들을 알아차리게 될 수도 있다.
① 대사증후군의 눈에 띄는 징후들
② 대사증후군을 예방하는 방법
③ 대사증후군과 당뇨병 사이의 관계
④ 대사증후군을 이해하기 위해 당신이 알아야 할 것들

어휘
metabolic syndrome 대사증후군
condition 질환
diabetes 당뇨병
component (구성) 요소
delay 지연시키다
waist size 허리둘레
blur 흐리게 하다
cluster 무리
stroke 뇌졸중
complication 합병증
aggressive 대단히 적극적인
prevent 막다, 예방하다
fatigue 피로

14 정답 ③
유형: 독해 > 주제

정답해설
본문은 미국 서부의 대가뭄에 관한 서술이다. 본문의 초반부는 대가뭄이 현재 발생하고 있다는 점을 서술하고 있으며, 본문의 중반부는 미국이 이미 대가뭄을 겪고 있으며 앞으로 더 악화될 것이라는 전망을 표현하고 있다. 더해 본문의 후반부는 대가뭄의 원인 중 일부가 인간에 의해 야기된 것이라는 점을 지적하고 있다. 따라서 이 전체 내용을 포괄적으로 표현한 주제로는 ③번 'The present issue of a megadrought, its prospect, and its cause(대가뭄의 현재 문제, 그것의 전망, 그리고 그 원인)'가 가장 적절하다.

오답해설
① 본문에서는 미국의 현재 대가뭄에 관해서만 서술하고 있으므로, ①번 'The history of megadrought(대가뭄의 역사)'는 이 글의 주제로 적절하지 않다.
② 본문에서 대가뭄의 원인을 다양하게 제시하고 있지는 않으므로, ②번 'The various man-made causes of megadrought(인간에 의한 다양한 대가뭄의 원인들)'는 이 글의 주제로 적절하지 않다.
④ 본문에서는 대가뭄이 현재에 이미 발생한 문제라고 설명하고 있으므로, ④번 'The imminent threat of megadrought from human-caused climate change(인간에 의해 야기된 기후 변화로 인해 임박한 대가뭄의 위협)'는 이 글의 주제로 적절하지 않다.

해석
과학자들은 미국 서부의 "대가뭄"이 이 지역을 천년이 넘는 기간 중에서 가장 건조한 지역으로 만들었다고 말한다. Nature Climate Change에 실린 한 새로운 논문은 2000년에서 2021년 사이의 기간이 적어도 서기 800년 이래로 가장 건조한 22년의 기간이라는 것을 밝혀낸 미국 남서부의 토양을 조사하는 연구를 상세히 알린다. 남서부의 토양 수분을 측정하고 지난 세기들로부터의 조건들을 재건하여, UCLA 기후 과학자이자 이 연구의 주요 저자인 Park Williams는 "대가뭄"에 관한 한 미국은 2000년대 초반에 (대가뭄에) 진입했고, 최악의 상황이 계속 악화되고 있다고 말했다. 미국 서부의 가장 건조한 시대를 측정한 것을 넘어서, 이 연구자들은 또한 그것의 원인을 추정했고, 놀랍지 않게도, 이 대가뭄의 42퍼센트는 인간에 의해 야기된 기후 변화와 관련이 있다는 것을 발견했다.

① 대가뭄의 역사
② 인간에 의한 다양한 대가뭄의 원인들
③ 대가뭄의 현재 문제, 그것의 전망, 그리고 그 원인
④ 인간에 의해 야기된 기후 변화로 인해 임박한 대가뭄의 위협

어휘

megadrought 대가뭄
millennium 천년
detail 상세히 알리다
period 기간
moisture 수분
reconstruct 재건하다, 복원하다
when it comes to ~에 관한 한
the worst-case scenario 최악의 경우
epoch 시대
calculate 추정하다, 계산하다
unsurprisingly 놀랍지 않게도, 놀랄 것이 없이

15 정답 ②   유형 독해 > 요지

정답해설

본문은 차가운 물로 하는 샤워와 뜨거운 물로 하는 샤워 각각의 건강상의 이점을 소개하고 자신이 원하는 건강상의 이점에 따라 다른 물의 온도를 선택해야 하는 것의 중요성을 주장하는 글이다. 본문의 초반부는 두 가지 물 온도의 샤워가 각각 신체에 다른 영향을 준다고 설명하고 있다. 본문의 중반부는 차가운 물 샤워와 뜨거운 물 샤워 각각의 장점에 관해 서술하고 있고, 후반부에서 필요에 따라 두 가지 중 하나를 선택해야 함을 주장하고 있다. 따라서, 이 글의 요지는 ②번 'Use different shower temperatures for your benefit(당신에게 도움이 되는 다른 샤워 온도를 사용하라).'가 가장 적절하다.

오답해설

① 본문의 요지는 필요에 따라 다른 온도로 샤워를 하라는 것이다. ①번 'Shower with cold water for sports injuries(운동상의 부상에는 차가운 물로 샤워하라).'는 글의 일부 주장만을 다루고 있어 글 전체의 요지로는 적절하지 않다.
③ 본문의 요지는 신체적 필요에 따라 다른 온도로 샤워를 하라는 것이다. 샤워의 빈도에 대한 내용은 본문에서 언급하고 있지 않으므로, ③번 'Shower as often as possible to improve your overall health(당신의 전반적인 건강을 향상시키기 위해 가능한 한 자주 샤워하라).'는 본문의 내용과 관련성이 없어 이 글의 요지로 적절하지 않다.
④ 본문의 요지는 신체적 필요에 따라 다른 온도로 샤워를 하라는 것이다. 하루 중의 다른 때에 따라 다른 온도로 샤워하라는 내용이 아니므로, ④번 'Use different shower temperatures at different times of the day(하루 중 다른 때에 다른 샤워 온도를 사용하라).'는 본문의 내용과 상이하여 이 글의 요지로 적절하지 않다.

해석

언제 뜨거운 물로 또는 차가운 물로 샤워를 해야 할지를 이해하는 것은 필수적이다. 두 가지 모두 엄청난 잠재적인 건강상의 이점을 내놓고 당신의 몸에 다르게 영향을 미칠 수 있다. 차가운 물로 하는 샤워는 염증을 줄이고, 고통을 덜어주고, 순환을 향상시키고, 스트레스 수치를 낮추고, 근육의 쓰라림과 피로를 줄이는 데 도움을 줄 수 있다. 예를 들어, 운동상의 부상을 가진 운동선수는 염증을 줄이는 데 도움을 줄 수 있는 차가운 물로 하는 샤워로부터 이익을 얻을 수 있을 것이다. 한편, 뜨거운 물로 하는 샤워는 심장 관련 [심혈관] 건강을 증진시키고, 뻐근한 관절을 완화시키고, 수면을 개선할 수 있다. 예를 들어, 관절 통증을 가진 사람들은 따뜻한 물이 그들의 뼈에 더 편안하고 그들이 증가된 유동성을 경험하도록 해주기 때문에 아침에 차가운 물 샤워보다는 따뜻한 물 샤워로부터 더 많이 이익을 얻을 수 있을 것이다. 샤워 노즐을 어디로 돌려야 할지 결정하기 전에 샤워하기로부터 당신이 달성하고 싶어 하는 효과의 종류나 얻기를 원하는 이점을 아는 것이 필수적이다.

① 운동상의 부상에는 차가운 물로 샤워하라.
② 당신에게 도움이 되는 다른 샤워 온도를 사용하라.
③ 당신의 전반적인 건강을 향상시키기 위해 가능한 한 자주 샤워하라.
④ 하루 중 다른 때에 다른 샤워 온도를 사용하라.

어휘

deliver (결과를) 내놓다, 산출하다	potential 잠재적인
inflammation 염증	relieve 덜어주다, 없애 주다
circulation 순환	lower 낮추다
soreness 쓰라림	fatigue 피로
athlete 선수, 육상 경기 선수	soothe 완화시키다, 달래다
stiff 뻐근한, 뻣뻣한	joint 관절
mobility 유동성	achieve 달성하다, 해내다
nozzle 노즐, 분사구	

16 정답 ③   유형 독해 > 빈칸 완성

정답해설

본문은 양력의 원리를 기술한 Bernoulli의 원리를 설명한 글이다. 빈칸이 포함된 문장은 Simply put(간단하게 말하면)으로 보아 Bernoulli의 정리를 요약한 내용임을 알 수 있다. 따라서 빈칸에는 빈칸 이후 뒤따라오는 'relationship between ~ velocity'로 보아 유체의 압력과 그것의 속도 사이의 관계를 정의한 표현이 들어가는 것이 적절하다. 본문의 마지막 문장에서 날개 위의 '증가된' 속도가 그 부분에서 '더 낮은' 압력이 있는 지역과 관련이 있다고 서술하고 있으므로, 유체의 속도와 압력의 관계는 역의 관계임을 알 수 있다. 따라서 빈칸에는 ③번 'inverse(역의)'가 가장 적절하다.

오답해설

①, ② 본문의 마지막 문장에 따르면, 유체의 속도와 압력은 역의 관계이다. ①번 'idiosyncratic(특유한, 기이한)', ②번 'separable(분리할 수 있는)'은 이 내용과 관련성이 없어 빈칸에 들어가기에 적절하지 않다.
④ 본문의 마지막 문장에 따르면, 유체의 속도와 압력은 역의 관계이므로, ④번 'direct(직접적인)'는 이 내용과 상반되어 빈칸에 들어가기에 적절하지 않다.

해석

양력에 대한 가장 대중적인 설명은 Swiss의 수학자인 Daniel Bernoulli

에 의해 그의 1738년 논문 Hydrodynamica에서 확인된 Bernoulli's의 원리이다. Daniel Bernoulli의 기여 중 많은 부분은 유체의 흐름에 관한 것이었다: 공기는 유체이고, 그의 이름과 관련된 이 원리는 유체 역학에서 흔히 나타난다. 간단하게 말하면, Bernoulli의 법칙은 유체의 압력과 그것의 속도 사이에 역의 관계가 있다고 말한다. Bernoulli의 원리는 양력을 비행기 날개의 곡선을 이룬 위쪽 표면의 결과로 설명하는 것을 시도한다. 이 곡선 때문에, 날개 위를 가로질러 움직이는 공기는 평평한 날개의 아래쪽 표면을 따라서 움직이는 공기보다 더 빠르게 움직인다. Bernoulli의 원리는 날개 위의 증가된 속도는 그 부분에서 더 낮은 압력이 있는 지역과 관련되고, 그것이 양력이라고 말한다.

① 특유한, 기이한
② 분리될 수 있는
③ 역의
④ 직접적인

어휘

explanation 설명 lift 양력, 들어올리기
principle 원리 identify 확인하다, 알아보다
mathematician 수학자 contribution 기여
concern ~에 관한 것이다 fluid 유체
dynamics 역학 relationship 관계
velocity 속도 attempt 시도하다
consequence 결과 curve 곡선을 이루다; 곡선
flat 평평한

17 정답 ② 유형 독해 > 삭제

정답해설

본문은 공상 과학 소설에 쓰인 이상향과 반 이상향의 개념, 두 가지를 배경으로 한 공상 과학 소설의 차이점과 공통점에 관한 서술이다. 본문 전체가 '공상 과학 소설'과 관련한 이상향과 반 이상향에 관한 서술이며, 차이점에 초점을 둔 개념과 공통점에 관한 서술이지만, ②번은 '반 이상향 영화'라는 상이한 소재를 다루며, 그것의 인기에 관해 서술하고 있어 글의 흐름상 자연스럽지 않다. 따라서 ②번을 삭제하는 것이 글의 흐름상 자연스럽다.

오답해설

④ 나머지 번호의 문장들이 이상향과 반 이상향의 차이점에 초점을 둔 개념을 설명하고 있는 것에 반해, ④번 문장은 두 가지의 공통점을 다루고 있어 흐름상 부자연스럽게 보일 수 있다. 하지만, ④번 문장 초반에 'Although they depict opposite settings(비록 그들이 서로 반대의 배경을 묘사하지만)'라는 양보 부사절을 사용해 앞 문장에서 두 가지의 차이점을 서술한 것에 이어, 이후에는 이와 대조되는 내용이 등장할 것임을 알리고 있다. 또한, ④번 문장에 이어지는 문장도 이상향이나 반 이상향을 배경으로 설명한 공상 과학 소설의 특징을 다루고 있어, ④번 문장과 자연스럽게 이어진다. 따라서, ④번은 글의 흐름상 자연스러우므로 오답이다.
①, ③ 나머지 선지는 모두 흐름상 자연스러우므로 오답이다

해석

이상향과 반 이상향은 두 극단 지점의 공상 과학 소설의 배경을 묘사한다. 정의상, 이상향은 사람들이 이상적이고 가능한 가장 완벽한 삶을 경험하는 사회 또는 공동체 배경이다. ① 대조적으로, 반 이상향은 그 반대의, 대부분의 사람들에게 매우 불쾌한 삶과 노동 조건을 가진 곳을 강조한다. ②  최근에 반 이상향 영화들의 인기에 있어 특이한 증가가 있어왔다. ③ 반 이상향에서 대부분 또는 모든 사회와 정부 시스템들이 좋지 않다. ④ 비록 그들이 서로 반대의 배경을 묘사하지만, 이상향과 반 이상향 둘 다 공상 과학 소설과 기상천외한 특징들을 공유하고, 둘 다 보통은 완벽한 삶의 조건들을 만들어내기 위해 기술이 사용되어온 미래를 배경으로 한다. 하지만, 일단 이상향 또는 반 이상향 소설의 배경이 설정되고 나면, 그 소설의 초점은 보통 기술 자체가 아니라 그러한 조건하에서 사는 등장인물들의 심리와 감정에 있다.

어휘

utopia 이상향 dystopia 반 이상향
picture 묘사하다 science fiction 공상 과학 소설
setting (소설 등의) 배경 extreme 극단의; 극심한
definition 정의 ideal 이상적인
highlight 강조하다 the opposite 반대
unpleasant 불쾌한 curious 특이한, 호기심이 많은
popularity 인기 governmental 정부의
depict 묘사하다 fantastic 기상천외한
characteristic 특징 typically 보통, 전형적으로
psychology 심리, 심리학

18 정답 ①  유형 독해 > 삽입

정답해설

본문은 화학이 음식, 요리와 밀접한 관련이 있음을 설명한 글이다. 주어진 문장은 '첨가'의 연결사인 Also(또한)를 사용하여 화학과 요리가 관련되어 있다고 서술하고 있다. 따라서, 주어진 문장 이전에는 화학과 관련 있는 다른 분야에 관한 서술이 등장하고, 주어진 문장 이후에는 화학과 요리 행위와의 관련성이 이어지는 것이 흐름상 적절하다. 본문의 ①번 이전에는 화학과 음식 자체의 관련성을 서술하고 있고, ①번 이후 문장부터는 재료의 변형, 즉 요리에 관한 서술이 이어지고 있으므로, 주어진 문장은 ①번에 들어가는 것이 흐름상 가장 자연스럽다.

오답해설

② ②번 이후 문장이 제빵에 관한 서술이므로, 요리와 화학의 관련성에 대한 설명이 ②번 이후 문장부터 시작된다고 생각할 수 있다. 하지만, ①번 직후 문장의 향신료 첨가와 재료의 변형이 요리를 의미하는 것이며, ②번 문장부터는 요리의 대표적인 사례인 제빵에 관한 서술이다. ①번과 ②번 문장이 모두 요리에 대한 설명으로 자연스럽게 연결되어, 주어진 문장을 ②번에 넣는 것은 흐름상 자연스럽지 않으므로 오답이다.
③, ④ 나머지 선지는 모두 흐름상 자연스럽지 않으므로 오답이다.

해석

화학은 부엌에서 필수적인 요소이다. 무엇보다, 우리가 먹는 음식들은 화학물질들로 이루어져 있다. 예를 들어, 다량 영양소는 — 이것들은 당신의 지방, 단백질, 그리고 탄수화물이다 — 우리 몸에 에너지를 제공하는 화학물질들을 포함한다. (①) **또한, 화학과 요리는 관련되어 있다 — 요리는 화학이다.** 당신이 향신료를 첨가하거나 어떤 방식으로라도 재료를 변형시킬 때, 이것은 화학적 과정이다. (②) 제빵을 해본 적 있는가? — 그것은 그저 화학이다. (③) 제빵은 화학과 요리가 어떻게 밀접한 연관을 갖고 있는지의 훌륭한 사례이다. (④) 예를 들어, 설탕은 뜨거워지면 갈색으로 변해서 그 맛있는 페이스트리 또는 케이크를 만들어내고, 효모와 베이킹파우더는 반죽에 그 가볍고 폭신한 모양을 준다. 만약 당신이 화학과 부엌에서 당신이 할 수 있는 많은 반응들을

이해한다면, 당신은 당신의 음식 모양, 맛, 그리고 질감을 바꿀 수 있다 — 당신은 어떤 요리라도 변형시킬 수 있다.

> **어휘**

chemistry 화학
go hand in hand 관련되다, 함께 가다
component (구성) 요소
macronutrient 다량 영양소
fat 지방
protein 단백질
carbohydrate 탄수화물
contain 포함하다
ingredient 재료
interrelate 밀접한 연관을 갖게 하다
yeast 효모
soft 폭신한, 부드러운
appearance 모양
texture 질감

19 정답 ② 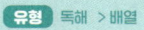 독해 > 배열

> **정답해설**

본문은 생의 철학의 특징에 관한 서술이다. 주어진 문장은 생의 철학이 번성한 시기에 관한 서술이다. (B)의 내용은 생의 철학을 가리키는 주어인 The movement(그 운동)로 시작하여 생의 철학의 핵심 주장을 담고 있고 주어진 문장의 Lebensphilosphie라고 불리게 된 이유에 관해 서술하고 있으므로 주어진 문장 바로 다음에 이어지는 것이 자연스럽다. 이어 (A)의 주어인 They(그들)가 가리키는 것은 (B)의 마지막 문장에서 소개하고 있는 세 명의 철학자 Friedrich Nietzsche, Wilhelm Dilthey, Georg Simmel에 해당하므로, (B) 이후에 (A)가 이어지는 것이 자연스럽다. 마지막으로 (A)의 마지막 부분에서 생의 철학이 the first modern philosophical movement(최초의 현대적 철학)라고 소개하고 있으며, (C)에서 'It was "modern" in that ~(~ 점에서 "현대적"이었다)'를 통해 현대적인 이유에 관해 서술하고 있으므로, (A) 이후에 (C)가 이어지는 것이 흐름상 자연스럽다. 즉, 주어진 문장 이후에 ②번 (B) – (A) – (C)의 순서로 이어지는 것이 흐름상 가장 자연스럽다.

> **오답해설**

① (A)의 주어인 They(그들)가 가리키는 것이 주어진 문장에 제시되어 있지 않으므로, 주어진 문장 이후에 (A)가 이어질 수 없어 오답이다.
③, ④ (C)는 It(그것)이 '현대적'인 이유에 관한 서술이며, 생의 철학의 현대성에 관한 서술은 (A)의 마지막 문장에 제시되어 있으므로 (A) – (C)의 순서로 이어지는 것이 자연스럽다. ③, ④번은 모두 (A) – (C)의 순서로 연결되어 있지 않아 오답이다.

> **해석**

Lebensphilosophi는 — 글자 그대로, 생의 철학 — 19세기 말과 20세기 초반에 번성했다.
(B) 그 운동은 그것의 주된 관심사가 생물학적 현상으로서의 삶이 아니라 인간에 의해 경험되어지는 인간으로서의 삶이었기 때문에 Lebensphilosphie라고 불렸다. 이 운동에 참여한 세 명의 가장 중요한 철학자들은 Friedrich Nietzsche, Wilhelm Dilthey, 그리고 Georg Simmel이었다.
(A) 그들은 인간의 삶과 경험을 근본적인 현실, 즉 모든 지식과 가치의 근본이라고 여겼고, 인간의 경험을 초월하는 어떠한 신의 영역의 관련성을 반박

했다. 그러므로 삶의 목적은 삶 그 자체였다. Lebensphilosophie는 서양 전통에서 최초의 현대적 철학 운동이었다.
(C) 그것은 전적으로 인본주의적이고 세속적이며, 모든 가치를 비종교적인 관점에서 끌어낸다는 점에서 "현대적"이었다. Nietzsche, Dilthey, 그리고 Simmel은 무신론자였다; 그들은 인간 삶에서 초월적인 현실 또는 존재의 관련성을 부인했다.

> **어휘**

flourish 번성하다
reality 현실
relevance 관련성
realm 영역
biological 생물학의
participate 참여하다, 참가하다
derive 끌어내다, 얻다
perspective 관점
fundamental 근본적인
dispute 반박하다, 반론하다
supernatural 신의, 초자연적인
transcend 초월하다
human beings 인간
worldly 속세의; 현세의
non-religious 비종교적인
transcendent 초월적인, 초월하는

20 정답 ④  독해 > 빈칸 완성

> **정답해설**

본문은 어린 시절의 긍정적인 경험이 아이들의 성장에 미치는 영향에 관한 서술이다. 본문의 초반부에서 과거에는 어린 시절의 부정적인 경험이 갖는 부정적인 영향에 대해 집중해왔으나, 최근에는 어린 시절의 긍정적인 경험이 갖는 긍정적인 영향이 주목받고 있다고 서술하고 있다. 본문에서 소개하고 있는 연구는 어린 시절의 긍정적인 경험이 정신 건강상의 위험을 줄인 결과를 보이고 있다. 빈칸이 포함된 문장은 '문제점'에 관한 서술로, 「not A but B」의 구조를 사용하여 빈칸에 들어갈 내용이 문제의 핵심임을 강조하고 있다. 즉, 본문은 긍정적인 경험이 문제를 줄여줄 수 있다는 내용이므로, 빈칸에 들어갈 내용은 '긍정적인 경험을 하지 못한 것이 문제일 수 있다'라는 것과 관련이 있다. 따라서 선지 중 ④번 'the absence of the positive(긍정적인 것의 부재)'가 이에 가장 부합하는 내용이다.

> **오답해설**

①, ②, ③ 빈칸에는 긍정적인 경험을 하지 못한 것과 관련한 내용이 들어가는 것이 적절하다. ①번 'the understanding of the negative(부정적인 것에 대한 이해)', ②번 'the attitudes toward the negative(부정적인 것에 대한 태도)', ③번 'the presence of the positive(긍정적인 것의 존재)'는 본문의 핵심 내용과 관련성이 없으므로, 빈칸에 들어가기에 적절하지 않다.

> **해석**

소아 보건 분야에서, 연구는 초기 역경이 건강과 정신 건강에 그림자를 드리울 수 있다는 것을 밝혀왔다. 그러나 더 최근에, 비교적 새로운 PCEs, 즉, 긍정적 유년기 경험의 과학이 논의를 재구성해왔고 아이들이 어떻게 성장하는지와 힘든 시기라도 그들을 돕는 보호자의 힘에 대한 이해에 균형을 맞추도록 도와왔다. 2019년의 한 연구가 이 PCEs의 효과를 조사했다. 연구자들은 6,188명의 어른들에게 그들의 어린 시절의 긍정적인 경험들에 대해 7개의 질문을 했다. 정신 건강상의 힘든 일들의 위험이 6~7번의 긍정적인 경험을 보고한 어른들 사이에서 72퍼센트 차이로 줄었고, 3~5개를 보고한 어른들에게서는 50퍼센트 차이로 줄었다. 주요 저자인 Christina Bethell에 따르면, 이 긍정적인 경험들은 성장하는 아이의 신경 체계에 영향을 주고 인생 전체에 걸쳐 자존감을 강화하는 데 도움을 준다. 문제는 부정적인 것의 존재가 아니라 긍정적인 것의 부재이다.
① 부정적인 것에 대한 이해

② 부정적인 것에 대한 태도
③ 긍정적인 것의 존재
④ 긍정적인 것의 부재

어휘

adversity 역경
cast (그림자를) 던지다
relatively 비교적
reframe 재구성하다
caregiver 보호자, 돌보는 사람
examine 조사하다, 검토하다
struggle 힘든 일, 고투, 노력
strengthen 강화하다
a sense of worth 자존감
presence 존재, 있음
absence 부재, 없음

6회 꼼꼼한 고퀄리티 해설

기출 DATA: 2023 지방직 9급

빠른 정답 Check							
01	②	02	②	03	④	04	③	05	④
06	②	07	③	08	④	09	①	10	③
11	③	12	②	13	③	14	②	15	④
16	④	17	②	18	④	19	②	20	③

01 정답 ②   유형 어휘 > 유의어 찾기

정답해설

밑줄 친 mild는 '온화한, 부드러운'을 뜻한다. 따라서 mild와 의미가 가장 가까운 것은 ② gentle(온화한, 부드러운)이다.

해석

선생님은 학생의 실수를 교정하기 위해 <u>온화한</u> 접근 방식을 사용하여, 긍정적인 학습 환경을 조성했다.
① 단호한, 확고한, 단단한
② 온화한, 부드러운
③ 질투하는
④ 폭력적인

어휘

approach 접근 방식   correct 교정하다
mistake 실수   promote 촉진하다, 조성하다
positive 긍정적인   environment 환경

02 정답 ②   유형 어휘 > 유의어 찾기

정답해설

밑줄 친 trust는 '신뢰, 믿음'을 뜻한다. 따라서 trust와 의미가 가장 가까운 것은 ② confidence(신뢰, 자신감)이다.

해석

관계에서 <u>신뢰</u>를 구축하는 것은 시간, 정직, 그리고 일관된 소통을 필요로 한다.
① 환대
② 신뢰, 자신감
③ 인상, 감명, 감동
④ 만족

어휘

relationship 관계   require ~을 필요로 하다, 요구하다
consistent 일관된   communication 소통

03 정답 ④   유형 어휘 > 유의어 찾기

정답해설

밑줄 친 get over는 '극복하다, 이겨내다'를 뜻한다. 따라서 get over와 의미가 가장 가까운 것은 ④ overcome(극복하다, 이겨내다)이다.

해석

학문적 우수성은 종종 학문적 장애물을 <u>극복하고</u> 역경에 맞서 인내하는 능력을 요구한다.
① 인정하다, 들어오게 하다
② 무시하다
③ 거절하다, 기울다, 쇠퇴하다, 줄어들다
④ 극복하다

어휘

academic 학문적   excellence 우수성
get over 극복하다, 이겨내다   hurdle 장애물
persevere 인내하다   adversity 역경

04 정답 ③   유형 어휘 > 유의어 찾기

정답해설

밑줄 친 allow for는 '고려하다, 감안하다'를 뜻한다. 따라서 allow for와 의미가 가장 가까운 것은 ③ consider(고려하다)이다.

해석

경제 예측에서, 분석가들은 정확한 예측을 하기 위해 시장 조건의 변동을 <u>고려해야</u> 한다.
① 신경 쓰다, 괴롭히다
② 대답하다, 응답하다
③ 고려하다, 숙고하다
④ 평가하다, 추정하다

어휘

forecasting 예측   analyst 분석가
fluctuation 변동   market condition 시장 상황
accurate 정확한   prediction 예측

05 정답 ④   유형 어휘 > 빈칸 완성

정답해설

주어진 문장에서 빈칸을 수식하는 'of a soldier ~ country(자국을 위해 평범한 일상을 포기한 군인의)'로 보아 빈칸에는 군인의 행동을 표현할 수 있는 것이 들어가야함을 알 수 있다. 더해 주어진 문장에서 평범한 일상을 포기한 군인의 행동이 'a testament ~ defense(국방에 대한 한결같은 헌신의 증거)'라고 서술하고 있으므로, 주어진 문장의 군인의 행동을 표현할 수 있는 것은 '자국'과 '국방'을 위하여 '자신의 평범한 일상을 포기'한 '희생'임을 알 수 있다. 따라서 빈칸에 들어갈 말로 가장 적절한 것은 ④ sacrifice(희생)이다.

해석

자국을 위해 평범한 일상을 포기한 군인의 궁극적인 <u>희생</u>은 국방에 대한 한결같은 헌신의 증거다.
① 남용
② 의심

③ 지혜
④ 희생

어휘

ultimate 궁극적인
ordinary 평범한, 보통의
steady 한결같은, 확고한, 안정된
national defense 국방
give up ~을 포기하다
routine 일상
commitment 헌신

06 정답 ②   유형 문법 > 밑줄

정답해설

② X (to informing → to inform)

출제포인트: 057 would vs. used to

해당 문항은 '~하는 데 이용되다'를 뜻하는 「be used to + 동사원형」과 '~하는 데 익숙하다'를 뜻하는 「be used to + ~ing」의 의미 차이를 묻는 문항이다. 밑줄 친 to informing이 포함된 문장의 주어는 주격관계대명사 which의 선행사인 This knowledge이다. 밑줄 친 to informing이 앞선 is used와 함께 「is used to + ~ing」로 쓰이면, '~하는 데 익숙하다'의 의미로 쓰이게 된다. 그러나 해당 문장은 문맥상 주어 역할을 하는 This knowledge(이 지식)가 '익숙해지는 것'이 아니라 '이용되어지는 것'이 적절하다. 따라서 밑줄 친 to informing은 부정사 to inform으로 수정해야 한다.

오답해설

① O
출제포인트: 131 with 분사구문
해당 문장은 with 분사구문이 「with + 목적어 + 과거분사」 형태로 쓰여, '~가 …되어진 채로(상태로)'의 의미로 쓰이고 있다. 따라서 밑줄 친 과거분사 gained는 명사 the experience를 수식하며 적절하게 사용되고 있다.

③ O
더블 출제포인트: 180 주어-동사 수일치 / 155 관계사 삽입절
해당 문장의 주어는 불가산 명사인 This knowledge이며, 동사는 밑줄 친 단수 동사 contributes이다. 불가산 명사는 단수 취급하므로 주어와 동사는 올바르게 수일치 하였다. which is ~ decision-makers는 주어와 동사 사이에 삽입된 관계사절이다.

④ O
출제포인트: 149 전치사 + 관계대명사
해당 문장의 밑줄 친 관계대명사 which는 직전의 전치사 in과 함께 in which로 쓰여 「전치사 + 관계대명사」 형태를 이루고 있다. 이후 문장에서는 주어 their acquired knowledge, 동사 becomes, 그리고 보어 a catalyst for effective decision-making까지 완전한 형태의 문장으로 선행사인 environments를 수식하고 있으므로 올바른 문장이다.

해석

과거 프로젝트에서 얻어진 경험으로, 전문가들은 종종 귀중한 통찰력을 개발한다. 이 지식은 의사 결정자들에게 정보를 제공하는 데 사용되며, 미래의 노력의 전반적인 성공에 기여한다. 게다가, 전문가들은 그들의 획득한 지식이 효과적인 의사결정을 위한 촉매가 되는 환경을 만든다.

어휘

professional 전문가
insights 통찰력
decision-maker 의사 결정자
overall 전반적인
acquired 획득한
valuable 귀중한
inform 정보를 제공하다
contribute 기여하다
endeavor 노력
catalyst 촉매

07 정답 ③   유형 문법 > 밑줄

정답해설

③ X (to rise → to raise)

더블 출제포인트: 111 목적격 보어로 to부정사를 취하는 동사 / 007 자동사로 착각하기 쉬운 타동사

해당 문장의 encourage는 불완전타동사로 「encourage + 목적어 + to 동사원형」 형태로 적절하게 사용되었으며, '~이 …하도록 격려하다'를 뜻한다. 단, 해당 문장의 목적격 보어 to rise에서 rise는 완전자동사이므로 목적어 their hands를 가질 수 없으므로 옳지 않다. 주어진 문장의 문맥상 '그들의 손을 들어올리다'의 의미로 쓰이기 위해서는 rise가 아닌 raise(~을 들어올리다)를 사용해야 한다. 따라서, 목적격 보어로 쓰인 to rise는 to raise로 수정해야 한다.

오답해설

① O
출제포인트: 127 분사구문
해당 문장의 Caught in traffic은 과거분사구문에 해당된다. 종속절 'As she was caught in traffic'에서 '(Being) Caught in traffic' 형태의 과거분사구문이 된 문장으로 옳은 문장이다.

② O
더블 출제포인트: 176 부정부사 도치 / 171 부가의문문
해당 문장은 부정부사인 Little이 문두로 강조되면서 이후의 문장이 의문문 어순인 did they know의 의문문 어순으로 적절하게 사용되었다. 또한 did they는 부가의문문으로 사용되었다. 앞 문장에 '부정'을 나타내는 little이 포함되었으므로, '긍정형' 부가의문문의 형태로 일반동사 과거시제를 반영한 did they는 적절하게 사용되었다.

④ O
출제포인트: 018 능동태 vs. 수동태
해당 문장은 '~에게 …에 대해서 상기하다[생각나게 하다]'를 뜻하는 「remind + ~ + of + …」의 수동태 형태이다. '…는 ~가 상기된다[생각나다]'를 뜻하는 「… + be reminded + of ~」 형태로 문맥상 적절하게 사용되었다.

해석

① 교통체증에 걸려서, 그녀는 회의에 늦게 도착했다.
② 그들은 깜짝 파티에 대해 거의 몰랐어, 그렇지 않니?
③ 선생님들은 학생들이 수업에서 손을 들도록 장려한다.
④ 학생들에게 적극적인 참여의 중요성이 상기된다.

어휘

be caught in traffic 교통체증에 걸리다
late 늦게
little 거의 ~않는
encourage 장려하다
remind 상기시키다
importance 중요성
participation 참여

08 정답 ④

정답해설

④ X (you should → should you)

출제포인트: 176 부정부사 도치

해당 문장은 부정 부사구 Under no circumstances(어떠한 상황에서도

~하지 않는)가 문장의 문두로 강조된 문장이다. Under no circumstances 이후 문장은 반드시 의문문 어순으로 도치되어야 하므로 평서문 형태의 you should는 should you로 수정해야 한다.

오답해설

① O

출제포인트: 100 빈도부사의 위치
해당 문장의 빈도부사 rarely는 '좀처럼 ...하지 않는'의 의미로 주로 조동사와 be동사 뒤, 또는 일반동사 앞에 위치한다. 따라서 주어진 문장의 rarely는 일반동사 misses 앞에 위치하므로 적절하다. 더해 rarely는 '부정'에 준하는 의미를 나타내므로 문맥상 쓰임에 유의해야 한다.

② O

출제포인트: 123 There is no use -ing
해당 문장에 사용된 「There is no use (in) + ~ing」는 '~해도 소용없다'를 뜻하는 동명사 관용표현으로 주어진 우리말 해석에 맞게 적절하게 사용되었다.

③ O

출제포인트: 144 최상급 대용 표현
최상급 대용 표현인 「~ + 비교급 + than any other 단수명사」가 사용된 문장이다. 해당 문장은 주어진 우리말 해석에 맞게 적절하게 사용되었다. 해당 표현에서 비교 대상인 any other는 반드시 단수명사와 함께 사용해야 함에 유의해야 한다.

어휘

rarely 좀처럼 ...하지 않는
meditation 명상
complain 불평하다
policy 정책
approach 접근
under no circumstances 어떠한 상황에서도 ~하지 않는
ignore 무시하다
safety regulations 안전 규정

---

09 정답 ①   유형 생활영어 > 빈칸

정답해설

해당 대화에서 A와 B는 'A의 승진'에 대해 이야기를 나누고 있다. B는 이에 대해서 축하해주며 A가 노력한 대가임을 강조하고 있다. 빈칸 이전에 A가 승진 기념으로 brief pause(짧은 휴식)를 계획하고 있다고 하자, 이에 대해 B는 'Your dedication has been outstanding.(네 헌신은 뛰어났어)'을 통해 한 번 더 'A의 헌신이 뛰어남'을 언급하고 있다. 따라서 빈칸에는 A를 칭찬하거나 치켜세우는 말이 들어가는 것이 적절하므로, ① 'You deserve it(너는 그럴 자격이 있어)'이 가장 적절하다. You deserve it.은 '너는 그럴 자격이 있어'를 뜻하는 '칭찬'의 의미 외에도 상대방의 행동을 '비판'하는 '자업자득이다'라는 뜻도 나타내므로 문맥상 쓰임에 유의해야 한다.

오답해설

나머지 선택지는 문맥상 적절하지 않으므로 오답이다.

해석

A: 놀라면 안 돼! 직장에서 승진했어!
B: 정말 훌륭한 소식이야! 축하해! 아주 신났겠네.
A: 정말이지! 예상치 못했지만 기분이 좋아.
B: 열심히 한 일이 결실을 맺었네. 어떻게 축하할 거야?
A: 주말여행을 생각 중이야. 잠시 쉬는 것이 전적으로 정당해.

B: 너는 그럴 자격이 있어. 네 헌신은 뛰어났어.
A: 고마워! 너 같은 친구들의 지원 없이는 할 수 없었을 거야.
① (칭찬) 너는 그럴 자격이 있어, (비판) 자업자득이야
② 일이 좀 생겼어
③ 말실수였어
④ 다른 식으로 이야기해보자

어휘

Guess what! (상대가 놀랄 것같은 것을 알려줄 때) 놀라면 안 돼, 있잖아, 맞혀 봐
promotion 승진
thrilled 아주 신이 난, 황홀해하는
unexpected 예상치 못한
pay off 결실을 맺다
weekend getaway 주말여행
brief pause 잠시 쉬기
justify 정당화하다
dedication 헌신
outstanding 뛰어난

---

10 정답 ③   유형 생활영어 > 빈칸

정답해설

해당 대화에서 A와 B는 '여가 활동'에 대해 이야기를 나누고 있다. A가 salsa dancing(살사 춤)과 hiking(등산)을 B에게 권하는 과정에서 B는 '등산'에 좀 더 흥미를 느끼고 있다. 빈칸 직전에 B가 'Hiking works for me(등산은 나한테 맞아).'를 언급한 것으로 보아 빈칸에는 같은 맥락인 ③ 'It is more my cup of tea. (그것이 더 나의 취향이야 [그것이 내 취향에 가까워])'가 들어가는 것이 가장 적절하다.

오답해설

④ be sick and tired of는 '진절머리가 나는'을 뜻한다. 문맥상 B가 등산에 흥미를 느끼고 있으므로 적절하지 않다.
나머지 선지는 문맥상 부자연스러우므로 오답이다.

해석

A: 살사 댄스 해 본 적 있어? 이번 주말에 수업이 있어.
B: 아, 고민해봤는데, 난 댄스는 별로야.
A: 어서, 정말 재밌어! 한번 해 봐.
B: 초대해줘서 고맙지만, 난 패스할게. 댄스에 능숙하지 않아.
A: 알겠어. 등산은 어때? 활동적으로 지내는 좋은 방법이야.
B: 그게 더 매력적으로 들리네. 나는 야외 활동을 즐겨.
A: 완벽해! 우리는 다음 토요일에 등산을 계획할 수 있어.
B: 등산은 나한테 맞아. 그것이 더 나의 취향이야 [그것이 내 취향에 가까워].
① 그건 네 마음이야, 그건 너에게 달렸어
② 나는 머리를 쥐어짠다
③ 그것이 더 나의 취향이야 [그것이 내 취향에 가까워]
④ 나는 등산에 진절머리가 난다

어휘

salsa dancing 살사 댄스
appreciate 감사하다
hiking 등산
give it a shot 한번 해 보다
proficient 능숙한
appealing 매력적인
one's cup of tea 좋아하는 것, 기호에 맞는 것
be sick and tired of ~에 진절머리 나다

11 정답 ③

유형 생활영어 > 대화

정답해설

해당 대화에서 A는 B에게 '환전'을 얼마나 할 것인지 묻고 있다. 이러한 A의 물음에 B가 'Keep the change(거스름돈은 됐습니다).'라고 대답하는 것은 적절하지 않다. Keep the change는 계산할 때 하는 말로 적절하다. 따라서 정답은 ③이다.

오답해설

② under the weather는 '몸이 좋지 않은'을 뜻하는 표현으로 A의 질문에 대한 대답으로 적절하게 사용되었다.
나머지 선지는 문맥상 적절하므로 오답이다.

해석

① A: 그동안 어떻게 지냈어?
   B: 일 때문에 꽤 바빴어.
② A: 너에게 무슨 걱정 있니?
   B: 요즘 몸이 좋지 않아.
③ A: 얼마를 환전하시겠어요?
   B: 거스름돈은 됐습니다.
④ A: 왜 이리 늦었어요?
   B: 죄송해요. 도로가 차로 붐볐어요.

어휘

under the weather 몸이 좋지 않은   lately 요즈음, 최근에
be jammed with ~으로 붐비다

12 정답 ②

유형 독해 > 제목

정답해설

본문은 양파와 소금을 이용해 한 해 강수량을 예측하는 지역 전통을 소개하고 있다. 첫 문장에서 이 글의 주제를 제시하고 나머지 문장들은 이 방법을 자세히 소개하고 있다. 따라서 글의 내용을 함축적으로 표현한 제목으로는 ②번 'Onion Oracle Telling You The Weather for A Year(당신에게 일 년의 날씨를 말해주는 양파 신탁)'이 가장 적절하다.

오답해설

① 본문의 첫 문장에서 양파와 소금만으로 날씨를 예측하는 방법을 소개한다고 하였으므로, ①번 'How to Predict a Good Harvest of Onions(양파의 풍년을 예측하는 방법)'는 이 글의 소재와 상이하여 제목으로 적절하지 않다.
③ 본문은 양파를 이용한 요리법을 소개하고 있는 것이 아니므로, ③번 'Recipes for A New Year's Treat with Onion and Salt(양파와 소금으로 새해 간식 만드는 요리법)'는 이 글의 제목으로 적절하지 않다.
④ 본문은 날씨를 예측하는 방법에 관한 것이며, 양파 수확을 기원하는 것이 아니므로, ④번 'A Spell for Better Onion Harvest on New Year's Eve(새해 전날에 양파의 더 나은 수확을 기원하는 주문)'는 이 글의 소재와 상이하여 제목으로 적절하지 않다.

해석

여기 단지 양파 하나와 식탁용 소금을 이용하여 날씨를 예측하는 방법이 있다. 첫 번째로, 지역에서 기른 큰 갈색 혹은 흰색 양파를 하나 얻어라. 두 번째로, 새해 전날 한밤중에 그 양파를 세로로 자르고 양파의 겹들이 왼쪽과 오른쪽으로 떨어지도록 해라. 세 번째로, 1월부터 6월용으로 왼쪽에서 6개의 양파 겹을 선택하고 7월에서 12월용으로 오른쪽에서 6개의 양파 겹을 선택하라. 네 번째로, 한 손가락으로 약간의 평범한 요리용 소금을 각각의 겹에 문질러라. 다섯 번째로, 양파 겹들을 1월 1일 오전 4:30까지 옆쪽에 두어라. 여섯 번째, 육안으로 양파 안에 물이 얼마나 모였는지 확인하라. 그리고 마지막으로, 각 양파 겹 안에 있는 물을 바탕으로 예측을 하라. 더 많은 물이 있을수록, 해당 달 동안 더 많은 비가 내릴 것이다.

① 양파의 풍년을 예측하는 방법
② 당신에게 일 년의 날씨를 말해주는 양파 신탁
③ 양파와 소금으로 새해 간식 만드는 요리법
④ 새해 전날에 양파의 더 나은 수확을 기원하는 주문

어휘

predict 예측하다   nothing but 단지, 그저, 오직
table salt 식탁용 소금   lengthwise 세로로, 길게
rub 문지르다   a pinch of 약간의
ordinary 평범한, 보통의, 일상적인   aside 옆쪽에, 곁에
naked eye 육안

13 정답 ③

유형 독해 > 주제

정답해설

본문은 패스트푸드의 반대 개념으로 시작된 슬로우푸드의 의미에 관한 서술이다. 본문의 초반부는 패스트푸드의 의미와 특징에 관해 서술하고 있다. 본문의 중반부부터는 슬로우푸드의 기원과 의미를 서술하고 있으며, 후반부는 이 의미를 좀 더 자세히 기술하고 있다. 따라서 이 전체 내용을 포괄하는 주제로 가장 적절한 것은 ③번 'The meaning of slow food(슬로우푸드의 의미)'이다.

오답해설

① 본문은 슬로우푸드가 지향하는 의미에 대해 상술하고 있으며, 슬로우푸드의 장점에 대해서는 언급하고 있지 않으므로, ①번 'The advantages of slow food(슬로우푸드의 장점들)'는 이 글의 내용과 관련성이 없어 주제로 적절하지 않다.
② 본문에서 패스트푸드의 단점을 언급한 부분이 있으나, 이 내용은 글의 일부에 불과하므로, ②번 'The drawbacks of fast food(패스트푸드의 단점들)'는 글 전체의 내용을 포괄하지 못해 이 글의 주제로 적절하지 않다.
④ 본문에서 슬로우푸드의 기원에 관해 서술하고 있으나, 글의 중반부 이후는 모두 슬로우푸드의 의미에 대해 자세히 서술하고 있다. ④번 'The origin of slow food(슬로우푸드의 기원)'는 슬로우푸드의 의미에 관한 내용을 포괄하고 있지 않아 이 글의 주제로 적절하지 않다.

해석

패스트푸드는 서비스의 속도를 위해 설계된 대량 생산된 음식이다. 그것은 빠르게 생산되고 소비되며, 종종 드라이브스루, 배달, 그리고 포장으로 이동하면서 이용하도록 의도된다. 그것은 먹기에 값싸고 쉽지만 당신과 지구에 반드시 좋은 것은 아닐 수 있다. 슬로우푸드는 패스트푸드의 반대이다. 슬로우푸드 운동은 패스트푸드와 그것이 나타내는 "빠른 삶"에 대한 반응으로 이탈리아에서 1980년대에 시작되었다. 슬로우푸드는 "모두에게 좋고, 깨끗하고, 공정한 음식"에 관한 모든 것이다. 한층 더 나눠보자면, "좋다는 것"은 매일의 권리로써의 맛있는 영양분, 즐거운 공동체의 연결을 만드는 것, 그리고 다양성을 옹호하는 것을 의미한다. "깨끗하다는 것"은 천연자원을 보호하는 것, 사람들과 환경이 서로 의존하도록 돕는 것, 그리고 지역적, 계절적, 지속 가능하게 길러진 음식을 장려하는 것을 의미한다. "공정하다는 것"은 지역과 전 세계의 협력을 만드는 것과 노동의 존엄성을

위해 싸우는 것을 의미한다.
① 슬로우푸드의 장점들
② 패스트푸드의 단점들
③ 슬로우푸드의 의미
④ 슬로우푸드의 기원

어휘

on the go 이동하면서 이용하는
via ~에 의해
drive-through 드라이브스루 (차에 탄 채로 이용할 수 있는 식당·은행 등)
in reaction to ~에 대한 반응으로
represent 나타내다, 상징하다
break down 나누다, 분류하다
further 한층 더, 그 이상으로
nutrition 영양
joyful 즐거운, 기쁜
advocate 옹호하다
diversity 다양성
sustainably 지속 가능하게, 환경 파괴 없이 지속될 수 있게
collaboration 협력
dignity 존엄성
labor 노동

14 정답 ②   유형 독해 > 요지

정답해설

본문은 가연성 물질의 종류에 따른 불의 종류와 그것을 끄는 데 사용되는 물질의 분류에 대한 설명이다. 본문의 초반부에서는 불을 시작하게 한 원인을 알고 소화를 시작할 필요성에 대해 언급하고 있다. 본문의 중반부와 후반부는 불의 원인 물질에 따라 불을 다섯 가지로 구분하고 이 각각의 종류의 불을 끄는데 필요한 물질을 소개하고 있다. 따라서, 이 글의 요지는 ②번 'How to extinguish fire differs based on the fire types(불을 끄는 방법은 불의 종류에 따라 다르다).'가 가장 적절하다.

오답해설

① 본문은 불의 종류와 이를 끄는데 필요한 물질에 대한 소개이다. ①번 'There are various causes of fire(불에는 다양한 원인들이 있다).'는 글의 요지로 적절하지 않다.
③ 본문에서 불을 끄는 유일한 방법이 물을 사용하는 것이 아니라는 점에 초점을 맞춰 서술하고 있지 않으므로, ③번 'Water is not the most widely used extinguisher for fire(물은 불을 끄는 가장 널리 사용되는 소화제가 아니다).'는 이 글의 요지로 적절하지 않다.
④ 본문은 불의 종류뿐 아니라 소화 방법까지 소개하고 있으므로, ④번 'There are five different fire types based on the combustibles(가연성 물질에 따라 다섯 가지의 다른 불의 종류가 있다).'는 이 글의 요지로 적절하지 않다.

해석

당신이 소방관이라면, 급수용 호스를 들기 전에 무엇이 그 불이 시작되게 했는지 알고 싶을 것이다. 왜냐하면 서로 다른 불은 서로 다른 물질을 필요로 하기 때문이다. A종류의 불은 목재, 종이, 그리고 직물과 같은 흔한 가연성 물질들을 포함한다. A종류의 불에는 물이 보통 가장 효과적인 소화 물질이다. B종류의 불은 가솔린, 기름, 그리고 페인트와 같은 가연성 액체를 포함한다. 거품 또는 건조한 화학 물질들이 B종류의 불을 끄는 데 일반적으로 사용된다. C종류의 불은 가전제품과 배선 같은 전자 장비를 포함한다. 이산화탄소 또는 건조한 화학 물질들과 같이 전기를 전할 수 없는 소화 물질이 C종류의 불을 끈다. D종류의 불은 마그네슘과 알루미늄 같은 가연성 금속을 포함한다. 전문화된 건조 가루 물질이 불을 끄는 데 사용된다. K종류의 불은 채소 기름과 라드와 같은 요리용 기름과 지방을 포함한다. 습식 화학 물질과 거품과 같은 물을 기반으로 한 소화 물질이 K종류의 불을 끄기 위해 일반적으로 사용된다.

① 불에는 다양한 원인들이 있다.
② 불을 끄는 방법은 불의 종류에 따라 다르다.
③ 물은 불을 끄는 가장 널리 사용되는 소화제가 아니다.
④ 가연성 물질에 따라 다섯 가지의 다른 불의 종류가 있다.

어휘

agent (특정한 효과, 목적을 위해 쓰이는) 물질
combustibles 가연성 물질
fabric 직물, 천
extinguish 끄다, 끝내다
flammable 가연성의
foam 거품, 포말
typically 일반적으로, 전형적으로
electrical 전기의
appliance 가전제품
wiring 배선
transmit 전하다, 전도하다
specialized 전문화된
lard 라드[돼지비계를 정제하여 하얗게 굳힌 것]

15 정답 ④   유형 독해 > 내용 일치

정답해설

본문은 QR 코드의 원리, 활용과 의미에 관한 서술이다. 본문 초반부에서 QR 코드가 흔한 광경이 되었다고 서술하고 있다. 또한 본문 중반부에서 QR 코드는 사용자들이 인터넷 페이지, 웹사이트, 소셜 미디어 프로필, 또는 온라인상의 상점의 쿠폰에 도달할 수 있도록 한다고 서술하고 있다. 즉, 다양한 곳에 QR 코드가 사용되고 있고 이는 사용자들이 '온라인 매체'에 접속할 수 있도록 돕고 있다는 내용이다. 하지만, ④번 '소비자들은 QR 코드로 온라인과 오프라인 양방향으로 사용할 수 있다.'는 '양방향'으로 사용할 수 있다고 서술하고 있어 본문의 내용과 일치하지 않는다. 본문은 오직 '오프라인'에서 '온라인 매체'로 접속할 수 있도록 돕는 것에 대해 서술하고 있으므로 '양방향'은 옳지 않은 서술이다. 따라서 정답은 ④이다.

오답해설

① 본문 중반부에서 QR 코드가 슈퍼마켓에서의 바코드와 비슷하게 작동한다고 서술하고 있다. 따라서, ①번 'QR 코드는 슈퍼마켓의 바코드와 비슷하게 작동한다.'는 이 글의 내용과 일치한다.
② 본문의 초반부에서 2018년에서 2020년 사이에 QR 코드가 94% 증가하였다고 서술하고 있으므로, ②번 'QR 코드의 사용은 2018년과 2020년 사이에 94퍼센트 증가했다.'는 이 글의 내용과 일치한다.
③ 본문의 중후반부에서, QR 코드를 스캔할 때, 그것의 고유한 패턴은 순식간에 인간이 읽을 수 있는 정보로 번역된다고 설명하고 있으므로, ③번 'QR 코드의 고유한 패턴은 스캔 될 때 읽을 수 있는 자료로 빠르게 변환된다.'는 이 글의 내용과 일치한다.

해석

QR 코드는 거의 하룻밤 사이에 흔한 광경이 되었다 — 시리얼 상자와 광고판에서부터 심지어 직원의 제복에까지. 2018년에서 2020년 사이에 상호 작용에 있어 94% 증가하여, 새로운 터치가 필요 없는 세상에서 QR 코드가 주목할 만한 부활을 목격하고 있다는 것은 부인할 수 없다. QR 코드는 정보를 저장한 스캔 가능한 바코드이다. 마케팅에서 그것들은 인터넷 페이지, 웹사이트, 소셜 미디어 프로필, 또는 인터넷상의 상점의 쿠폰에 도달할 수 있도록 사용자들을 다시 향하게 하는 데 흔히 사용된다. QR 코드는 슈퍼마켓에서의 바코드와 비슷하게 작동한다. 각각의 QR 코드는 서로 다른 정보 조각들을 나타내는 검은 사각형과 점들로 구성된다. 스캔이 될 때, QR 코드의 고유한 패턴이 사람이 읽을 수 있는 정보로 번역된다. 이 번역은 순식간에 일어난다. 사용자들은 QR 리더 또는 스캐너로 그 코드를 스캔해야 하지만, 요즘은 대부분의 사람들이 스마트폰으로 QR 코드를 스캔한다. 마케터들에게 있어, QR 코드는 오프라인과 온라인 매체의 간격을 전략적으로 메울 수 있다.

어휘

billboard (옥외) 광고판
interaction 상호작용
there's no ~ing ~할 수 없다
deny 부정하다, 부인하다
remarkable 주목할 만한, 두드러진
revival 부활
redirect 다시 향하게 하다
land 도착시키다, 내려놓다
consist of 구성되다
represent 나타내다
translate 번역되다, 번역하다
human-readable (부호 등이) 사람이 읽을 수 있는
bridge (공백을) 메우다, 중개 역할을 하다

16 정답 ④   유형 독해 > 삭제

정답해설

본문은 불꽃놀이의 원리에 관한 서술이다. 나머지 번호의 문장들이 모두 불꽃놀이의 과정을 단계적으로 서술하고 있는 데 반해, ④번 문장은 '폭죽이 완전히 꺼진 후에 만져야 한다'는 불꽃놀이를 다룰 때의 '주의 사항'에 대한 서술이다. 이는 전체 맥락을 고려할 때 흐름상 가장 어색한 문장이므로 ④번 문장을 삭제하는 것이 자연스럽다.

오답해설

①, ②, ③ 나머지 선지는 모두 흐름상 자연스러우므로 오답이다.

해석

폭발성의 다양한 색깔의 불꽃놀이는 몇 가지 화학 반응에서 나온다. 공공 불꽃놀이에서 종종 사용되는 가장 흔한 상업용 불꽃놀이 종류들은 로켓과 비슷한 기능들을 보인다. ① 사용자가 도화선에 불을 붙일 때, 그 열이 "shell"이라고 불리는 불꽃놀이의 주요 부분의 바닥에 도달한다. ② 그 "shell"의 바닥은 화약으로 가득 차있고, 점화될 때, 화약이 반응하여 뜨거운 기체와 많은 에너지를 만들어낸다. ③ 이 힘들이 "shell"을 "stars"라고 알려진 작은 조각들로 가득 찬 관 밖으로 발사한다. ④ **핵심은 당신이 그것을 만지기 전에 불꽃놀이가 완전히 꺼지게 하는 것이다.** 불꽃놀이가 특정 높이에 도달하면, 두 번째 도화선이 점화되고 폭발의 돌격을 활성화시킨다. 이것이 불꽃놀이 안에 있는 "stars"를 폭발시키고, 눈부신 색, 소리, 그리고 다른 효과들로 폭발한다.

어휘

explosive 폭발성의
commercial 상업의
black powder 흑색 화약
launch 발사하다
ensure 반드시 ~하게 하다
height 높이
burst 폭발
explode 폭발하다
chemical reaction 화학 반응
display 진열, 전시; 보이다
ignite 점화하다, 점화되다
bit 조각
extinguish (불을) 끄다
activate 작동시키다, 활성화시키다
charge 돌격
set off 폭발시키다

17 정답 ②   유형 독해 > 배열

정답해설

본문은 로봇 수술의 개념과 특징에 관한 서술로 주어진 문장은 로봇 수술 시스템의 특징에 관해 서술하고 있다. 이에 이어 (B)의 첫 문장이 로봇 수술 시스템의 특징을 이어서 서술하고 있으므로 주어진 문장 다음에 (B)가 오는 것이 적절하다. 더해 (B)의 마지막 문장은 로봇 수술이 로봇에 의해 행해지지 않는다고 설명하고 있는데, (A)에서 (B)의 마지막 문장의 내용과 '대체' 관계로 연결사 'Instead(대신에)'를 사용해 로봇에 의해 수술이 행해지는 것이 아니라 외과 전문의가 로봇 팔을 통제하여 행한다고 서술하고 있으므로 (B) 다음에 (A)가 오는 것이 적절하다. 마지막으로 (A)의 마지막 문장은 로봇 수술이 '몸에 끼치는 해를 최소화하는 기술'을 사용한다고 서술하고 있는데, 이 내용에 대한 자세한 설명이 (C)에서 등장한다. (C)에서 '큰 절개를 만드는 것 대신 매우 작은 절개를 이용한다고 서술하고 있는데, 이는 (A)의 마지막 문장이 서술하고 있는 '몸에 끼치는 해를 최소화하는 방법'에 해당한다. 따라서 (A)의 마지막 내용을 (C)가 This로 받아 그 의미를 설명하고 있음을 알 수 있으므로 주어진 문장 이후에 ②번 (B) - (A) - (C)의 순서로 배열하는 것이 흐름상 자연스럽다.

오답해설

① (A)는 '대체'를 나타내는 연결사 Instead(대신에)로 이어지는데, 주어진 문장과 (A)의 내용이 '대체' 관계로 연결되지 않으므로, 주어진 문장에 (A)가 이어지는 것은 흐름상 자연스럽지 않다.
③, ④ (C)의 주어인 This(이것)의 의미는 뒤에 이어지는 내용으로 보아 (A)의 마지막 내용인 몸에 끼치는 해를 최소화하는 기술에 해당한다. 따라서, (A) - (C)의 순서로 연결되는 것이 자연스럽다.

해석

오늘날 가장 널리 사용되는 로봇 수술 시스템은 로봇 팔에 부착된 카메라와 매우 작은 수술 도구들의 사용을 포함한다.
(B) 특별히 훈련받은 외과 전문의가 보통 수술대와 같은 방 안에서 스크린으로부터 로봇 팔을 통제한다. 많은 사람들이 로봇 수술에 대해 믿고 있는 것에 반해, 그것은 실제로 로봇에 의해 행해지지 않는다.
(A) 대신, 외과 전문의가 로봇 팔을 끊임없이 완벽하게 통제한다. 로봇은 도구의 역할을 하고 외과 전문의의 보조로 여겨질 수 있다; 그러므로, 그것은 또한 로봇 보조 수술이라 불린다. 그 수술은 몸에 끼치는 해를 최소화하는 기술을 사용하여 수행된다.
(C) 이것은 수술할 곳을 노출시키고 외과 수술을 수행하기 위해 큰 절개를 만드는 것 대신, 로봇 팔이 외과 전문의의 안내를 받아 매우 작은 도구들을 삽입하기 위해 매우 작은 절개(보통 1에서 2센티미터 정도)를 이용하는 것을 의미한다.

어휘

robotic surgery 로봇 수술
surgeon 외과 전문의
attach 붙다
contrary to ~에 반해서
minimize 최소화하다
procedure 수술, 절차
insert 삽입하다, 끼우다
surgical 수술의
continuously 끊임없이
serve as ~의 역할을 하다
assistant 보조
operating table 수술대
access 이용하다, 접근하다
phenomena 현상들 (phenomenon의 복수 형태)
guide 안내하다, 지도하다
pricey 값비싼
barrier 장벽
constrain 제한하다
budget 예산
biased 편향된, 선입견이 있는
unfair 부당한, 불공평한

18 정답 ④   유형 독해 > 삽입

정답해설

본문은 AI를 학교에서 사용하는 것의 장단점에 관한 서술이다. 주어진 문장에서 AI를 학교에서 사용하는 것에는 단점이 있다고 서술하며 '역접' 관계를 나타내는 연결사 However(하지만)를 사용한 것으로 보아, 주어진 문장이 단점의 존재 가능성에 대해 최초로 언급하는 문장임을 알 수 있다. 즉, 주어진 문장 이전에는 장점에 대한 언급이, 주어진 문장 이후에는 단점에 대한 언급이 등장해야 한다. 이에 해당하는 것이 ④번이므로, 주어진 문장은 ④번에 들어가는 것이 글의 흐름상 가장 자연스럽다.

오답해설

①, ②, ③ 나머지 선지는 모두 흐름상 자연스럽지 않으므로 오답이다.

해석

인공 지능 (AI)는 우리 주변의 세계를 급히 전환시키고 있고, 교육은 예외가 아니다. (①) 학교에서 AI를 사용하는 것에 많은 이점들이 있다. AI는 학습을 개인화할 수 있다. (②) 이것은 학생들이 그들의 개인적인 박자로, 그들이 가장 많은 도움을 필요로 하는 지역에서 학습할 수 있다는 것을 의미한다. AI는 또한 시험지의 점수를 매기고 수업 계획을 만드는 선생님들의 의무를 자동화할 수 있고, 그들[선생님들]이 더 중요한 일에 집중할 수 있게 한다. (③) 게다가, AI는 실현가능하지 않은 것들을 교육하는 새로운 방법을 만들어낼 수도 있다. 예를 들어, AI는 역사적인 사건들이나 과학적인 현상들을 모방해서 만들 수도 있다. (④) **하지만, 학교에서 AI를 사용하는 데 몇몇 부정적인 측면이 있다.** 학생들, 특히 어린 학생들은 배우는 동안 안내를 받은 도움이 필요하다. AI 혼자서는 어린 학생들의 필요를 충족시킬 수 없다. AI는 또한 값비쌀 수 있는데, 이것이 제한된 예산을 가진 대학들에는 장벽(이다). 더구나, AI 시스템은 편향되어 있을 수 있는데, 이것이 대학생들에 대한 부당한 대우를 야기할 수도 있다.

어휘

negative 부정적인
Artificial intelligence (AI) 인공 지능
hastily 급히
transform 전환하다
exception 예외
advantage 이점
personalize (개인의 필요에) 맞추다
tempo 박자
region 지역
automate 자동화하다
duty 의무
feasible 실현가능한
simulate 모방해서 만들다

19 정답 ②   유형 독해 > 빈칸 완성

정답해설

본문은 로맨틱한 사랑에 대한 생물학적 설명을 소개하고 있다. 빈칸은 at the level of biology(생물학의 수준에서)라는 표현 뒤에 이어지고 있어 생물학의 수준에서 설명하는 사랑의 의미에 해당하는 단어가 들어가는 것이 적절하다. 이어지는 내용은 생물학적 수준에서 볼 때 매력을 느끼는 것이 심장 박동이 빨라지고 땀에 젖는 것과 관련 있으며, 이것의 원인이 호르몬인 아드레날린의 분출이라고 서술하고 있다. 즉, 로맨틱한 사랑의 원인이 '호르몬'이라고 설명하고 있으므로 빈칸에는 호르몬에 상응하는 단어인 ②번 'chemicals(화학 물질)'가 들어가는 것이 가장 적절하다.

오답해설

① 본문에서 생물학적 수준의 사랑의 의미와 관련하여 '진화'를 다루고 있지 않으므로, ①번 'evolution(진화)'은 본문의 내용과 관련성이 없으며, 빈칸의 내용으로 적절하지 않다.
③ 본문에서 끌림 과정의 일부가 생리학적 자극과 관련이 있으며, 이 생리학적 자극은 호르몬의 분출 때문이라고 서술하고 있다. 본문에서는 사랑의 의미로 끌림에 초점을 맞춰 서술하고 있지 않으므로, ③번 'attraction(끌림)'은 빈칸의 내용으로 적절하지 않다.
④ 본문에서 사랑의 의미와 관련하여 사랑하는 사람들 사이의 유사성 등에 초점을 맞춰 서술하고 있지 않으므로, ④번 'similarities(유사성)'는 본문의 내용과 관련성이 없으며, 빈칸의 내용으로 적절하지 않다.

해석

시인, 소설가, 그리고 작사가들은 사랑을 무수한 어구의 전환으로 묘사해 왔지만, 생물학의 수준에서, 그것[사랑]은 모두 <u>화학 물질</u>에 관한 것이다. 로맨틱한 사랑의 생리학이 아직 광범위하게 연구되지는 않았지만, 과학자들은 깊은 끌림의 증상을 그것들의 논리적 원천으로 추적하여 밝혀낼 수 있다. University of Texas의 인간 생태학 조교수인 Timothy Loving에 따르면, 끌림 과정의 일부는 신체적 흥분이나 고조된 신체적 반응에 강력하게 연결되어 있다. 일반적으로, 그것은 증가된 심장 박동, 땀에 젖는 것 등으로 시작된다. 당신이 사랑하는 사람을 볼 때, 그리고 당신의 심장이 당신의 의지와는 상관없이 바쁘게 돌아가기 시작할 때, 그것은 아드레날린의 분출 때문이다. 뇌는 아드레날린 조직에 신호를 보내는데, 그것이 아드레날린 호르몬을 분비한다. 그것들이 혈액을 통해 흐르고 심장이 더 빠르고 강하게 뛰게 만든다.

① 진화
② 화학 물질
③ 끌림
④ 유사성

어휘

describe 묘사하다
countless 무수한

turn 전환
physiology 생리학
have yet to 아직 ~하지 않았다
extensively 광범위하게
trace 추적하여 밝혀내다
attraction 끌림, 매력
ecology 생태학
excitement 흥분
heighten 고조되다, 고조시키다
sweatiness 땀에 젖음
catch sight of ~을 보다, ~을 찾아내다
beloved 사랑하는
regardless of ~와 상관없이
race 바쁘게 돌아가다
will 의지
organ [생물] 기관, 장기, 조직
secrete 분비하다

20 정답 ③
유형 독해 > 빈칸 완성

정답해설
본문은 색깔이 식욕에 미치는 영향에 관한 서술이다. 빈칸이 포함된 문장은 On the other hand(반면에)를 이용하여 이전 내용과 대조되는 내용이 이어지고 있다. 더해 파란색을 제거하라는 주절의 내용에 이어진 known as로 보아 파란색이 어떠한 기능을 하는 것으로 알려져 있는지가 빈칸에 들어갈 내용임을 알 수 있다. 빈칸 이전 내용은 빨간색과 노란색이 식욕을 증가시킨다는 내용이므로, 빈칸이 포함된 문장은 이와 대조를 이루어 파란색이 식욕을 감소시키는 내용이 될 것임을 예상할 수 있다. 또한, 빈칸이 포함된 문장 이후에 이어지는 내용은 파란색이 식욕을 감소시키는 이유와 식욕 감소를 위해 다이어트를 하는 사람들에게 파란색 접시를 이용할 것을 추천하는 것으로 이어진다. 따라서, 빈칸에는 식욕 감소와 관련한 표현인 ③번 'an appetite suppressant(식욕 억제제)'가 들어가는 것이 가장 적절하다.

오답해설
① 본문은 색깔과 식욕과의 관련성에 대한 글이며, 빈칸에는 파란색의 식욕 관련 기능에 관한 서술이 들어가는 것이 적절하다. 빈칸 이후의 내용으로 보아 파란색은 식욕을 떨어뜨리는 기능을 하므로 빈칸에는 식욕 감소와 관련한 내용이 들어가는 것이 적절하며, ①번 'a customers keeper(고객을 유지하게 하는 것)'는 오히려 이 내용과 상반되므로, 빈칸에 들어가기에 적절하지 않다.
② 빈칸에는 파란색의 식욕 감소 기능에 관한 내용이 들어가는 것이 적절하므로, ②번 'a hunger stimulator(배고픔 자극제)'는 이 내용과 상반되어 빈칸에 들어가기에 적절하지 않다.
④ 빈칸에는 파란색의 식욕 감소 기능에 관한 내용이 들어가는 것이 적절하므로, ④번 'a taste receptor exaggerator(맛 수용기 과장제)'는 이 내용과 관련성이 없어 빈칸에 들어가기에 적절하지 않다.

해석
식당 경영자들이 손님들을 그들에게 계속 돌아오도록 하는 영리한 방식은 그들 사업체의 벽들을 특정한 색깔로 색칠하는 것만큼 간단할 수도 있다. 믿거나 말거나, 특정한 색들은 식욕을 자극하거나 식욕을 잃게 만들 수 있다. 예를 들어, 빨간색은 활기 있고 많은 감각들을 자극하여, 직접적으로 당신의 식욕에 영향을 미친다. 많은 식당들은 또한 노란색도 그들의 실내 장식에 포함하는데, 그것은 식욕을 증진시킨다. McDonald의 "golden arches"가 왜 빨간색과 노란색인지 궁금했던 적이 있는가? 이 색의 조합은 당신의 뇌에 강력한 배고픔의 메시지를 보낸다. 반면에, 식욕 억제제라고 알려진 파란색은 제거하라. 자연에 파란색 색깔로 되어 있는 과일과 채소가 거의 없기 때문에, 마음과 위장은 자연스럽게 스스로를 파란색 색조로부터 분리시킨다. 이것 때문에, 몇몇 체중 감량 프로그램들은 다이어트를 하는 사람들에게 파란색 접시로 음식을 먹으라고 제안한다.
① 고객을 유지하게 하는 것
② 배고픔 자극제
③ 식욕 억제제
④ 맛 수용기 과장제

어휘
restaurateur 식당 경영자
diner (특히 식당에서) 식사하는 손님
stimulate 자극하다
appetite 식욕
energetic 활기 있는, 활동적인
decor (건물의 실내) 장식
combination 조합, 결합
hunger 배고픔, 굶주림
consist 이루어져 있다
naturally 자연스럽게
dissociate 분리해서 생각하다
shade 색조
suppressant 억제제
receptor (인체의) 수용기
exaggerator 과장적인 것

7회 꼼꼼한 고퀄리티 해설

기출 DATA: 2022 국가직 9급

빠른 정답 Check									
01	②	02	④	03	①	04	①	05	①
06	②	07	②	08	①	09	②	10	②
11	③	12	①	13	①	14	③	15	②
16	③	17	④	18	②	19	②	20	③

01 정답 ②   유형 어휘 > 유의어 찾기

정답해설

밑줄 친 preserve는 '지키다, 보존하다'를 뜻한다. 따라서 preserve와 의미가 가장 가까운 것은 ② defend(지키다, 방어하다)이다.

해석

역사학자들은 역사적 공예품을 문서에 기록함으로써 국가의 문화유산을 지키려고 노력한다.
① 모욕하다
② 방어하다
③ 알리다, 공표하다
④ 둘러싸다, 포함하다

어휘

historian 역사학자
cultural heritage 문화유산
historical 역사적, 역사상의
endeavor ~하려고 노력하다
document 문서에 기록하다
artifact 공예품

02 정답 ④   유형 어휘 > 유의어 찾기

정답해설

밑줄 친 mandatory는 '의무적인, 강제적인'을 뜻한다. 따라서 mandatory와 의미가 가장 가까운 것은 ④ compulsory(의무적인, 강제적인)이다.

해석

회사는 직장 내 평등을 촉진하기 위해 의무적인 다양성 교육을 시행했다.
① 순진한, 소박한
② 긴급한
③ 자발적인
④ 의무적인, 강제적인

어휘

implement 시행하다
training 교육
equality 평등
diversity 다양성
promote 촉진하다
workplace 직장

03 정답 ①   유형 어휘 > 유의어 찾기

정답해설

밑줄 친 ring a bell은 '익숙하게 들리다, 기억나다'를 뜻한다. 따라서 'ring a bell'과 의미가 가장 가까운 것은 ① sound familiar(익숙하게 들리다)이다.

해석

당신이 제시한 개념이 익숙하게 들리는 것 같지 않아서, 인식을 돕기 위한 추가적인 맥락이 필요할 것이다.
① 익숙하게 들리다
② 이상하게 들리다
③ 흥미롭게 들리다
④ 무섭게 들리다

어휘

concept 개념
additional 추가적인
aid 돕다
present 제시하다
context 맥락
recognition 인식, 알아차림

04 정답 ①   유형 어휘 > 유의어 찾기

정답해설

주어진 글에서 빈칸이 포함된 문장 이후 대명사 It을 활용하여 빈칸에 들어갈 말에 관해 서술하고 있다. 주어진 글에서 서술하고 있는 '진정한 잠재력과 재능을 끌어낸다', '중요한 것은 어떻게 그것을 극복하느냐는 것이다' 등을 보아 빈칸에 들어갈 말은 '극복해야 하는 대상'임을 알 수 있다. 특히나 주어진 글에서 '성공을 이루기 위해 그것을 극복하는 것이 중요하다'라고 서술한 후 마지막 문장에서 '어떤 사람도 barrier(장벽, 장애물)를 직면하지 않고 성공을 이룬 적이 없다'라고 부연 설명하고 있는 것으로 보아 주어진 글에서 서술하는 것은 barrier에 상응하는 obstacle임을 알 수 있다. 따라서 정답은 ① obstacle(장애물)이다.

해석

인생을 흥미롭게 만드는 것들 중 하나는 장애물이다. 그것은 인생의 여정 중에 중요한 역할을 하고 당신의 진정한 잠재력과 재능을 끌어낸다. 중대한 관점은 성공을 이루기 위해 당신이 어떻게 그것을 극복하느냐는 것이다. 어떤 사람도 장벽을 직면하지 않고 성공을 이룬 적이 없다.
① 장애물
② 원칙, 원리, 신념
③ 반감, 혐오
④ 미신

어휘

vital 필수적인
bring out ~을 끌어내다
crucial 중대한, 결정적인
overcome 극복하다
barrier 장벽, 장애물
journey 여정, 여행
talent 재능, 재주
aspect 관점, 양상
face 직면하다

05 정답 ①

유형 어휘 > 빈칸 완성

정답해설
해당 문장의 주어인 Diplomatic negotiations(외교적 협상)와 빈칸 이후에 제시된 a potential international conflict(잠재적인 국제 갈등) 사이의 관계가 빈칸에 들어가야 적절하다. 즉 '외교적 협상을 통한 갈등을 막는다'라는 문맥이 적절하므로 빈칸에는 ① head off(막다, 예방하다)가 가장 적절하다.

해석
외교적 협상은 잠재적인 국제 갈등을 막고 평화로운 해결책을 촉진하기 위해서 시작되었다.
① ~을 막다, 예방하다
② ~을 덮다
③ ~에 아첨하다
④ ~을 이용하다

어휘
diplomatic 외교적인
initiate 시작하다
conflict 갈등
peaceful 평화로운
negotiations 협상
potential 잠재적인
promote 촉진하다
resolutions 해결책

06 정답 ②

유형 문법 > 문장

정답해설
② X (have contributed → has contributed)
더블 출제포인트: 168 It ~ that 강조 구문 / 189 관계대명사의 선행사와 관계절 동사와의 수일치
해당 문장은 'The teamwork has contributed to our achievements'에서 주어인 The teamwork를 강조하고자 「It ~ that 강조 용법」을 사용하고 있다. 주어진 문장은 It is와 that 사이에 the teamwork를 강조하고 나머지 문장을 that 이하에 제시한 문장이다. 따라서 that 이하에 제시된 동사는 주어인 단수명사 the teamwork의 동사이므로 단수 동사로 수일치 해야 한다. 즉, 동사인 have contributed를 has contributed로 수정해야 한다.

오답해설
① O
더블 출제포인트: 012 4형식 동사의 3형식 전환 시 사용되는 전치사 / 113 to 부정사의 부사적 용법
해당 문장의 To solve this problem은 '이 문제점을 해결하기 위해'를 뜻하는 부정사의 부사적 용법으로 문맥상 적절하게 사용되었다. 또한 lend는 4형식 수여동사 또는 3형식 완전타동사로 사용될 수 있다. 주어진 문장에 사용된 lend는 '~ you can lend me your expertise'에서 '~ you can lend your expertise to me'로 간접목적어 me와 직접목적어 your expertise의 위치가 바뀌어 3형식 문장으로 전환되었다. 이때 간접목적어 me 앞에는 전치사 to를 사용함에 유의해야 한다.
③ O
출제포인트: 074 전치사+추상명사
해당 문장은 주격 보어로 「전치사 + 추상명사」 형태인 of interest가 사용되었다. 이때, of interest는 주어진 문장에서 interesting(흥미를 일으키는)의 역할을 하고 있으므로 주어인 The scientific research paper의 주격 보어로 문맥상 적절하게 사용되었다.

④ O
더블 출제포인트: 111 목적격 보어로 to부정사를 취하는 동사 / 074 전치사+추상명사
해당 문장은 동사인 enable이 불완전 타동사로서 「enable + 목적어 + to 동사원형」 형태로 '~에게 ...을 가능하게 하다'의 의미로 문맥상 적절하게 쓰이고 있다. 또한 주어진 문장의 with ease는 「전치사 + 추상명사」 형태이며, 부사 easily의 의미로 적절하게 사용되었다.

해석
① 이 문제를 해결하기 위해, 당신은 당신의 전문 지식을 나에게 빌려줄 수 있다.
② 우리의 업적에 기여해 온 것은 바로 그 협력이다.
③ 이 과학 연구 논문은 이 분야의 학자들에게 흥미를 일으킨다.
④ 새로운 소프트웨어는 사용자가 복잡한 작업을 쉽게 수행하는 것을 가능하게 할 것이다.

어휘
lend 빌려주다
expertise 전문 지식
contribute 기여하다
achievement 성과
scientific research paper 과학 연구 논문
scholar 학자
field 분야
enable 가능하게 하다
perform 수행하다
complex 복잡한

07 정답 ②

유형 독해 > 내용 일치

정답해설
본문은 외계 문명 분류 방법인 Kardashev 등급에 관한 서술이다. 본문의 중반부 이후의 서술에 따르면, Kardashev 등급은 에너지 사용을 기반으로 외계 문명을 '분류하기 위한 시스템'이다. 이는 ②번 'The Kardashev scale was invented for the purpose of communication with aliens(Kardashev 등급은 외계인들과의 의사소통을 목적으로 발명되었다).'에서 서술하고 있는 외계인들과의 '의사소통'을 위한 시스템이 아니므로 ②번은 이 글의 내용과 일치하지 않는다.

오답해설
① 본문의 중반부 이후에서 Kardashev 등급은 한 문명이 얼마나 많은 에너지를 사용하는지를 기반으로 외계인 문명을 분류하기 위한 체계라고 서술하고 있으므로, ①번 'The Kardashev scale classifies alien civilizations using their level of energy use(Kardashev 등급은 외계인 문명의 에너지 사용 수준을 이용하여 외계인 문명을 분류한다).'는 이 글의 내용과 일치한다.
③ 본문의 후반부에서, Type I은 지구에서 현재 이루어진 수준에 가까운 수준이라고 서술하고 있으므로, ③번 'Type I of the Kardashev scale falls on an alien civilization with a similar energy level as us(Kardashev 등급의 type I은 우리와 유사한 에너지 수준을 가진 외계 문명에 해당한다).'는 이 글의 내용과 일치한다.
④ 본문의 중반부에서, Kardashev 등급은 1964년에 이 체계를 제안한 Soviet 천문학자의 이름을 따서 이름 지어졌다고 서술하고 있으므로, ④번 'A Soviet astronomer Kardashev proposed a classification

system for alien civilization in 1964 (Soviet 천문학자 Kardashev가 1964년에 외계 문명을 위한 분류 시스템을 제안했다).'는 이 글의 내용과 일치한다.

해석

수십 년 동안, 지구 너머 생명의 가능성을 고려하는 과학자들은 그러한 생명체가 어떻게 생겼을지, 인간이 멀리서 그것을 어떻게 확인할 수 있을지, 그리고 두 세계 사이의 의사소통이 가능할지에 대해 생각해왔다. 그 생각은 외계인들로 채워질 준비가 된 분류 체계의 개발을 포함했다. 그러한 하나의 체계는 1964년에 그것을 제안하고 외계인 문명들이 이용할 수 있는 에너지에 근거해서 외계인 문명들을 평가한 Soviet의 천문학자의 이름을 따서, Kardashev 등급이라고 불린다. 다시 말해, Kardashev 등급은 가상의 외계인 문명을 위한 분류 체계이다. 이 등급은 한 문명이 얼마나 많은 에너지를 사용하는지를 기반으로 세 개의 분류를 포함한다. Type I은 지구에서 현재 이루어진 수준에 가까운 기술 수준이고, type II는 그것의 별에 의해 내뿜어지는 에너지를 이용하는 능력이 있는 문명이고, type III는 그것의 은하 규모에서 에너지를 소유하는 문명이다.

① Kardashev 등급은 외계인 문명의 에너지 사용 수준을 이용하여 외계인 문명을 분류한다.
② Kardashev 등급은 외계인들과의 의사소통을 목적으로 발명되었다.
③ Kardashev 등급의 type I은 우리와 유사한 에너지 수준을 가진 외계인 문명에 해당한다.
④ Soviet 천문학자 Kardashev가 1964년에 외계 문명을 위한 분류 시스템을 제안했다.

어휘

ponder 숙고하다, 곰곰이 생각하다　identify 확인하다
from a distance 멀리서　classification 분류, 유형
alien 외계인　scale 등급; 규모[범위]
astronomer 천문학자　evaluate 평가하다
civilization 문명, 문명사회　based on ~에 근거하여
harness 이용하다　imaginary 가상적인, 상상에만 존재하는
extraterrestrial 외계인　presently 현재
attain 이루다, 이르다　radiate 내뿜다
possess 소유하다　galaxy 은하(계)

08 정답 ①　유형 문법 > 밑줄

정답해설

① X (are measured → is measured)
더블 출제포인트: 180 주어-동사 수일치 / 048 능동태 vs. 수동태
밑줄 친 동사인 are measured는 whether절의 동사에 해당된다. 해당 동사의 주어는 the success이며 단수형 주어이므로 단수 동사와 수일치해야 한다. 따라서 are measured는 is measured로 수정해야 한다. 더해 문장의 주어인 success(성공)와 동사 measure(~을 측정하다)의 관계가 문맥상 능동이 아닌 수동의 의미로 '성공이 측정되다'를 뜻하므로 수동태인 is measured(측정되다)는 적절하게 사용되었다.

오답해설

② O
더블 출제포인트: 148 목적격 관계대명사 / 155 관계사절 삽입
밑줄 친 whom은 목적격 관계대명사로 사용되어 선행사인 scholars를 적절하게 수식하고 있다. 더해, whom이 이끄는 관계사절 whom the ~ contributors는 관계사절의 선행사이자 문장의 주어인 scholars와 동사

receive 사이에 삽입되었다. 주어와 동사 사이에 관계사절이 삽입된 경우 주어와 동사의 수일치에 유의해야 한다.
③ O
출제포인트: 181 명사 - 대명사 수일치
밑줄 친 their는 문맥상 scholars를 지칭하고 있으므로 지시대명사의 소유격인 their는 적절하게 사용되었다.
④ O
더블 출제포인트: 161 등위(상관)접속사 병렬구조 / 180 주어-동사 수일치
밑줄 친 retains는 등위접속사 and 이전의 동사 attracts와 병렬구조를 이루고 있다. 해당 문장의 주어가 단수 형태인 the institution이므로 적절하게 수일치되었다.

해석

학문 기관의 성공이 연구의 영향력이나 학생 만족도에 의해 측정되는지는 여전히 불분명한 채로 남아있다. 그럼에도 불구하고, 학술 지도력을 주요 기여자로 인정하는 학자들은 그들의 연구 노력에 대해 찬사를 받는다. 긍정적인 학술 환경 조성을 통해, 기관은 뛰어난 학자들을 유치하고 유지한다.

어휘

academic institutions 학문 기관　measure 측정하다
satisfaction 만족도　academic leadership 학술 지도력
key contributor 주요 기여자　acclaim 찬사, 칭찬
cultivation 조성　scholarly environment 학술 환경
attract 유치하다, 유혹하다　retain 유지하다
accomplished 뛰어난, 성취한　academic 학구적인 사람, 대학교수

09 정답 ②　유형 독해 > 제목

정답해설

본문은 25,000년 전의 그림이 그려져 있는 아폴로 11호라는 이름이 붙은 동굴에 대한 소개이다. 본문의 초반부에서 이 동굴에서 25,000년 전에 그림이 그려졌다고 서술하며, 본문의 중반부는 이 동굴에 아폴로 11호라는 이름이 붙은 이유에 관해 서술하고 있다. 이어 본문의 후반부는 이 동굴의 그림이 인간의 예술적인 표현의 가장 초기 증거 중 하나라고 서술하고 있다. 따라서 주어진 글이 동굴의 돌에 담긴 '초기 인간 예술'에 중점을 두고 있음을 알 수 있으므로 이 전체 내용을 함축적으로 표현한 제목으로는 ②번 'Apollo 11 Cave Stones: Early Human Art(아폴로 11호 동굴의 돌들: 초기 인류의 예술)'가 가장 적절하다.

오답해설

① 본문에서 서술하고 있는 아폴로 11호 동굴의 의미는 가장 초기의 인간 예술이라는 점이다. ①번 'Apollo 11 Cave: Finding Matching Pieces (아폴로 11호 동굴: 짝이 맞는 조각 발견하기)'는 이 글의 소재와는 일치하나 이 소재의 의미인 가장 초기의 인간 예술이라는 내용에 관해 서술하고 있지 않으므로, 이 글의 제목으로 적절하지 않다.
③ 본문은 달 탐사선인 아폴로 11호에 관한 서술이 아니므로, ③번 'Apollo 11: The Same Things on the Moon and the Earth(아폴로 11호: 지구와 달의 공통점)'는 이 글의 제목으로 적절하지 않다.
④ 본문의 아폴로 11호 동굴은 지리학적 발견이 아니라 초기 인간의 예술에 대한 발견이므로, ④번 'Apollo 11 Cave: The Most Important Geographical Discoveries(아폴로 11호 동굴: 가장 중요한 지리학적 발견들)'는 이 글의 내용과 상이하여 제목으로 적절하지 않다.

해석

약 25,000년 전에, 아프리카의 남서 해안에 있는 나미비아의 Huns 산맥

에 있는 한 바위 거처 안에서, 손 크기의 돌 조각 위에 숯으로 한 마리의 동물이 그려졌다. 1969년에, 독일인 고고학자인 W.E. Wendt가 이끄는 팀이 그 바위 주거지를 발굴했고 최초의 조각을 찾았다. Wendt는 그의 라디오로 NASA의 성공적인 달로 가는 우주 임무에 대해 듣자마자 이 동굴을 "아폴로 11호"라고 이름 지었다. 하지만, 고고학자들과 예술 사학자들이 이 발견의 의미를 이해하기 시작한 것은 Wendt가 짝이 맞는 조각을 발견한 그다음의 발굴 이후에 삼 년 이상이 지나고 나서였다. 몇몇의 동물 형상의 흔적을 그린, 일곱 개의 돌 조각들이 동굴 바닥의 집중된 지역에 묻혀 있던 것이 발견되었다. 고고학자들은 이 동굴의 돌들이 남부 아프리카에서 중석기 기간 동안에 묻혔다고 추정하는데, 이것은 그것들을 전 세계에서 인간의 예술적인 표현의 가장 초기 증거 중 하나로 만든다.

① 아폴로 11호 동굴: 짝이 맞는 조각 발견하기
② 아폴로 11호 동굴의 돌들: 초기 인류의 예술
③ 아폴로 11호: 지구와 달의 공통점
④ 아폴로 11호 동굴: 가장 중요한 지리학적 발견들

어휘

charcoal 숯, 목탄
excavate 발굴하다
fragment 조각
subsequent 그다음의
significance 의미, 중요성
trace 자취, 흔적
bury 묻다
archaeologist 고고학자
archaeologist 고고학자
shelter 주거지
upon ~ing ~하자마자
excavation 발굴
depict 그리다, 묘사하다
figure 모습
estimate 추정하다
artistic 예술적인

10 정답 ②   유형 독해 > 삭제

정답해설

본문은 범고래(Orca)의 특징에 관한 서술이다. 나머지 번호가 모두 범고래의 특징, 특히 범고래의 사회적인 특성에 초점을 맞춘 서술인 데 반해, ②번은 범고래와 구분되는 '돌고래의 특징'에 대한 서술로 글의 핵심 소재 자체가 다르다. 따라서 ②번 문장을 삭제하는 것이 글의 흐름상 가장 자연스럽다.

오답해설

④ 나머지 문장이 모두 범고래라는 단어를 명시적으로 사용하였으나, ④번 문장은 범고래라는 단어가 등장하지 않는다. 또한, 나머지 문장이 모두 범고래의 사회관계와 유대관계에 초점을 맞춰 서술하고 있는데 ④번 문장은 번식에 관한 서술로 보여, ④번 문장이 흐름상 부자연스럽다고 여겨질 수 있다. 하지만 ③번과 이후 문장이 범고래의 유대관계에 관한 설명들이며, 특히 ④번과 그 이후 문장이 범고래 새끼와 어미의 유대관계를 설명하기 위한 문장으로 자연스럽게 연결된다. 따라서, ④번은 생략할 수 없는 흐름상 자연스러운 문장이다.

①, ③ 나머지는 모두 흐름상 자연스러우므로 오답이다

해석

범고래는 돌고래 중 가장 크고 세계에서 가장 강력한 포식자 중 하나이다. 그들은 특유의 검은색과 흰색으로 즉각적으로 알아볼 수 있다. ① 똑똑하고 사회적이어서, 범고래들은 다양한 의사전달의 소리를 내고, 각각의 무리는 멀리서도 그것의 구성원을 인식할 수 있는 고유한 소리를 가진다. ② **돌고래는 또한 범고래와 비교해 볼 때 더 뚜렷한 미소를 가지고 있다.** ③ 범고래는 새끼를 보호하고, 다른 젊은 암컷들이 종종 새끼를 돌보는 데 있어 어미를 돕는다. ④ 어미는 한 번에 한 마리의 새끼를 낳는데, 최대 2년 동안 모유를 먹일 수도 있다. 대부분의 경우에, 새끼와 어미의 유대는 결국 약해질 것이고, 어린 범고래는 자신의 길을 가겠지만, 몇몇 무리에서, 이 새끼는 자신이 태어난 무리에 평생 머무를 수도 있다.

어휘

orca 범고래
recognizable 알아볼 수 있는
communicative 의사전달의
in comparison to ~와 비교해 볼 때
give birth to ~을 낳다
juvenile 어린 동물
predator 포식자
distinctive 특유의, 독특한
conspicuous 뚜렷한, 눈에 잘 띄는
adolescent 젊은, 청년기의
breastfeed 모유를 먹이다
weaken 약해지다

11 정답 ③   유형 생활영어 > 빈칸

정답해설

해당 대화에서 A와 B는 '커뮤니티 행사'에 대해 이야기를 나누고 있다. B가 커뮤니티 행사 소식을 몰랐다며 '아직 알려지지 않은 내용'을 '어떻게 알았냐'라고 A에게 묻자, A는 빈칸의 답변 이후 '이웃들이 이야기하고 있었다'라고 대답하고 있다. 따라서 A가 이웃들이 하는 이야기를 듣고 알려지지 않은 커뮤니티 행사에 대해 알았음을 알 수 있으므로 빈칸에는 ③ 'The news spread by word of mouth(그 소식이 사람들의 입에서 입으로 전해졌어).'가 가장 적절하다.

오답해설

① Tell me about it은 '내 말이 그말이야, 무슨 말인지 잘 알아'를 뜻하며, 상대방의 말에 공감할 때 사용하는 표현이다. 해당 선지는 빈칸 이전에 B가 '어떻게 알았는지' 방법에 관해 묻고 있으므로 적절하지 않다.
② That's news to me는 '금시초문이야'를 뜻한다. 해당 대화에서 A는 커뮤니티 행사에 대해 이미 알고 있으므로 해당 선지는 적절하지 않다.
나머지 선택지는 문맥상 적절하지 않으므로 오답이다.

해석

A: 그들이 다음 주에 커뮤니티 행사를 계획하고 있다는 거 알았어?
B: 아니, 전혀 몰랐어. 아직 알려지지 않았잖아. 어떻게 알았어?
A: 그 소식이 사람들의 입에서 입으로 전해졌어. 어떤 이웃들이 그것에 대해 이야기하고 있었어.
B: 행사 정보가 누설되었나 보네. 최근에 들은 얘기가 더 있어?
A: 아니. 나는 그냥 기대감을 가지고 행사를 기다리고 싶어.
B: 같은 생각이야. 김새고 싶지 않아.

① 내 말이 그말이야, 무슨 말인지 잘 알아
② 금시초문이야
③ 그 소식이 사람들의 입에서 입으로 전해졌어
④ 그 행사는 아주 드물게 개최돼

어휘

I have no idea. 저는 모르겠어요.
announce 알리다, 발표하다
guess 추측하다
leak 누설하다, 누출시키다
anticipation 기대, 희망
feel the same way 같은 생각을 하다
spoil one's fun 김새다
take place 개최되다

12 정답 ①

유형 생활영어 > 빈칸

정답해설

해당 대화에서 A와 B는 '프로젝트 마감과 Tom'에 대해 이야기를 나누고 있다. 대화를 통해 Tom은 이미 '지연'에 대한 경고를 받은 상태에서도 프로젝트 보고서를 제출하지 못해 '성과 부진'을 보이고 있음을 알 수 있다. 빈칸 문장 이후에 A가 'Losing a job(직업을 잃는 것)'에 대해 언급하자 B가 'I couldn't agree more(전적으로 동의해).'라며 '동의'를 표현하고 이번 계기를 'reminder(상기시키는 것)'로 여긴다는 말로 빈칸에 들어갈 말을 유추할 수 있다. 따라서 빈칸에는 Tom의 실직과 관련된 표현인 ① 'gets the sack(해고되다)'이 가장 적절하다.

오답해설

④ dos and don'ts는 '해도 좋은 일과 해서는 안 되는 일'을 의미하므로, 주어진 문맥에 적절하지 않다.
나머지 선택지는 문맥상 적절하지 않으므로 오답이다.

해석

A: 오늘까지인 프로젝트 보고서 완성했어? 우리 매니저가 그것에 대해 정말 걱정하는 것처럼 보였어.
B: 내가 (제출)했어. 그런데 Tom이 아직 그의 분량을 제출하지 않았다고 들었어. 그는 항상 마감 시간을 놓쳐.
A: 그건 심각한 문제야. 매니저가 지난주에 지연의 결과에 대해 경고했어.
B: 응, Tom이 곧 해고돼도 놀라지 않을 거야. 사실, 그의 성과가 지속적으로 부진해.
A: 유감스러운 일이야. 직장을 잃는다는 것은 힘들 수 있어.
B: 전적으로 동의해. 이건 우리 모두가 집중하고 마감 시간을 지킬 것을 상기시켜줘.
① 해고되다
② 그것이 이치에 맞다고 말하다
③ 그것을 더 이상 참을 수 없다
④ 나에게 해도 좋은 일과 해서는 안 되는 일을 말해주다

어휘

anxious 걱정하는, 불안한
deadline 마감 시간
consequences 결과
performance 성과
unfortunate 유감스러운
tough 힘든
submit 제출하다
warn 경고하다
delay 지연
consistently 지속적으로
losing a job 직장을 잃는 것
reminder 상기시키는 것

13 정답 ①

유형 문법 > 영작

정답해설

① X (by  from)
더블 출제포인트: 008 전치사 from과 함께 사용되는 완전타동사 / 020 완전타동사 help
「keep + 목적어 + from ~ing」는 '…가 ~하는 것을 막다, 방해하다'를 뜻한다. 해당 문장은 주어진 우리말 해석이 '스트레스가 마음을 압도하지 않도록'이므로 동사 keep 이후 전치사 by를 from으로 수정해야 한다. 더해 「keep + 목적어 + (on) ~ing」는 '…가 ~하도록 유지하다'를 뜻하므로 문맥상 의미에 주의해야 한다. 또한 help는 원형 부정사 또는 부정사를 목적어로 갖는 타동사로 주어진 문장의 원형부정사인 keep은 helps의 목적어로 적절하게 사용되었다.

오답해설

② O
출제포인트: 044 시간의 부사구 ago vs. before
해당 문장에서 과거를 나타내는 시간의 부사구인 three years ago(3년 전에)가 사용되었으므로 과거 동사인 made는 옳게 사용되었다.
③ O
출제포인트: 005 빈출 자동사
해당 문장의 emerge는 완전자동사로 전치사 from과 함께 쓰여 '~로부터 나타나다(emerge from)'의 의미로 적절하게 사용되었다.
④ O
더블 출제포인트: 079 명사 기타 표현 / 041 시간의 부사구에 따른 시제 판단
주어진 문장은 「a handful of + 복수명사」가 사용되어 '소수의 ~들'의 의미로 적절하게 사용되었다. 더해 시간의 부사구 last semester(지난 학기에)가 사용되었으므로 과거동사 achieved의 쓰임은 적절하다.

어휘

overwhelm 압도하다
civilization 문명
collective 집단적인
semester 학기
strategic 전략적인
emerge 나타나다
achieve 성취하다

14 정답 ③

유형 문법 > 영작

정답해설

③ X (doesn't have no doesn't have any 또는 has no)
더블 출제포인트: 124 동명사 주요 표현 / 084 부분부정, 전체부정
주어진 문장의 'have no objection to ~ing'는 '~에 대한 이의가 없다'를 뜻하며, 같은 의미로 'don't have any objection to ~ing'도 사용한다. 따라서 해당 문장의 doesn't have no objection은 옳지 않다. doesn't have no는 doesn't have any 또는 has no로 수정해야 한다. 일반적으로 부정의 의미인 not과 no는 함께 사용하지 못함에 주의해야 한다.

오답해설

① O
더블 출제포인트: 052 It be p.p. that 구문 / 049 완료시제의 수동태
주어진 문장의 「It was said that 주어 + 동사」는 '~라고 회자 되었다'의 의미로 옳게 사용되었다. 또한 that절 이하의 동사 'had been implemented'는 과거완료 수동태로 문맥상 적절하게 사용되었다.
② O
출제포인트: 081 부정대명사 vs. 지시대명사
해당 문장의 타동사구인 throw away는 이어동사로 대명사 목적어를 갖는 경우 throw와 away 사이에 목적어를 위치시켜야 한다. 따라서 threw them away는 적절하게 사용되었다. 더해 주어진 문장의 room은 '방'이 아닌 '공간, 장소'의 의미로 사용되었다.
④ O
더블 출제포인트: 095 이성/인성/난이 형용사 / 115 to 부정사의 의미상 주어
해당 문장은 난이 형용사 easy가 사용된 문장이다. 가주어 It, 보어로 사용된 난이 형용사 easy, 진주어 to learn이 사용되었으며, for him은 의미상 주어로 문맥상 적절하게 사용되었다.

어휘

policy 정책
implement 시행하다

throw away 버리다
furniture 가구
consistent 한결같은, 일관된
make room 공간을 만들다
committee 위원회

slight 약간의
halfway 중간에, 가운데쯤에
expand 확장되다, 확대되다
tipping point '갑자기 뒤집히는 점'이란 의미로 엄청난 변화가 작은 일로 시작해 급속하게 발생할 수 있다는 개념
rest on ~에 놓여 있다, 의지하다
symbolic 상징적인, 나타내는

15 정답 ②

유형 독해 > 연결사

정답해설

본문은 "tipping point"라는 표현의 의미에 관한 서술이다.
(A) 빈칸 (A) 이전 문장은 물리학에서의 tipping point의 일반적 의미를 서술하고 있고, (A) 이후 문장은 테이블에 받쳐진 컵이라는 구체적인 상황을 통해 tipping point의 의미를 서술하고 있다. 즉, (A) 이전 문장과 이후 문장이 '예시' 관계로 연결되어 있으므로, (A)에는 'For example(예를 들어)' 또는 'For instance(예를 들어)'가 적절하다.
(B) 빈칸 (B) 이전 문장은 어떤 생각이나 움직임이 천천히 움직이는 상황을 서술하고 있고, (B) 이후 문장은 약간의 더 많은 지지만으로도 빠른 확장이 야기되는 상황을 설명하고 있다. 즉, (B) 이전과 이후 문장이 '역접' 관계로 연결되어 있음을 알 수 있으므로 (B)에는 'However(하지만)'이 적절하다.
따라서 정답은 ②번 'For example(예를 들어) – However(하지만)'이다.

오답해설

① (A) 이전과 이후 문장이 '대조' 관계로 연결되어 있지 않으므로, (A)에 'Meanwhile(한편)'은 적절하지 않다. (B) 이전과 이후 문장이 '환언' 관계로 연결되어 있지 않으므로, (B)에 'That is(즉)'는 적절하지 않다.
③ (A) 이전과 이후 문장이 '유사' 관계로 연결되어 있지 않으므로, (A)에 'Likewise(마찬가지로)'는 적절하지 않다. (B) 이전과 이후 문장이 '인과' 관계로 연결되어 있지 않으므로, (B)에 'Consequently(결과적으로)'는 적절하지 않다.
④ (B) 이전과 이후 문장이 '인과' 관계로 연결되어 있지 않으므로, (B)에 'Therefore(그러므로)'는 적절하지 않다.

해석

"tipping point"라는 표현의 정의를 가장 잘 이해하기 위해서, 물리학과 관련된 문자 그대로의 의미에 대해 생각해보는 것이 도움이 된다. 물리학에서, "tipping point"는 한 물체가 균형을 잃게 되는 때이다; 약간의 힘조차도 그것을 균형을 잃게 할 수 있다. (A) 예를 들어, 테이블에 놓여진 컵을 상상해보라. 그것이 평평하고 테이블 위에 중심이 잡혀있다면 떨어질 위험이 없다. 하지만, 만약 누군가가 그것을 테이블의 가장자리 너머로 약간 민다면, 그것은 더 쉽게 떨어질 것이다. 그 컵이 가장자리의 거의 중간에 있을 때, 작은 힘이 그것을 테이블에서 기울어져 바닥으로 떨어지도록 야기할 것이다. 이것이 이 표현의 상징적인 사용과 비슷하다. 어떤 생각이나 움직임이 처음에는 천천히 움직일 수 있다. (B) 하지만, 점점 더 많은 사람들이 그것을 지지함에 따라, 약간의 더 많은 지지는 그것이 빠르게 확장되도록 야기하는 지점에 이른다.

	(A)	(B)
①	한편	즉
②	예를 들어	하지만
③	마찬가지로	결과적으로
④	예를 들어	그러므로

어휘

definition 정의
literal 문자 그대로의
object 물체
tip 기울어지다, 기울이다
physics 물리학
unbalanced 균형을 잃은

16 정답 ③

유형 독해 > 빈칸 완성

정답해설

본문은 발견적 방법의 의미와 장단점에 관한 서술이다. 빈칸이 포함된 문장은 발견적 방법의 의미에 해당하는 내용으로, 빈칸에는 발견적 방법의 의미를 한 단어로 함축한 표현이 들어가는 것이 적절하다. 본문 초반부에서는, 발견적 방법이 복잡한 문제에 대해 합리적 결론, 또는 해결책에 '빠르게' 도달하게 한다고 설명하고 있다. 본문의 중반부에서는, 개인들은 이러한 발견적 방법을 끊임없이 사용하고 있으며 최선이 아닐 수 있고 단점이 있지만 기간과 계획적 능력의 한계를 감안하면 충분할 수 있고, '빠른' 결정이라는 장점이 단점을 상쇄한다고 서술하고 있다. 본문의 후반부는 행동 경제학에서는 발견적 방법을 인간 행동의 한계로 본다는 내용이다. 정리하면, 본문은 발견적 방법이 단점은 있으나 한계 내에서 해결책에 빠르게 도달하는 방법이라는 데 의미가 있다고 서술하고 있다. 즉, 발견적 방법의 의미는 '결정 속도'에 있으며 이것과 관련된 내용이 빈칸에 들어가는 것이 적절하다. 따라서 정답은 ③번 'shortcut(지름길)'이다.

오답해설

① 본문에서 발견적 방법의 의미를 정신적인 착각과 관련지어 서술하고 있지 않으므로, ①번 'illusion(착각)'은 본문의 내용과 상이하여 빈칸에 들어가기에 적절하지 않다.
② 본문의 후반부에서 행동 경제학에서 발견적 방법을 인간 행동의 한계로 집중한다는 서술이 등장한다. 하지만, 이는 행동 경제학의 관점이며, 빈칸에는 본문 전체의 내용을 포괄하는 발견적 방법의 의미에 대한 표현이 들어가는 것이 적절하다. 본문은 발견적 방법의 한계에 초점을 맞추어 서술하고 있지 않으므로, ②번 'disorder(장애)'는 이 글의 초점과 상이하여 빈칸에 들어가기에 적절하지 않다.
④ 본문에서 서술하고 있는 발견적 방법은 제한적인 상황에서 인간의 뇌가 빠른 결정을 하기 위해 사용하는 방법을 가리키므로, ④번 'elevation(고양)'은 본문의 내용과 상이하여 빈칸에 들어가기에 적절하지 않다.

해석

발견적 방법은 문제를 단순화하고 인지 과부하를 피하기 위해 흔히 사용되는 정신적 지름길이다. 발견적 방법은 인간의 뇌가 진화한 방식의 일부이고, 개인들이 복잡한 문제에 대한 합리적인 결론 또는 해결책에 빠르게 도달하도록 한다. 이 해결책들은 최선은 아닐 수 있지만 제한된 기간과 계획적 능력을 감안하면 종종 충분할 수 있다. 개인들은 문제를 해결하거나 행동 과정을 계획하기 위해 끊임없이 이 종류의 지적 짐작, 시행착오, 제거 과정, 그리고 경험을 사용한다. 발견적 방법은 한정적인 자료를 바탕으로 한 결함이 있는 의사결정으로 이어질 수 있지만, 결정의 속도는 때때로 이 단점들을 상쇄할 수 있다. 행동 경제학은 발견적 방법을 인간 행동의 하나의 한계로 집중해왔다. 확증 편향은 사람들이 경제생활에서 사용하는 발견적 방법의 사례이다.

① 착각
② 장애
③ 지름길
④ 고양

어휘

- heuristic 발견적 방법; 체험적인[스스로 발견하게 하는]
- simplify 간단하게 하다, 간소화 하다
- cognitive 인지의
- overload 과부하
- evolve 진화하다
- reasonable 합리적인
- conclusion 결론
- sufficient 충분한
- given 감안하면
- calculative 계획적인, 신중한, 계산상의
- capacity 능력
- intelligent 지적인
- guesswork 짐작, 추측
- trial and error 시행착오
- elimination 제거
- decision-making 의사결정
- compensate 상쇄하다, 보상하다
- behavioral economics 행동 경제학
- confirmation bias 확증 편향

17 정답 ④

정답해설

본문은 New York 시의 거리 체계가 만들어지게 된 과정에 관한 서술이다. 본문의 초반부는 New York 시의 거리 체계가 만들어지게 된 시기와 과정을 설명하고 있으며, 본문의 중반부는 이 일을 맡은 팀이 New York 시의 거리 체계를 만들어낸 방식에 관해 설명하고 있다. 본문의 후반부는 이렇게 만들어진 New York 시의 거리 체계의 특징과 장점에 관해 서술하고 있다. 이 전체 내용을 함축적으로 표현한 제목으로는 ④번 'How Did New York City Have Its All Straight Street System(New York 시는 어떻게 그것의 반듯반듯한 거리 체계를 가지게 되었는가?)'이 가장 적절하다.

오답해설

① 본문은 New York 시의 거리 체계의 시작 시기, 만들어진 과정, 그것의 특징과 장점 모두에 관해 서술하고 있다. ①번 'What is New York City's Street Grid System(New York 시의 거리 격자판 체계는 무엇인가?)'은 이 내용 전체를 함축적으로 표현하고 있지 못하므로 이 글의 제목으로 적절하지 않다.
② 본문은 New York 시의 거리 체계의 시작 시기, 만들어진 과정, 그것의 특징과 장점 모두에 관해 서술하고 있다. ②번 'When did New York City's Street Grid System Start(New York 시의 거리 격자판 체계는 언제 시작되었나?)'는 이 내용 전체를 함축적으로 표현하고 있지 못하므로 이 글의 제목으로 적절하지 않다.
③ 본문은 New York 시의 거리 체계에 관해 서술하고 있다. ③번 'How does a City's Street System Influence its Growth(한 도시의 거리 체계는 그것의 성장에 어떻게 영향을 미치는가)'는 거리 체계와 도시의 성장에 관한 전반적인 내용을 다룬 제목으로 적절하므로, New York 시의 거리 체계만을 다루고 있는 본문의 제목으로는 적절하지 않다.

해석

New York 시의 거리 격자판 체계는 19세기 초반에 개발되었다. 1807년에, New York 주 의회는 이 도시의 미래의 성장을 위한 계획을 개발하도록 위원회를 임명했다. 이 위원회는 논리적이고 정연한 체계를 개발하기 위해 거리 격자판을 만들었다. 이 팀은 Manhattan 섬 전체를 대략 (가로 세로 길이가) 200피트 600피트의 직사각형 블록의 격자판으로 나누었다. 그들은 또한 북에서 남으로 이어지는 대로와 동에서 서로 이어지는 거리에 쓸 숫자 체계를 설정했다. 그것은 결국 1811년 Commissioner's Plan으로 시행되었다. 이 격자판 체계는 단순하고 효율적이었으며, 그것의 넓고 곧은 거리들은 길을 찾기 쉬웠고 이 도시의 많은 시내들과 사업 지구에 접근하게 해주었다. 그것은 또한 이 도시가 계속 성장할 때 도시의 확장을 쉽게 해주었다.

① New York 시의 거리 격자판 체계는 무엇인가?
② New York 시의 거리 격자판 체계는 언제 시작되었나?
③ 한 도시의 거리 체계는 그것의 성장에 어떻게 영향을 미치는가?
④ New York 시는 어떻게 그것의 반듯반듯한 거리 체계를 가지게 되었는가?

어휘

- grid 격자판
- appoint 임명하다
- logical 논리적인
- rectangular 직사각형의
- establish 설정하다
- implement 시행하다
- navigate 길을 찾다
- district 지구, 구역
- legislature 주 의회; 입법부
- commission 위원회
- orderly 정연한, 질서 있는
- approximately 대략
- avenue 대로
- efficient 효율적인
- access 접근
- expansion 확대, 확장

18 정답 ②

정답해설

본문은 꽃들이 밤에 잎을 닫는 현상과 그 원인에 관한 서술이다. 주어진 문장은 '역접' 관계를 나타내는 연결부사인 'though(하지만)'를 사용하여 몇 가지 이론들이 있다고 서술하고 있다. 이를 통해 주어진 문장 이전에는 꽃들이 밤에 잎을 닫는 현상의 원인에 대한 설명이 등장할 수 없음을 알 수 있으며, 주어진 문장 이후에는 그 원인에 관한 서술들이 이어지는 것이 자연스럽다. 더불어, ②번 이전 문장에서 과학자들이 꽃들이 밤에 잎을 닫도록 진화한 이유에 대해 확신하지 못한다고 서술한 반면, ②번 이후에는 Charles Darwin을 포함하여 꽃들이 밤에 잎을 닫도록 진화한 가능한 이유에 관한 서술이 이어진다. ②번 앞뒤의 내용이 서로 반대되는 내용으로 자연스럽게 이어지지 않으므로, ②번에 '역접' 관계의 연결사를 이용하여 글의 내용을 반전시키는 주어진 문장이 들어가는 것이 흐름상 가장 자연스럽다.

오답해설

③ ③번 문장의 주어에 주어진 문장과 같은 'theory(이론)'가 등장하여 주어진 문장이 ③번에 들어가는 것이 자연스럽다고 생각할 수 있다. 하지만, ③번 문장의 주어인 'Another theory(또 다른 이론)'로 보아 앞 문장에서 먼저 하나의 이론을 소개한 것을 알 수 있으므로, 주어진 문장이 ③번에 들어가는 것은 흐름상 자연스럽지 않다.
①, ④ 나머지는 모두 흐름상 자연스럽지 않으므로 오답이다.

해석

당신은 어떤 꽃들이, 사람들과 매우 유사하게, 해가 지고 나서 잠자리에 드는 경향이 있다는 것을 알아차렸을 수도 있다. 밤에 닫히는 튤립과 같은 꽃들은 졸린 것이 아니라 단지 고도로 진화된 것이다. 시원한 공기와 어둠 속에서, 특정 꽃들의 가장 아래의 꽃잎들은 가장 위의 꽃잎들보다 더 빨리 자라서 꽃이 닫히게 한다. (①) 과학자들은 왜 몇몇 식물들이 이런 식으로 진화했는지 확신하지 못한다. (②) **하지만, 몇 가지 이론들이 있다.** Charles Darwin은 식물들이 어는 위험을 줄이기 위해 밤에 닫힌다고 믿었다. (③) 또 다른 이론은 이 식물들이 수분하는 곤충들이 가장 활발한 때인 낮 시간을 위한 에너지와 냄새를 보존한다고 주장한다. (④) 몇몇 과학자들은 이 행동이 꽃가루가 이슬로 젖고 무거워지는 것을 막는다고 믿는다. 곤충들은 마른 꽃가루를 더 쉽게 옮길 수 있고, 식물들의 성공적인 번식 가능성을 증가시킨다.

어휘

evolve 진화하다	darkness 어둠, 암흑
petal 꽃잎	shut 닫다
unsure 확신하지 못하는	freeze 얼다, 얼리다
conserve 보존하다	odor 냄새
pollinate 수분하다	pollen 꽃가루
dew 이슬	transfer 옮기다
likelihood 가능성	reproduction 번식, 생식

19 정답 ②   유형 독해 > 주제

정답해설

본문은 "deadline"이라는 표현이 언제 처음으로 쓰였는지에 관해 서술하고 있다. 본문의 초반부는 연구자들이 "deadline"이 미국 남북 전쟁 동안 최초로 등장했다는 것에 동의한다고 서술하고 있으며 본문의 중반부는 미국 남북 전쟁의 기록 중 "deadline"이 등장한 보고서의 내용을 소개하고 있다. 더해 본문의 후반부는 같은 전쟁 포로 수용소에 관한 서술 중 이보다 먼저 쓰여진 글의 기록을 소개하고 있다. 즉, 주어진 글은 "deadline"의 최초 기록이라고 여겨지는 보고서 두 가지에 대한 소개임을 알 수 있다. 따라서 이 전체 내용을 포괄하는 주제로는 ②번 'The origin of the word "deadline"("deadline"이라는 단어의 기원)'이 가장 적절하다.

오답해설

① 본문은 "deadline"의 최초 기록에 관한 서술이며 다양한 의미에 대해 소개하고 있지는 않으므로, ①번 'Different meanings of "deadline"("deadline"의 다른 의미들)'는 이 글의 내용과 상이하여 주제로 적절하지 않다.
③ 본문은 "dealine"의 최초 기록이 미국 남북 전쟁 동안이었다고 서술하고 있으며, 미국 남북 전쟁이 중심이 되어 서술하고 있지 않으므로, ③번 'The tragedy of the American Civil War(미국 남북 전쟁의 비극)'는 이 글의 내용과 상이하여 주제로 적절하지 않다.
④ 본문은 "deaine"의 최초 기록으로 Andersonville 전쟁 포로 수용소에 관한 묘사 두 가지를 소개하고 있다. 이 글의 초점이 "dealine"이라는 용어의 사용에 있으며, Andersonville 전쟁 포로 수용소가 핵심 소재는 아니므로, ④번 'The miseries of Andersonville prison camp(Andersonville 전쟁 포로 수용소의 고통)'는 이 글의 주제로 적절하지 않다.

해석

대부분의 연구자들은 "deadline"이 미국 남북 전쟁 (1861-1865) 동안 최초로 등장했다는 것에 동의한다. 작가인 Christine Ammer에 따르면, "deadline"은 Andersonville 전쟁 포로 수용소에서 만들어졌다. 처음에, 그것은 대령 D.T. Chandler의 보고서에서 1864년 7월 5일에 글로 등장했다. 끔찍한 상황을 묘사하면서, 그는 유명해진 말을 썼다: 울타리의 안쪽 주변의 철책은, 그것으로부터 약 20피트 정도인데, "deadline"을 구성하고, 그 너머로 포로들은 지나가는 것이 허용되지 않는다. Naval War 대학의 부교수인 David A. Kelly Jr.는 1864년 5월 10일에 Walter Bowie 대위가 쓴 Andersonville에 대한 조사 보고서에서 이 용어에 대한 훨씬 더 이른 시기의 글을 (deadline의 최초 사용으로) 가리킨다: 울타리 안쪽에 그리고 그것에서 20피트에 "deadline"이 설립되어 있는데, 그 너머로는 밤이든 낮이든, 어떠한 포로도 가는 것이 허용되지 않는다.
① "deadline"의 다른 의미들
② "deadline"이라는 단어의 기원
③ 미국 남북 전쟁의 비극
④ Andersonville 전쟁 포로 수용소의 고통

어휘

coin 만들다	prison camp 전쟁 포로 수용소
Colonel 대령	describe 묘사하다
horrific 끔찍한	famously 유명하게
railing 철책	constitute 구성하다
associate professor 부교수	inspection 조사, 사찰, 검사
establish 설립하다	

20 정답 ③   유형 독해 > 배열

정답해설

본문은 초전도성의 개념과 의미에 관한 서술이다. 주어진 문장은 일반적인 전류가 생성되는 원리에 대한 설명이다. (B)는 일반적인 전류 생성의 과정에서 생기는 단점에 관해 서술하고 있는데, '역접' 관계를 나타내는 연결사 However(하지만) 이후에 모든 물질이 전자들을 쉽게 통과하지는 못한다는 내용이 이어져, (B) 이전에는 물질이 전자를 통과하는 일반적인 개념에 관한 서술이 등장함을 알 수 있다. 이에 해당하는 것이 주어진 문장이며, 따라서, 주어진 문장 이후에 (B)가 이어지는 것이 가장 자연스럽다. (B)의 마지막 부분은 저항으로 인해 전류 중 에너지의 손실이 발생하는 문제에 관해 서술하고 있으며, (A)의 첫 문장은 That(그것)을 활용해 (B)의 마지막 부분에서 설명한 전류 중 에너지 일부가 손실되는 문제가 초전도성에 독특함을 준다고 서술하고 있어 이후에 초전도성은 에너지 손실이 없는 것과 관련이 있다는 내용이 이어질 것임을 알 수 있다. 이에 해당하는 것이 (A)의 내용이다. 또한, (C)의 첫 문장에서 Then(그러면) 이후에 초전도성이 생기면 전기 저항이 사라진다고 서술하고 있어, (C) 이전에는 초전도성이 생기는 조건에 관한 서술이 등장해야 함을 알 수 있다. (A)의 마지막 문장이 초전도성이 생기는 조건에 관한 서술이다. 따라서, 주어진 문장 이후에 ③ (B) - (A) - (C)의 순서로 배열되는 것이 흐름상 가장 자연스럽다.

오답해설

① (A)와 (C)는 초전도성에 관한 서술이지만, 주어진 문장과 (B)는 일반적인 전류 생성과 그에 있어서의 문제에 관한 서술이다. 따라서, 주어진 문장 이후에 (B)가 이어지는 것이 흐름상 자연스럽다. ①번은 주어진 문장 이후에 (B)가 배열되어 있지 않아 오답이다.
②, ④ (A)에서 초전도성의 정의와 조건을 서술하고, 이어서 (C)에서 이러한 초전도성의 효과를 활용할 수 있는 분야를 소개하고 있어, 글의 흐름상 (A) - (C)의 순서로 연결되는 것이 자연스럽다. ②, ④번 모두 (A) - (C)의 순서로 연결되어 있지 않아 오답이다.

해석

전류를 가지기 위해, 당신은 음전하 물질과 음전하 물질에서 양전하 물질로 전자들을 통과하는 전도체가 필요하다.
(B) 하지만, 모든 물질이 그다음 것만큼 이 전자들을 쉽게 통과하지는 못하

고, 이 물질은 전류에 저항을 준다. 이 저항은 전체 전류가 에너지 중 일부를 열로 잃는다는 것을 의미한다.

(A) 이것이 초전도성을 매우 독특하게 만드는 것이다. 초전도성이란 물질이 전류에 저항하는 것을 멈추고 그것이 분명한 에너지 손실 없이 자유롭게 통과하는 것을 허락하는 때이다. 물질이 초전도 상태가 되도록 하기 위해, 그 물질은 극히 낮은 온도, 때로는 절대 영도 가까이(섭씨 영하 273.15도) 얼려져야 한다.

(C) 그러면, 설명할 수 없는 이유들로, 전기 저항이 갑자기 멈추고, 전류는 회로 주변에서 겉보기에 영원히 계속될 수 있다. 희망은 언젠가 초전도성을 전력 전송에 사용하는 것이고, 이것은 전 세계에서 에너지 비용을 극적으로 줄일 것이다.

> **어휘**
>
> electric current 전류
> conductor 전도체
> positively charged 양전하의
> apparent 분명한
> absolute zero 절대 영도
> current 전류
> circuit (전기) 회로
> transmission 전송
> negatively charged 음전하의
> electron 전자
> superconductivity 초전도성
> state 상태
> resistance 전기 저항
> abruptly 갑자기
> seemingly 겉보기에는
> dramatically 극적으로

8회 꼼꼼한 고퀄리티 해설

기출 DATA: 2022 지방직 9급

빠른 정답 Check

01	②	02	①	03	①	04	③	05	②
06	①	07	④	08	④	09	①	10	④
11	③	12	③	13	②	14	④	15	③
16	③	17	②	18	②	19	③	20	③

01 정답 ②   유형 어휘 > 유의어 찾기

정답해설

밑줄 친 indispensable은 '필수적인, 없어서는 안 될'을 뜻한다. 따라서 indispensable과 의미가 가장 가까운 것은 ② essential(필수적인, 근본적인)이다.

해석

정부 금융 시스템의 존재는 경제 안정과 발전에 필수적인 전제 조건이다.
① 반대하는, 해로운
② 필수적인, 근본적인
③ 편리한, 간편한
④ 불필요한

어휘

existence 존재   financial 금융의
prerequisite 전제 조건   stability 안정

02 정답 ①   유형 어휘 > 유의어 찾기

정답해설

밑줄 친 employ는 '이용하다'를 뜻한다. 따라서 employ와 의미가 가장 가까운 것은 ① utilize(이용하다)이다. employ는 '이용하다'라는 뜻 외에도 '고용하다'라는 뜻이 있으므로 문맥상 쓰임에 유의해야 한다.

해석

그녀는 모든 관리 영역을 분석하기 위해 객관적이고 과학적인 방법을 이용해야 했다.
① 이용하다, 활용하다
② 지시하다, 가르치다
③ 유지하다, 주장하다
④ 모으다, 축적하다

어휘

objective 객관적인   scientific 과학적인
method 방법   analyze 분석하다
management 관리, 경영

03 정답 ①   유형 어휘 > 유의어 찾기

정답해설

밑줄 친 in place of는 '~을 대신하여'를 뜻한다. 따라서 in place of와 의미가 가장 가까운 것은 ① on behalf of(~을 대신하여, 대리하여)이다.

해석

그는 가족 비상사태 때문에 참석하지 못한 동료를 대신하여 회의에 참석했다.
① ~을 대신하여, 대리하여
② ~때문에
③ ~의 직전에
④ ~의 이유로

어휘

attend 참석하다, 주의하다   conference 회의
colleague 동료   emergency 비상사태

04 정답 ③   유형 어휘 > 빈칸 완성

정답해설

주어진 문장은 '연습을 통한 복잡한 수학 개념의 이해'를 제시하고 있다. 따라서 빈칸에는 빈칸 이후에 제시된 '복잡한 수학 개념'을 대상으로 하는 동작인 ③ get hold of(이해하다)가 들어가는 것이 가장 적절하다. 더해 「It + takes + 대상 + 시간 + to 동사원형」은 '~가 ...하는 데 (시간)이 걸리다'를 뜻한다.

해석

복잡한 수학 개념을 이해하는 데 시간이 좀 걸렸지만, 연습과 함께, 나는 그것을 이해했다.
① 요구하다
② 돌보다
③ 이해하다, 잡다, 연락을 취하다
④ 일으키다, 초래하다

어휘

complex 복잡한   mathematical 수학의
concept 개념   practice 연습
comprehend 이해하다

05 정답 ②   유형 문법 > 문장

정답해설

② X (was → were)
더블 출제포인트: 187 등위상관접속사 수일치 / 161 등위(상관)접속사의 병렬구조
등위 상관접속사 'neither A nor B'는 'A도 B도 아닌'을 뜻한다. 'neither A nor B'가 주어로 사용될 경우 수일치는 명사 B에 맞추어서 수일치를 해야 한다. 해당 문장은 the employees가 복수 명사이므로 단수 형태의 동사 was를 복수 형태의 동사 were로 수정해야 한다.

오답해설

① O
출제포인트: 020 준사역동사
준사역동사로 사용된 get은 목적어와 목적격보어의 관계가 수동일 때

「get + 목적어 + 과거분사」의 형태로 사용할 수 있다. 해당 문장은 has got의 목적어로 his car(그의 자동차), 목적격보어로 repaired(수리된)가 사용되었으며, '그의 자동차가 수리되도록 했다'의 의미로 적절하게 사용되었다.

③ O

더블 출제포인트: 087 정관사 the / 113 to부정사의 부사적 용법
해당 문장에 사용된 동사 seized는 「seize + 목적어 + by + the + 잡을 수 있는 신체부위」의 형태로 사용되어, '~의 ...을 잡다'의 의미로 옳게 사용되었다. to lead는 to부정사로 '~하기 위해서'를 뜻하는 부사적 용법의 '목적'의 의미로 적절하게 사용되었다.

④ O

더블 출제포인트: 170 간접의문문 / 076 수량명사
해당 문장의 동사는 estimate이며 목적어로 간접의문문인 how many ~ event를 갖고 있다. 이때 간접의문문은 「의문사 + 주어 + 동사」 형태로 올바르게 사용되었다. 또한 'tens of thousands of ~'는 '수만의 ~'의 의미로 적절하게 사용되었다.

해석
① 그 남자는 숙련된 정비사에 의해 그의 자동차가 수리되도록 했다
② 매니저도 직원들도 변화를 인지하지 못했다.
③ 그 신사는 그녀를 방에서 벗어나게 하기 위해 그녀의 손을 잡았다.
④ 나는 이 행사에 얼마나 많은 수만의 사람들이 참석했는지 추정할 수 없다.

어휘
skilled mechanic 숙련된 정비사   be aware of ~을 인지하다
seize 잡다   lead 이끌다
estimate 추정하다   attend 참석하다

06 정답 ① 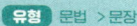 유형 문법 > 문장

정답해설
① X (so → neither)
출제포인트: 177 '또한 그렇다/그렇지 않다'의 표현
해당 문장의 「so + 동사 + 주어」는 '긍정문' 이후에 쓰여 '또한 역시 그러하다(마찬가지다)'의 의미로 쓰인다. 그러나 주어진 문장의 경우 and 접속사 이전의 문장이 '긍정문'이 아니라 '부정문'이므로 「neither + 동사 + 주어」의 형태를 사용해야 한다. 따라서 so는 neither로 수정해야 한다.

오답해설
② O
출제포인트: 046 불변의 시제
역사적 사실은 과거시제를 사용하는 것이 원칙이다. 해당 문장에서 언급하고 있는 2차 세계대전의 발발 시점은 역사적 사실에 해당되므로 과거형 동사 broke out은 적절하게 사용되었다.
③ O
출제포인트: 125 현재분사 vs. 과거분사
해당 문장에 사용된 현재분사 singing은 명사인 boy를 수식하고 있으며, '노래하는 (중인) 소년'의 의미로 문맥상 적절하게 사용되었다. 또한 주어진 문장의 amused는 타동사로 '~을 즐겁게 했다'의 의미로 올바르게 사용되었다.
④ O
출제포인트: 051 불완전타동사의 수동태
해당 문장에 사용된 call은 불완전타동사로서 능동태 형태인 「call + A + B」는 'A를 B라고 부르다'의 의미로 쓰인다. 주어진 문장에서는 수동태 형태인 「A + be called + B」로 사용되었으며, 'A는 B로 불린다'의 의미로 문맥상 적절하게 사용되었다.

해석
① 나는 그 영화가 마음에 들지 않았고, 또한 역시 나의 친구들도 그러했다 [마찬가지였다].
② 선생님은 1939년에 제2차 세계대전이 발발했다고 말했다.
③ 노래하는 소년은 그의 목소리로 관중을 즐겁게 했다.
④ 재정 지원 프로그램은 학생들을 위한 장학금으로 불린다.

어휘
World War II 제2차 세계대전
break out 발발하다, 발생하다
amuse 즐겁게 하다
audience 관중
financial aid program 재정 지원 프로그램
scholarships 장학금

07 정답 ④   유형 문법 > 영작

정답해설
④ X (has completed → have completed)
더블 출제포인트: 184 부분 명사 of 명사 수일치 / 081 부정대명사 vs. 지시대명사
해당 문장은 「부분 + of + 명사」가 주어인 형태로, 뒤따라오는 명사인 the students에 맞추어 수일치를 해야 한다. 따라서 주어가 복수 명사이므로 단수 동사 형태의 has completed를 복수 동사 형태의 have completed 로 수정해야 한다. 더해 주어가 복수 명사이므로 이를 지칭하는 지시대명사는 소유격 복수 형태인 their로 적절하게 사용되었다.

오답해설
① O
더블 출제포인트: 087 정관사 the / 106 목적어로 to부정사를 취하는 동사
「the + 형용사」로서 '~한 사람들'을 뜻한다. 해당 문장의 The rich는 '부유한 사람들'의 의미로 적절하게 사용되었다. 또한 동사 afford는 to부정사를 목적어로 갖는 동사로 목적어로 to purchase를 적절하게 사용했다.
② O
출제포인트: 097 형용사 포함 기출 표현
해당 문장에 사용된 be short of는 '~이 부족하다'를 뜻하며, 주어진 우리말 해석에 적절하게 사용되었다.
③ O
출제포인트: 143 비교급/최상급 강조 부사
해당 문장의 부사 much는 비교급 faster를 강조하여 '훨씬'의 의미로 주어진 우리말 표현에 적절하게 사용되었다.

어휘
afford ~할 여유가 있다   purchase 구매하다
luxury items 사치품   organization 조직
key 핵심적인, 중요한   manpower 인력
peer 동료들   Two-thirds 3분의 2
assignment 숙제, 할당

08 정답 ④

유형 문법 > 영작

정답해설

④ X (those whc is → those who are)

더블 출제포인트: 147 those who: 관용 표현 / 114 to 부정사의 가주어

「those (people) who + 동사」는 '~하는 사람들'을 뜻하는 표현으로 주격관계대명사 who가 선행사 those people을 수식하며 이때 people은 생략할 수 있다. 해당 문장의 those who는 those people who에서 people이 생략된 형태이며, 주격관계대명사 who의 선행사가 복수 형태인 those (people)이므로 주격관계대명사절의 동사는 복수형 동사로 수일치 해야 한다. 따라서 those whc is를 those who are로 수정해야 한다. 또한 해당 문장은 It이 가주어 to support가 진주어로 적절하게 사용되었다.

오답해설

① O

출제포인트: 082 one-another-the other

해당 문장의 another는 '또 다른'의 의미로 단수명사를 수식하여 적절하게 사용되었다.

② O

출제포인트: 107 목적어로 동명사를 취하는 동사

해당 문장의 동사 risk는 동명사를 목적어로 갖는 타동사이므로 동명사 목적어 crossing이 적절하게 사용되었다.

③ O

출제포인트: 067 I wish 가정법

해당 문장은 I wish 가정법이 사용된 문장이다. 주절의 동사인 wish가 현재 시제이므로, 동일한 시제인 현재 시제의 '가정'을 나타낼 때는 가정에 해당되는 내용인 that절의 동사로 과거 동사를 사용해야 하며, be동사의 경우 were를 사용해야 한다. 해당 문장은 '현재의 가정'을 나타내므로 주어진 우리말 표현에 적절하게 사용되었다.

어휘

consider 고려하다
refugee 난민
decisive 결단력 있는
challenge 도전, 고난
approach 접근법
border 국경
face 직면하다

09 정답 ①

유형 생활영어 > 대화

정답해설

주어진 대화에서 A가 B에게 'You've looked so good(너 좋아 보인다).'이라고 언급하자 B가 긍정의 대답인 'Yes(응)'라고 대답하고 있다. 그러나 바로 이어지는 대화에서 B가 'I'm feeling out of shape(나 몸이 안 좋은 것같아).'로 부정의 대답을 이어서 하고 있으므로 어색하다. 해당 문장은 A가 You've not looked so good.'(너 안 좋아 보인다)라고 언급했을 때 문맥상 올바르다.

오답해설

③ pick up the tab은 '(음식점에서) 내가 낼게'를 뜻하는 표현이다. A가 먼저 음식값을 내겠다는 의사에 반대하여 'No(아니)'라고 대답한 후에 이어지는 B의 대답은 문맥상 적절하게 사용되었다.
나머지 문장은 문맥상 자연스러우므로 오답이다.

해석

① A: 너 좋아 보인다.
　B: 응, 나 몸이 안 좋은 것같아.

② A: 증상이 무엇인가요?
　B: 콧물이 나고 몸이 아팠어요.

③ A: 이건 정말 훌륭한 식사였어. 내가 낼게.
　B: 아니야, 내가 계산할게.

④ A: Jane과 통화할 수 있을까요?
　B: 잠시만 기다려 주세요.

어휘

out of shape 몸이 안 좋은, 형태가 흐트러진
symptom 증상
runny nose 콧물
meal 식사
pick up the tab 계산하다
speak to (전화상으로) 통화하다
hold on (전화상으로) 잠시만 기다리다

10 정답 ④

유형 생활영어 > 빈칸

정답해설

해당 대화에서 A와 B는 '곧 있을 팀 회의'에 대해서 이야기를 나누고 있다. 대화의 문맥상 회의 참석자인 Sarah가 명확한 답을 회피하는 상황임을 알 수 있다. 빈칸 이후에 B가 'We need a straight answer(우리는 직접적인 대답이 필요해).'라고 언급하고 있으므로, 빈칸에는 '직접적인 대답'과 관련된 표현이 적절함을 유추할 수 있다. 따라서 빈칸에는 ④ 'not to beat around the bush(둘러대지 않도록[직설적인 대답을 하도록])'가 문맥상 가장 적절하다. beat around bush라는 표현은 중세 유럽의 사냥 관행에서 비롯된 표현이다. 사냥감을 직접 사냥하기보다는 사냥감 주변의 덤불을 때리는 행위에서 유래된 표현으로 '본질에 닿지 않고 돌려 말하거나, 핵심을 피하는 행동' 등에 사용되게 되었다.

오답해설

③ give me a ring은 '전화하다'를 뜻한다. 해당 표현은 문맥상 Sarah에게 요청할 일로 적절하지 않다.
나머지는 문맥상 부자연스러우므로 오답이다.

해석

A: 이봐, 곧 있을 팀 회의에 대해 Sarah와 이야기했어?
B: 응, 언급은 했어, 그런데 그녀는 직접적인 대답을 피하는 것 같았어.
A: 그건 그녀답지 않네. 보통, Sarah는 꽤 솔직한데.
B: 나도 알아. 내 생각에는 그녀가 상황을 어떻게 처리해야 할지 확신 못 하는 것 같아.
A: 글쎄, 우리는 명확한 결정이 필요해. 팀의 진척에 중요하니까.
B: 맞아. 다시 그녀와 이야기해볼게. 이번에는 둘러대지 않도록[직설적인 대답을 하도록] 요청할게. 우리는 직설적인 대답이 필요해.

① 암기하도록
② 네가 힘내도록
③ 나에게 전화하지 않도록
④ 둘러대지 않도록[직설적인 대답을 하도록]

어휘

upcoming 곧 있을
avoid 피하다
straightforward 솔직한
situation 상황
mention 언급하다
direct 직접적인
handle 처리하다
progress 진척, 전진

11 정답 ③  유형 독해 > 배열

정답해설

본문은 인간의 맛과 냄새의 감각이 생존과 관련한 문제로 진화해왔다는 점에 관해 서술하고 있다. 주어진 문장은 맛에 대한 묘사가 '감정'과 관련이 있다고 설명하고 있다. (C)의 주어인 They(그것들)는 뒤에 이어지는 express in words(말로 표현한다)로 보아 감정을 말로 표현한 것에 해당하는 것이며 주어진 문장의 Descriptions of taste(맛의 묘사)에 해당됨을 알 수 있다. 이어지는 문장에서도 '맛과 감정을 연결하는 이 강한 연결'이 가리키는 것이 앞 문장의 내용임을 알 수 있으므로 (C)의 첫 문장은 주어진 문장과 같은 의미의 문장임을 알 수 있다. 따라서, 주어진 문장 이후에 (C)가 이어지는 것이 흐름상 자연스럽다. (C)의 마지막 문장은 맛은 우리가 섭취하는 음식을 테스트하는 데 도움을 주었다고 설명하고 있다. (A)는 '인과 관계'를 나타내는 연결사인 therefore(그러므로)를 이용하였고 It(그것)이 생존의 문제였다고 설명하고 있다. 이후에 이어지는 문장의 내용으로 보아 It(그것)이 가리키는 것은 '음식을 맛보는 것'임을 알 수 있으며, (A) 이전에는 음식을 맛보는 것이 생존의 문제라는 결론으로 이어질 수 있는 원인에 관한 서술이 오는 것이 적절하다. (C)의 마지막 문장이 이것의 원인으로 가장 적절하며, (A)의 주어인 It(그것)이 가리키는 것 또한 Taste(맛)로 의미와 수 모두 일치한다. (A)의 마지막 문장은 맛과 마찬가지의 기능을 가진 후각에 관해 서술하고 있다. (B)에서 언급하고 있는 both senses(두 감각)가 가리키는 것이 미각과 후각 모두에 해당하므로, (A) 이후에 (B)가 이어지는 것이 흐름상 적절하다. 따라서, 주어진 문장 이후에 ③ (C) - (A) - (B)의 순서로 연결되는 것이 흐름상 자연스럽다.

오답해설

①, ②, ④ 본문의 나머지 부분은 모두 미각에 관한 서술인 데 반해 (A)의 마지막 문장에서 후각에 대한 언급이 처음으로 등장한다. (B)에서 'both senses(두 감각)'라고 지칭할 수 있는 것이 미각과 후각이므로, (B)는 후각에 대한 언급이 등장한 (A) 이후에 이어지는 것이 적절하다. ①, ②, ④번은 모두 (A) - (B)의 순서로 연결되어 있지 않으므로 오답이다.

해석

맛의 묘사는 종종 강한 감정과 관련된다.
(C) 그것들은 강렬한 불쾌감뿐 아니라 강렬한 즐거움의 상태를 말로 표현한다. 맛과 감정을 연결하는 이 강한 연결은 우리의 진화와 관련이 있다: 맛은 우리가 섭취하고 있는 음식을 테스트하는 데 있어 우리를 도와주는 감각이었다.
(A) 그러므로, 그것은 생존의 문제였다. 쓰거나 신 맛은 독이 있는 먹을 수 없는 식물이나 썩어가고 있는 단백질이 풍부한 음식을 나타낸다. 반면에, 달고 짠 음식의 맛은 종종 영양분에 있어 풍부한 음식의 표시이다. 맛과 마찬가지로, 우리의 후각 또한 우리의 감정과 밀접하게 연결되어 있다.
(B) 이것은 두 감각 모두 심장박동과 소화와 같은 무의식적이고 자동적인 행동을 조절하는 불수의 신경계와 연결되어 있기 때문이다. 그것이 안 좋은 맛 또는 냄새가 구토 또는 구역질을 유발할 수 있는 이유이다.

어휘

description 묘사, 기술
associate 관련시키다
survival 생존
indicate 나타내다
poisonous 독이 있는
inedible 먹을 수 없는
rot 썩다
nutrient 영양분
involuntary 본의 아닌, 무의식중의
involuntary nervous system 불수의 신경계
regulate 조절하다
unconscious 무의식적인
automatic 자동의
digestion 소화
bring about 야기하다
vomit 구토하다
nausea 구역질
intense 강렬한
displeasure 불쾌감
have to do with ~와 관련이 있다
evolution 진화
aid 돕다
consume 먹다, 마시다

12 정답 ③  유형 독해 > 삽입

정답해설

본문은 아몬드의 건강상의 이점에 관한 서술이다. 주어진 문장은 아몬드의 효능 중 체중 증가와 비만 감소 효과에 관해 서술하고 있다. 본문의 내용 중 체중 증가와 비만 감소와 관련 있는 서술은 ③번 이후 문장의 칼로리 섭취 제한에 관한 서술이 유일하다. 또한, ③번 이후 문장이 That's because(왜냐하면)로 앞 문장과 이어지고 있는데, 이는 앞 문장과 뒤 문장이 결과와 원인 관계로 이어진다는 의미이다. 주어진 문장과 ③번 이후 문장이 결과와 원인 관계에 해당하므로, 주어진 문장은 ③번에 들어가는 것이 가장 적절하다.

오답해설

④ 주어진 문장이 아몬드가 가진 체중 증가와 비만 위험을 낮추는 효과에 관한 서술이므로, 같은 맥락의 문장인 ③번 문장 이후에 주어진 문장이 들어가는 것이 자연스럽다고 생각할 수 있다. 하지만, 주어진 문장이 '첨가'의 의미가 있는 연결사 'Furthermore(더구나)'로 시작하고 있으므로, 주어진 문장은 체중 증가의 위험을 낮추는 효과와 관련 없는 다른 내용의 문장 이후에 이어지는 것이 자연스럽다. 따라서, 주어진 문장이 ④번에 들어가는 것은 흐름상 자연스럽지 않으므로 오답이다.
①, ② 나머지는 모두 흐름상 자연스럽지 않으므로 오답이다.

해석

많은 견과류와 마찬가지로, 아몬드는 많은 영양소를 제공한다. 아몬드가 제공하는 풍부한 영양소들은 여러 면에서 당신의 몸에 이익이 될 수 있다. 우선, 아몬드는 당신이 콜레스테롤을 낮추는 데 도움을 줄 수 있다. (①) 아몬드를 먹는 것은 나쁜 종류의 콜레스테롤 수치를 낮추고 좋은 종류의 (콜레스테롤) 수치를 높이는 데 도움을 준다. (②) 아몬드는 또한 당신이 심장병에 걸리는 것을 예방하는 데 도움을 주는 특성을 가지고 있다. (③) **더구나, 비록 그것들이 칼로리가 높지만, 아몬드는 체중 증가와 비만에 대한 당신의 위험을 줄이는 데 도움을 줄 수 있다.** 왜냐하면 아몬드에 있는 단백질과 섬유질이 더 빠르게 배가 부르다고 느끼도록 돕기 때문인데, 이렇게 함으로써 당신은 여전히 당신의 배고픔을 충족시키면서도 칼로리 섭취를 더 잘 통제할 수 있다. (④) 또한, 아몬드에 든 비타민 E는 당신의

혈압을 낮추는 데 도움을 주는데, 이는 심장병을 예방하는 데 도움이 된다. 마지막으로, 아몬드는 칼슘을 가지고 있는데, 이는 뼈 건강에 좋다.

어휘

obesity 비만
nutrient 영양소
lower 낮추다
protein 단백질
intake 섭취
heart disease 심장병
plenty of 많은
dense 풍부한, 밀집한
property 특성, 속성
fiber 섬유질
blood pressure 혈압

13 정답 ② 유형 독해 > 제목

정답해설

본문은 올빼미가 지혜의 상징으로 여겨지는 문화들에 대한 소개이다. 본문의 초반부는 미국 원주민 문화에서의 올빼미의 의미를 소개하였고, 중반부는 고대 그리스 신화, 후반부는 고대 로마에서의 올빼미의 의미를 소개하고 있다. 또한, 모두 올빼미에게 지혜와 관련된 의미 부여를 하였다고 서술하고 있다. 따라서 이 글의 제목은 다양한 문화에서 지혜의 상징으로 여겨지고 있는 올빼미에 대한 소개를 함축적으로 표현한 ②번 'Owls: Symbols of Wisdom across Many Cultures(올빼미들: 많은 문화에서 지혜의 상징)'가 가장 적절하다.

오답해설

① 본문은 올빼미가 지혜의 상징으로 사용된 여러 문화에 대한 소개이며, 지혜로운 올빼미와 관련된 미신과 실제 사실을 소개한 글이 아니므로, ①번 'Wise Owls: Myths and Facts(현명한 올빼미: 미신과 사실)'는 이 글의 제목으로 적절하지 않다.
③ 본문에서 올빼미와 관련된 믿음이 근거 없는 속설이라는 가치평가를 하고 있지는 않으므로, ③번 'Wise Owls: Groundless Myths from Various Cultures(현명한 올빼미: 다양한 문화의 근거 없는 속설)'는 이 글의 목적과 부합하지 않으며, 제목으로 적절하지 않다.
④ 본문에서는 미국 원주민을 포함한 여러 문화에서 올빼미가 현명하다고 믿었다는 내용을 소개하고 있는 반면, ④번 'Owls: Reasons Why Native Americans Believed Them Wise(올빼미: 미국 원주민들이 그들을 현명하다고 믿었던 이유)'는 미국 원주민에 관한 서술만을 다루고 있으므로, 이 글의 제목으로 적절하지 않다.

해석

올빼미는 고조된 감각들과 밤과의 연관성 때문에 지혜롭다고 여겨진다. 많은 미국 원주민 문화들은 올빼미의 신비한 밤의 활동과 맹금류로서의 힘 때문에 올빼미를 지혜와 힘의 상징으로 여겼다. 많은 이들이 그들을 전사들의 보호자와 조상의 영혼을 날라주는 존재로 여겼다. 고대 그리스 신화에서, 올빼미는 지혜의 여신인 Athena의 전형으로 여겨진다. 비록 이 연상의 기원은 알려지지 않았지만, 이 신화들이 올빼미의 꿰뚫는 초인적인 응시로 어둠을 뚫어보는 능력으로부터 나왔다는 가설들이 있다. 고대 로마에서는 올빼미가 고대 그리스에서만큼 두드러지지 않았지만, 로마인들은 올빼미를 지혜와 예언의 여신인 Minerva와 관련지었다. 그들은 올빼미가 미래를 보고, 그리하여 사람들에게 경고와 지혜를 가져다줄 수 있다고 믿었다.
① 현명한 올빼미: 미신과 사실
② 올빼미들: 많은 문화에서 지혜의 상징
③ 현명한 올빼미: 다양한 문화의 근거 없는 속설
④ 올빼미: 미국 원주민들이 그들을 현명하다고 믿었던 이유

어휘

heighten 고조시키다, 고조되다
association 연관, 연상
mysterious 신비한
bird of prey 맹금류
ancestral 조상의
mythology 신화
embodiment (사상·특질을 보여주는) 전형
goddess 여신
hypotheses 가설들 (단수형: hypothesis)
myth 신화
pierce 뚫다
superhuman 초인적인
gaze 응시, 시선
prominent 두드러진
prophecy 예언

14 정답 ④ 유형 독해 > 삭제

정답해설

본문은 세계 최초의 지하철에 관한 서술이다. 나머지 번호의 문장들이 모두 구체적인 연도와 과거시제를 활용해 최초의 지하철의 역사와 개발에 관한 내용을 서술하고 있다. 그러나, ④번 문장은 현재 시제를 활용해 현재 상황을 나타내고 있으며 '지하철의 역사와 개발'이 아닌 '역이동'에 관한 정보를 담고 있어 지하철 자체에 관한 서술도 아니므로 글의 흐름상 어색하다.

오답해설

①, ②, ③ 나머지 선지는 모두 흐름상 자연스러우므로 오답이다.

해석

철도는 London에 가는 것을 더 쉽게 만들었지만, 또한 증가하는 교통 체증에도 기여했다. ① 1860년에 이 문제를 해결하기 위한 최초의 시도에 대한 작업이 시작되었다: 세계 최초의 지하 철도. ② Metropolitan Railway는 London 도심의 주요 노선의 세 개의 역들을 London시와 연결하도록 디자인되었다. ③ Metropolitan의 첫 번째 부분은 1863년 1월 10일에 Paddington에서 Farringdon까지 개통했다. ④ **London의 Paddington 역에서 Farringdon 지하철역으로 가는 많은 방법들이 있다.** 초기 지하철은 엄청난 공학의 성취였고 매우 잘 사용되었지만, 한 가지 큰 약점을 가지고 있었다: 그것의 증기 기관차들이 역과 터널 안에 영구적인 탁한 공기를 만들어냈다.

어휘

contribute to ~에 원인이 되다; ~에 기여하다
congestion 혼잡
attempt 시도, 노력
railway 철도
section 부분
engineering 공학
achievement 성취
disadvantage 약점, 난점
steam train 증기 기관차
permanent 영구적인

foul (냄새가) 더러운, 악취 나는
foul air 탁한 공기

15 정답 ③
유형 독해 > 내용 일치

정답해설

본문은 orchestra의 기원과 발전의 역사를 서술하고 있다. 본문 초반은 orchestra의 기원을 소개하고 있고, 중반 이후는 시대의 변화와 함께 오케스트라를 구성하는 인원이 점점 많아졌고 오케스트라를 구성하는 악기부가 달라져 왔다고 서술하고 있다. ③번 'Orchestras' size and makeup have remained constant throughout history(오케스트라의 크기와 구성은 역사 내내 일관성을 유지했다).'는 오케스트라의 크기와 구성이 '일관성을 유지했다'라고 서술한 점이 '달라져 왔음'을 서술한 본문의 내용과 일치하지 않는다.

오답해설

① 본문의 중반에서 바로크 음악에서는 현악기부가 가장 중요한 부분이었다고 서술하고 있으므로, ①번 'Baroque orchestras(1600-1760) emphasized strings(바로크 오케스트라(1600-1760년)는 현악기부를 강조했다).'는 이 글의 내용과 일치한다.
② 본문의 후반부에서 낭만주의 오케스트라는 100명 또는 그 이상이나 되는 연주자들을 가졌다고 서술하고 있으므로, ②번 'Romantic orchestras (1815-1910) had no less than 100 players(낭만주의 오케스트라(1815-1910년)는 100명이나 되는 연주자들을 가졌다).'는 이 글의 내용과 일치한다.
④ 본문의 초반부에서 17세기 말에 오케스트라가 연주자들을 의미하는 것으로 변화했다고 서술하고 있으므로, ④번 'Before the late 17th century, 'orchestra' didn't mean musicians themselves(17세기 말 이전에, '오케스트라'는 음악가들을 의미하지 않았다).'는 이 글의 내용과 일치한다.

해석

'오케스트라'라는 단어는 기원이 그리스어이고 그리스의 코러스가 노래하고 춤추던 장소를 의미했다. 이 용어는 17세기 말 동안 부활했고 연주자들 자신을 의미하는 것으로 변화했다. 16세기에 오케스트라는 귀족 가정에 고용되었던 음악가들과 특히 중요한 때를 위해 모였던 기악 연주자들의 무리를 의미했다. 그 이후, 오케스트라의 형태와 발전은 다음의 네 기간과 같다. 바로크 음악(1600-1760년)에서는 현악기부가 가장 중요한 부분이었다. 바로크 시대의 오케스트라는 10명에서 30명의 연주자로 구성되었다. 고전주의 오케스트라(1750-1830년)는 네 개 부문에 30에서 60명의 연주자들을 사용했다: 현악기부, 목관 악기부, 금관악기부, 그리고 타악기부. 낭만주의 오케스트라(1815-1910년)는 100명 또는 그 이상이나 되는 연주자들을 가졌고 금관악기부와 피아노의 더 큰 사용을 특징으로 했다. 현대 교향악 오케스트라(현재)는 규모가 다양하지만 전형적으로 약 100명의 연주자를 가진다. 가장 큰 그룹은 현악기부에 있는데, 60에서 70명의 연주자를 포함한다.
① 바로크 오케스트라(1600-1760년)는 현악기부를 강조했다.
② 낭만주의 오케스트라(1815-1910년)는 100명이나 되는 연주자들을 가졌다.
③ 오케스트라의 크기와 구성은 역사 내내 일관성을 유지했다.
④ 17세기 말 이전에, '오케스트라'는 음악가들 스스로를 의미하지 않았다.

어휘

revive 부활시키다
noble 귀족의
employ 고용하다
household 가정
instrumentalist 기악 연주자
formation 형태
string 현악기부
brass 금관악기부[연주자]
feature 특색으로 삼다, 특징을 그리다
assemble 모이다; 모으다
as follows 다음과 같이
woodwind 목관 악기부
percussion 타악기부
no less than ~이나 되는

16 정답 ③
유형 독해 > 내용 일치

정답해설

본문은 계절의 변화로 인한 수면 패턴의 변화에 관한 서술이다. 본문의 후반부에서, 겨울에 빛의 부족이 계절성 정서 장애 또는 계절적 우울증을 야기하고, 이것이 많은 사람들이 잠을 너무 '많이' 자는 경험을 하게 한다고 서술하고 있다. 따라서, ③번 'The decrease in light in winter may cause you to sleep much less(겨울에 빛의 감소는 당신이 잠을 훨씬 덜 자도록 야기할 수 있다).'는 잠을 훨씬 '덜' 자도록 야기한다는 서술이 본문과 상이하여 이 글의 내용과 일치하지 않는다.

오답해설

① 본문의 후반부에, 가을에 시간 변화로 인해 우리의 일주기 리듬이 방해 받는다고 서술하고 있다. 따라서, ①번 'In the fall, your natural biological clock can be disturbed(가을에, 당신의 자연 생체 시계가 방해받을 수 있다).'는 본문의 내용과 일치한다.
② 본문의 중반부에, 여름에 과도한 빛 노출이 깨어있는 시간을 증가시킨다고 서술하고 있다. 따라서, ②번 'Excessive exposure to light in summer can affect sleep duration(여름에 빛에 과도하게 노출되는 것이 수면 지속 기간에 영향을 줄 수 있다).'은 이 글의 내용과 일치한다.
④ 본문의 후반부에서, 겨울에 빛의 부족이 계절적 정서 장애를 야기할 수 있다고 서술하고 있다. 따라서, ④번 'Seasonal affective disorder can result from the lack of light in winter(계절적 정서 장애는 겨울에 빛의 부족으로 인해 생길 수 있다).'는 이 글의 내용과 일치한다.

해석

우리는 모두 사계절 모두를 즐기는 가장 좋아하는 방법들을 가지고 있고, 각 계절에 대해 특정한 괴로움들도 가지고 있다. 모든 계절적 변화들은 우리의 기분뿐만 아니라 우리의 수면 패턴에도 영향을 준다. 봄은 많은 변화의 계절이다. 피어나는 꽃들에서 나온 꽃가루는 밤에 알레르기 반응을 악화시킬 수 있다. 한밤중의 기침과 재채기는 당신이 덜 편안하게 만들 수 있다. 여름에 과도한 빛 노출은 우리가 깨어있는 시간을 증가시킨다. 빛과 마찬가지로, 온도는 우리 몸이 잠잘 시간이라는 것을 스스로에게 알리는 방식에 있어 역할을 한다. 가을은 다시 시간 변화를 겪는데, 이것이 우리의 24시간 생체 시계를 방해할 수 있다. 사계절 중에서, 겨울은 가장 많은 수면의 어려움들을 준다. 빛의 부족은 계절적 정서 장애 또는 계절적 우울증을 야기할 수 있다. 이 기분 장애에서, 많은 사람들은 잠을 너무 많이 자는 것을 경험한다.
① 가을에, 당신의 자연 생체 시계가 방해받을 수 있다.
② 여름에 빛에 과도하게 노출되는 것이 수면 지속 기간에 영향을 줄 수 있다.
③ 겨울에 빛의 감소는 당신이 잠을 훨씬 덜 자도록 야기할 수 있다.
④ 계절적 정서 장애는 겨울에 빛의 부족으로 인해 생길 수 있다.

어휘

particular 특정한
mood 기분
bloom 꽃을 피우다
cough 기침하다
annoyance 괴로움
pollen 꽃가루
aggravate 악화시키다
sneeze 재채기하다

excess 과도한
awake 깨어서, 잠자지 않고
biological clock 생체 시계
affective 정서적인
depression 우울증
exposure 노출
disrupt 방해하다, 지장을 주다
bring about 야기하다
disorder 장애

어휘
habit 습관
professional 직업의
establish 확고히 하다; 설정하다
keep up 계속하다
significant 의미 있는
commit 전념하다
pursue 추구하다
permanent 영구적인
admirable 감탄스러운
specific 구체적인

17 정답 ②
유형 독해 > 요지

정답해설
본문은 21/90 규칙을 소개하고 이 규칙을 이용하여 의미 있는 방식으로 삶을 향상시킬 수 있는 매일 할 수 있는 좋은 습관을 만들라고 조언하고 있다. 본문의 초반부와 중반부는 21/90 규칙의 시행 방식을 서술하고 있으며, 본문의 후반부는 이 규칙을 이용하여 어떤 습관을 만들어야 할지에 대해 서술하고 있다. 본문의 후반부에서 삶의 질을 향상시킬 수 있는 습관을 만들라고 조언하고 있으므로, 이 글의 요지는 ② 'Improve your life with the 21/90 rule(21/90 규칙으로 당신의 삶을 향상시켜라).'이 가장 적절하다.

오답해설
① 본문에서 감탄스러운 목표를 가지도록 조언하고 있으나, 이러한 목표를 가지는 것의 의미가 삶의 질을 향상시키는 것이며, 또한 이 목표 달성을 위하여 21/90 규칙을 사용하라는 것이 이 글의 핵심적인 내용이다. 따라서, ①번 'Having admirable goals is essential(감탄스러운 목표를 가지는 것이 필수적이다).'은 삶의 질 향상이라는 목표와 21/90 규칙 사용이라는 방법적인 측면의 내용을 포함하고 있지 않아 이 글의 요지로 적절하지 않다.
③ 본문은 더 나은 인생을 위해 21/90 규칙을 사용하여 좋은 습관을 만들라는 것이 핵심 내용이다. 나쁜 습관을 고치는 것에 대해서는 언급하고 있지 않으므로, ③번 'Use the 21/90 rule to break bad habits(나쁜 습관을 고치기 위해 21/90 규칙을 사용하라).'는 이 글의 내용과 상이하여 요지로 적절하지 않다.
④ 본문에서 당신의 삶을 향상시키라는 목표를 제시하고 있지만, 이를 위해 21/90 규칙을 사용하여 좋은 습관을 만들라고 조언하고 있다. ④번 'Keep daily routines right to improve your life(당신의 삶을 향상시키기 위해 매일의 일상을 바르게 유지하라).'는 21/90 규칙과 좋은 습관 만들기에 관한 내용을 포함하고 있지 않아 이 글의 요지로 적절하지 않다.

해석
우리는 모두 사업에서, 우리의 취미에서, 또는 우리의 개인적인 삶에 있어서든 간에, 좋은 습관을 만들고 싶어 한다. 습관을 만들어내는 하나의 인기 있는 방법은 21/90 규칙이라고 불린다. 이 규칙은 매우 단순하다. 하나의 개인적인 또는 직업적인 목표에 21일 연속으로 전념하라. 3주가 지난 후, 그 목표를 추구하는 것이 습관이 되었을 것이다. 일단 당신이 그 습관을 확고히 하면, 당신은 그것을 또 다른 90일 동안 계속한다. 당신이 어떤 것을 3주 동안, 그리고 나서 90일간 계속할 수 있다면, 그것은 영구적인 생활방식의 변화가 될 것이다. 이제, 우리가 21/90 규칙이 무엇인지 확고히 했으니, 당신은 이것을 무엇에 사용해야 할 것인가? 매일 이빨을 닦는 것이 감탄스러운 목표일 수 있지만, 당신은 당신의 삶의 질을 의미 있는 방식으로 향상시키는 한 가지를 매일 할 필요가 있다. 그것은 당신이 어디에 있든 매일 할 수 있는 구체적인 무언가가 되어야 한다.
① 감탄스러운 목표를 가지는 것이 필수적이다.
② 21/90 규칙으로 당신의 삶을 향상시켜라.
③ 나쁜 습관을 고치기 위해 21/90 규칙을 사용하라.
④ 당신의 삶을 향상시키기 위해 매일의 일상을 바르게 유지하라.

18 정답 ②
유형 독해 > 연결사

정답해설
본문의 방파제의 기능에 관한 서술이다.
(A) 빈칸 (A) 이전은 방파제가 파도로부터의 보호를 제공하는 기능에 관한 서술이고, (A) 이후는 방파제가 퇴적물 이동의 감소를 야기하는 또 다른 기능에 관한 서술이다. 빈칸 (A) 이전과 이후가 방파제의 서로 다른 기능에 관한 서술이므로, (A)에는 '첨가'의 의미가 있는 접속부사 'Moreover(게다가)', 또는 'Additionally(추가적으로)'가 적절하다.
(B) 빈칸 (B) 이전은 퇴적물 침전의 증가라는 방파제의 영향에 관한 서술이고, (B) 이후에는 모래 축적을 위한 방파제 건설에 관한 서술이다. 빈칸 (B)의 이전과 이후가 원인과 결과 관계로 이어져 있으므로, (B)에는 '인과'의 의미가 있는 접속부사 'Thus(따라서)', 또는 'As a result(그 결과)'가 적절하다.
따라서 (A)와 (B)에 적절한 접속부사로 연결된 것은 ②번 'Moreover(게다가) – Thus(따라서)'이다.

오답해설
① 빈칸 (A) 이전과 이후가 '유사' 관계로 연결되어 있지 않으므로, (A)에 'Likewise(마찬가지로)'는 적절하지 않다. 빈칸 (B) 이전과 이후가 '예시' 관계로 연결되어 있지 않으므로, (B)에 'For example(예를 들어)'은 적절하지 않다.
③ 빈칸 (B) 이전과 이후가 '첨가' 관계로 연결되어 있지 않으므로, (B)에 'Furthermore(더구나)'는 적절하지 않다.
④ 빈칸 (A) 이전과 이후가 '인과' 관계로 연결되어 있지 않으므로, (A)에 'Therefore(그러므로)'는 적절하지 않다.

해석
방파제의 기본적인 목적은 강한 파도의 작용으로부터 해안선을 보호하는 것이다. 방파제는 그것[조수의 에너지]이 그 구조물에 부딪히고 되돌아갈 때 조수의 에너지를 낮춤으로써 이렇게 한다. 이것은 항구의 기반 시설과 배들을 위한 인공적인 보호소를 제공한다. 방파제는 작은 정박 시설들을 강한 파도로부터 보호하기 위해 더 작은 규모로 지어질 수 있다. (A) **게다가**, 해안선을 따라 방파제를 건설하는 것은 퇴적물 이동의 감소를 야기한다. 퇴적물을 이동시키는 파도의 에너지가 방파제의 영향으로 대폭 감소하기 때문에 보호되는 바다에서 해안 퇴적물의 이동량이 줄어들고, 그것이 더 많은 퇴적물 침전으로 이어진다. (B) **따라서**, 연안의 방파제들은 해안 보호를 위해 보호받는 해변 안의 모래 축적을 촉진하기 위해 침식되는 해안선을 따라 주로 이용된다.

	(A)	(B)
①	마찬가지로	예를 들어
②	게다가	따라서
③	추가적으로	더구나
④	그러므로	그 결과

어휘
breakwater 방파제
shield 보호하다

shoreline 해안선	lower 낮추다; 낮아지다
tidal 조수의	artificial 인공적인
infrastructure 기반 시설	vessel 선박
dock (배를) 부두에 대다	facility 시설, 기능
sediment 퇴적물, 침전물	drastically 대폭, 급격하게
shadow 영향; 흔적; 그림자	deposit 침전물
offshore 연안의, 앞바다의	utilize 이용하다, 활용하다
erode 침식되다; 침식시키다	protection 보호

19 정답 ③

유형 독해 > 빈칸 완성

정답해설

본문은 열섬효과의 원인과 전망에 관한 서술이다. 빈칸이 포함된 문장은 열섬효과의 전망에 해당하는 내용으로, 미래에 도심 지역과 인구 밀도가 커짐에 따라 열섬효과가 어떻게 될 것인지를 예측하는 표현이 빈칸에 들어가는 것이 적절하다. 본문의 내용으로 보아 열섬효과는 도심의 건축물, 습도, 밀집한 인구에 의해 더 큰 규모로 발생하므로, 미래에 도심 지역과 인구 밀도가 커짐에 따라 열섬효과는 더 심화될 것이라고 유추할 수 있다. 따라서, 빈칸에는 ③번 'will strengthen(강해질 것이다)'이 가장 적절하다.

오답해설

①, ②, ④ 본문에 서술된 열섬효과의 원인은 도심의 건축물, 습도, 인구의 집중에 있으므로, 빈칸 문장에서 제시한 미래 변화의 조건인 도심 지역과 인구 밀도의 증가는 열섬효과를 더 심화시킬 것이라고 유추할 수 있다. 나머지 선지는 이 내용과 상반되어 빈칸에 들어가기에 적절하지 않다.

해석

건물, 도로, 그리고 다른 기반 시설과 같은 구조물들은 숲과 수역과 같은 자연적인 풍경들보다 태양의 열을 더 많이 흡수하고 재방출한다. 도심 지역은, 이 건축물들이 매우 집중되어 있고 푸른 나무가 제한적인데, 외진 지역들에 비해 더 높은 온도의 "섬"이 된다. 이 열주머니들은 "열섬"이라고 불린다. 조사 연구와 데이터의 한 재검토가 미국에서 열섬효과가 도심 지역에서 낮시간의 온도가 외진 지역에서의 온도보다 약 1.8-12.6℃ 더 높고 밤시간의 온도는 약 3.6-9℃ 더 높은 결과를 야기한다는 것을 발견했다. 습한 지역들과 크고 밀집한 인구를 가진 도시들은 더 큰 온도 차이를 겪는다. 연구는 도심 지역의 구조물, 공간의 범위, 그리고 인구 밀도가 커짐에 따라서 미래에 열섬효과가 <u>강해질</u> 것이라고 예측한다.

① 사라질 수 있다
② 제한될 수 있다
③ 강해질 것이다
④ 이점을 가질 것이다

어휘

infrastructure 기반 시설	absorb 흡수하다
re-emit 재방출하다	concentrate 집중하다
greenery 푸른 나무	remote 외진, 외딴
refer to 가리키다	daytime 낮 (시간)
humid 습한	region 지역
dense 밀도가 높은	population 인구
strengthen 강화되다	spatial 공간의
extent 범위	

20 정답 ③

유형 독해 > 빈칸 완성

정답해설

본문은 성취감의 장점에 대한 소개이다. 빈칸이 포함된 문장은 '결과'를 나타내는 'As a result(결과적으로)'를 이용하여 서술한 것으로 보아, 이전 내용의 결과를 나타내는 내용임을 알 수 있다. 글 전체의 내용이 성취감이 우리가 일을 계속하게 하고 자신을 더 밀어붙이도록 하며 훨씬 더 많은 것을 하도록 고무한다고 서술하는 것으로 보아 성취감이 '동기'를 부여하는 역할을 한다는 것을 알 수 있다. 빈칸이 포함된 문장은 이것의 결과로 리더 혹은 사업체 소유주로서의 독자가 성취감을 이용하여 직원들에서 최고를 끌어낼 수 있다고 서술하고 있으며, 빈칸에는 그 이유로 본문에서 서술하고 있는 성취감의 특성을 한 단어로 함축한 표현이 들어가는 것이 적절하다. 따라서 본문이 성취감의 '동기부여' 기능에 초점을 맞추어 서술하고 있으므로, 빈칸에는 ③번 'motivator(동기)'가 가장 적절하다.

오답해설

① 빈칸에는 본문 전체에서 서술하고 있는 성취감의 특성을 표현한 단어가 들어가는 것이 적절하며, 본문의 내용에 따르면, 성취감이 우리가 일을 계속하고 더 강하게 밀어붙이도록 하며 더 많은 것을 하도록 고무하는 역할을 한다고 서술하고 있다. ①번 'risk(위험)'는 이 내용과 상반되어 빈칸에 들어가기에 적절하지 않다.

② 빈칸에는 본문 전체에서 서술하고 있는 성취감의 특성을 표현한 단어가 들어가는 것이 적절하며, 본문의 내용에 따르면, 성취감이 우리가 일을 계속하고 더 강하게 밀어붙이도록 하며 더 많은 것을 하도록 고무하는 역할을 한다고 서술하고 있다. ②번 'model(모범)'은 이 내용과 관련성이 없어 빈칸에 들어가기에 적절하지 않다.

④ 빈칸에는 본문 전체에서 서술하고 있는 성취감의 특성을 표현한 단어가 들어가는 것이 적절하며, 본문의 내용에 따르면, 성취감이 우리가 일을 계속하고 더 강하게 밀어붙이도록 하며 더 많은 것을 하도록 고무하는 역할을 한다고 서술하고 있다. ④번 'depressant(억제제)'는 이 내용과 상반되어 빈칸에 들어가기에 적절하지 않다.

해석

성취감은 타인 또는 자신에 의해 설정된 기대를 충족시키거나 능가하는 데에서 올 수 있다. 우리가 무언가를 달성했다고 느낄 때, 그것은 우리에게 계속할 수 있도록 도와주는 자신감의 증가를 준다. 우리는 끌어낼 과거의 긍정적인 경험을 가질 때 위험을 감수하고 스스로를 더 강하게 밀어붙일 가능성이 더 커진다. 성취감은 또한 만족의 큰 원천이 될 수 있는데, 이것은 우리가 우리의 일을 자랑스럽게 여기도록 만들고 우리가 훨씬 더 많은 것을 하도록 고무한다. 직장에서 프로젝트를 완수하는 것이든, 개인적인 목표에 도달하는 것이든, 혹은 단지 우리가 즐기는 무언가를 하는 것이든, 일을 끝내고 그것을 잘하는 것은 행복과 더 높은 생산성으로 이어진다. 결과적으로, 성취감은 그것이 매우 강력한 <u>동기</u>이기 때문에, 리더와 사업체 소유자로서의 당신이 당신의 직원들로부터 최고를 끌어내도록 도와줄 수 있다.

① 위험
② 모범
③ 동기
④ 억제제

어휘

achievement 성취	exceed 능가하다
expectation 기대	accomplish 달성하다
boost 증가	confidence 자신
draw 끌어내다; 얻다	satisfaction 만족
encourage 고무하다	productivity 생산성
bring out 끌어내다	

본서의 내용에 대한 무단 전재 및 복제 행위는 법률로 금지되어 있습니다.

Copyright 2024. Sung Jung Hye All page content is the property of Sung Jung Hye
본서의 내용에 대한 무단 전재 및 복제 행위는 법률로 금지되어 있습니다.

Designed by 배움